国防特色教材·动力机械及工程热物理

典型航空发动机结构对比与分析

闫晓军　主编
张　辉　洪　杰　王建军　编著

北京航空航天大学出版社
北京理工大学出版社　哈尔滨工业大学出版社
哈尔滨工程大学出版社　西北工业大学出版社

内容简介

航空燃气涡轮发动机是目前飞机的主要动力装置。本书选取军用航空发动机第二代(WP7)和第三代(АЛ-31Φ)两机型作为结构介绍和分析的对象,从总体结构、压气机、燃烧室、涡轮、加力燃烧室和尾喷管、发动机的附件传动装置与工作系统六个方面分别细致介绍了两型航空发动机的总体与部件结构,并进行了对比分析和研究,使读者可以较好地了解航空发动机的结构设计特点,以及不断采用的新技术和快速发展的趋势及途径。

本书主要供飞行器动力工程、交通运输工程专业的本科生在学习“专业课程设计”期间使用,也可供航空发动机相关技术人员参考。

图书在版编目(CIP)数据

典型航空发动机结构对比与分析/闫晓军主编. --
北京:北京航空航天大学出版社,2011.8
ISBN 978-7-5124-0507-3

Ⅰ.①典… Ⅱ.①闫… Ⅲ.①航空发动机—结构分析
Ⅳ.①V23

中国版本图书馆 CIP 数据核字(2011)第 130825 号

典型航空发动机结构对比与分析

闫晓军 主编

张 辉 洪 杰 王建军 编著

责任编辑 张冀青

*

北京航空航天大学出版社出版发行

北京市海淀区学院路 37 号(邮编 100191) http://www.buaapress.com.cn

发行部电话:(010)82317024 传真:(010)82328026

读者信箱:bhpress@263.net 邮购电话:(010)82316936

北京富资园科技发展有限公司印装 各地书店经销

*

开本:787×960 1/16 印张:10 字数:224 千字

2011 年 8 月第 1 版 2024 年 2 月第 3 次印刷 印数:5 001～5 500 册

ISBN 978-7-5124-0507-3 定价:39.00 元

序(一)

培养学生在航空发动机结构方面的知识和分析能力,对航空发动机专业来说是非常重要的。为了保证实现这个教学环节,就需要有好的教材,这样既能讲述结构基本知识,又能适应快速发展和新技术应用的形势。《典型航空发动机结构对比与分析》是一本新编写的教材,其体系和内容与以前的教材有很大的不同,是作者多年来对航空发动机结构的分析研究、教学实践、下到工厂的生产车间和试验车间深入调查研究的结果,是花费了大量精力编写的一本符合教学要求并具有如下特点的教材。

1. 选材合适,内容丰富。该教材选取 WP7 和 АЛ－31Φ 两型航空发动机作为结构介绍和分析对象。WP7 是双转子带加力的涡轮喷气发动机,采用了超声压气机,加力喷口为无级可调的收敛式喷口,发动机结构简单,推重比较大,使用寿命长,可靠性较高,得到广泛应用,属于较典型的第二代航空发动机,现仍在使用。АЛ－31Φ 是双转子双涵道带加力的涡轮风扇发动机,它的压比高,涡轮前温度高,转速高,推重比大,耗油率低,性能优良,使用寿命长,可靠性高,气流通道中多处调节,采用无级可调超声速喷口,结构采用单元体设计,监测参数多,可视情维修,采用了很多新技术,大幅提升了结构设计水平,是一台典型的第三代航空发动机。选取这样两种典型的、成熟的航空发动机结构进行介绍和分析,可以使学生较好地了解航空发动机的结构设计特点,以及不断采用的新技术和快速发展的趋势与途径。

2. 系统性较好。现代航空发动机结构复杂,零件、组件数量大,附件和管路系统很多,直观的感觉是十分庞大,因此,如何使航空发动机结构在教材中具有清晰的条理是很重要的。该教材从发动机设计要求出发,抓住转子支承和承力系统为框架,再按部件层层展开介绍和分析,这样就显现出了较好的系统性,可以使学生在学习时易于抓住要领,理解航空发动机结构设计的思路。

3. 对比分析法。本书采用了对比分析的方法,把两型发动机结构设计特点进行具体对比分析,这是非常好的。对比法是深刻认识事物的好方法,也是对问题深入研究的好方法。由于采用了对比分析，不仅有利于学生较好地学习发动机的结构，还可以引发学生深思一些问题，以及启迪今后进行创造性的研究工作的兴趣与思路。

该教材书写简洁、文笔流畅、深入浅出、图文并茂，适于阅读，每章还附有大量思考题，有助于学生深入了解。我认为这是一本内容丰富、特色鲜明的好教材，在教学中将发挥很好的作用。

聂景旭

2011 年 3 月

序(二)

《典型航空发动机结构对比与分析》教材是为飞行器动力工程和交通运输工程专业的学生学习“专业课程设计”而编写的。“专业课程设计”以前称“航空发动机结构课程设计”,是在20世纪50年代北京航空学院成立之初,由当时前苏联专家根据莫斯科航空学院的经验和建议设立的,是在该专业学生学习了有关航空发动机原理、结构、工艺等课程后的一个重要的实践环节。它是通过对典型航空发动机的结构进行学习和分析,在了解该发动机的总体结构设计后,进行某一部件结构图的读图、深入分析,并按1∶1的比例,绘出该部件结构图及某一个零件的零件设计图,从而加深理解航空发动机的结构设计,提高在专业方面的工程素养和实践能力。半个多世纪的教学实践,证实了这门课程设计在培养学生全面发展的过程中有着重要的作用。

在半个多世纪以来,一直没有一本为本课程设计编写的教材,以往仅采用发动机生产工厂编写的、较为简单的结构说明书作为课程设计的主要参考资料。本教材的出版,填补了长期以来在“专业课程设计”上无教材的尴尬局面,今后将会在培养学生、提高学习质量方面起到较好的作用。

本教材在选材上,除采用了我国大批战斗机用的涡喷七(WP7)发动机外,还采用了用于第三代战斗机歼十的АЛ-31Φ发动机,有助于适应航空发动机的发展,具有一定的先进性。涡喷七属于第二代战斗机的发动机,虽然将逐渐被淘汰,但它的结构设计思路、采取的措施等是发动机结构设计的基础知识,仍具有一定的使用价值,可供设计人员参考。

本书在编写中,除对发动机总体设计、主要部件、附件及工作系统作了论述外,还进行了必要的分析,使读者不仅可以了解发动机的结构设计,还可以获知设计的依据及其优缺点,培养学生开展设计工作的初步能力。在每一章中,除分别对这两型发动机的部件作论述外,还对两型发动机在该部件的结构设计上作了对比分析。所有这些,均能为学生今后进行发动机设计工作打下良好的基础。

本教材能理论联系生产和实际使用，系统性较强。在教材中选用了较多且较详尽的工程图，能帮助读者较深入地了解这两型发动机的结构设计，不仅能作为课程设计的教材，也可供生产、使用与维护发动机的工程技术人员参考。

陈光

2011年3月9日

前　　言

北京航空航天大学"飞行器动力工程"与"交通运输工程"专业的学生在学习了"航空发动机结构"、"航空发动机强度振动"、"航空发动机原理"、"弹性力学"和"气动力学"等专业基础课之后，还有一门重要的实践课程——"专业课程设计"。该课程主要的教学内容为：通过对典型航空发动机结构进行学习和分析，并在此基础上完成读图、制图、零件设计等实践环节，从而加深理解航空发动机结构设计思想，进一步提高在专业方面的工程素养和实践能力。

在很长一段时间内，"专业课程设计"选用 WP7 发动机作为研究对象。WP7 发动机正在逐步退役，并且该发动机在结构设计方面已经不能代表现代发动机结构设计的新技术和趋势，因此，有必要在教材编写中引入先进航空发动机机型，对其结构设计特点进行分析，并和原来的 WP7 进行对比，以增强和提高教学效果。本教材主要供飞行器动力工程、交通运输工程专业的本科生在学习"专业课程设计"期间使用，也可供航空发动机相关技术人员参考。

多位北京航空航天大学能源与动力工程学院航空推进系的老师参加了讲义的整理和编写。第 1、4、7 章由闫晓军编写；第 2 章由洪杰编写；第 3 章由张辉编写；第 5 章由张辉和闫晓军编写；第 6 章由王建军和闫晓军编写。

405 教研室的各位老师在航空发动机结构方面为本书提供了丰富的素材和图片。感谢陈光教授、马枚教授、王延荣教授和樊江副教授为课程设计所做的贡献。

在书稿完成之后，著名的航空发动机专家聂景旭教授、陈光教授逐字逐句地审阅了本书，提出了多处修改意见。两位先生还欣然为本书撰写了序言，向读者推荐此书。感谢两位先生！

感谢空军装备研究院航空装备研究所的杨兴宇高工、5719 工厂的王兵高工、西北工业大学的蔡元虎教授为本书的写作提供了宝贵的意见。

在本书的成稿过程中，孙瑞杰博士参与了插图和文字的修订工作。其他参与的研究生还有：邓瑛、张小勇、张凯、谢建文和陈霞。感谢他们的劳动和付出！

教材的初稿在北京航空航天大学动力学院的课程设计中已经使用多年，几经修改，但限于编者的知识水平，错误在所难免，恳请读者批评指正。

作　者

2011 年 3 月

目　　录

第1章　概　述…………………………………………………………………………………… 1

1.1　航空发动机的发展简介 ………………………………………………………………… 1

1.2　航空发动机的结构设计特点 …………………………………………………………… 4

1.3　涡轮喷气发动机——WP7 ……………………………………………………………… 6

1.4　涡轮风扇发动机——АЛ-31Φ ……………………………………………………… 9

1.5　思考题……………………………………………………………………………………… 13

第2章　总体结构 ……………………………………………………………………………… 14

2.1　概　述……………………………………………………………………………………… 14

2.1.1　转子支承方案…………………………………………………………………………… 15

2.1.2　联轴器…………………………………………………………………………………… 16

2.1.3　支承结构………………………………………………………………………………… 17

2.1.4　静子承力系统…………………………………………………………………………… 19

2.2　WP7发动机总体结构 …………………………………………………………………… 19

2.2.1　WP7转子支承方案 …………………………………………………………………… 19

2.2.2　WP7联轴器 …………………………………………………………………………… 20

2.2.3　WP7支承结构 ………………………………………………………………………… 21

2.2.4　WP7静子承力系统 …………………………………………………………………… 26

2.3　АЛ-31Φ发动机总体结构 ……………………………………………………………… 28

2.3.1　АЛ-31Φ转子支承方案 ……………………………………………………………… 28

2.3.2　АЛ-31Φ联轴器 ……………………………………………………………………… 29

2.3.3　АЛ-31Φ支承结构 …………………………………………………………………… 30

2.3.4　АЛ-31Φ静子承力系统 ……………………………………………………………… 34

2.4　总体结构对比分析………………………………………………………………………… 35

2.4.1　转子支承方案…………………………………………………………………………… 35

2.4.2　联轴器…………………………………………………………………………………… 36

2.4.3　支承结构………………………………………………………………………………… 36

2.4.4　静子承力系统…………………………………………………………………………… 37

2.5　思考题……………………………………………………………………………………… 38

第 3 章 压气机结构 …… 39
3.1 概 述 …… 39
3.1.1 压气机转子 …… 39
3.1.2 压气机静子 …… 41
3.1.3 压气机的防冰与防喘 …… 42
3.1.4 压气机主要零件的材料 …… 42
3.2 WP7 发动机压气机 …… 43
3.2.1 WP7 压气机转子 …… 44
3.2.2 WP7 压气机静子 …… 50
3.2.3 WP7 压气机的防冰与防喘 …… 54
3.2.4 WP7 压气机主要零件的材料 …… 55
3.3 АЛ-31Ф 发动机压气机 …… 56
3.3.1 АЛ-31Ф 压气机转子 …… 58
3.3.2 АЛ-31Ф 压气机静子 …… 59
3.3.3 АЛ-31Ф 压气机的防冰与防喘 …… 65
3.3.4 АЛ-31Ф 压气机主要零件的材料 …… 66
3.4 压气机结构对比分析 …… 66
3.5 思考题 …… 68

第 4 章 燃烧室结构 …… 69
4.1 概 述 …… 69
4.1.1 燃烧室的组成及结构 …… 70
4.1.2 燃烧室的类型 …… 73
4.1.3 燃烧室的材料及涂层 …… 75
4.2 WP7 发动机燃烧室 …… 76
4.2.1 概 述 …… 76
4.2.2 结构分析 …… 77
4.2.3 主要零件的材料及涂层 …… 79
4.3 АЛ-31Ф 发动机燃烧室 …… 80
4.3.1 概 述 …… 80
4.3.2 结构分析 …… 81
4.3.3 主要零件的材料及涂层 …… 83
4.4 燃烧室结构对比分析 …… 83

4.5　思考题……84

第5章　涡轮结构……85

5.1　概　述……85
5.1.1　涡轮转子……86
5.1.2　涡轮静子……89
5.1.3　涡轮部件的冷却……90
5.1.4　涡轮部件主要零件的材料……90
5.2　WP7发动机的涡轮……91
5.2.1　WP7涡轮转子……93
5.2.2　WP7涡轮静子……96
5.2.3　WP7涡轮部件的冷却……101
5.2.4　WP7涡轮主要零件的材料……102
5.3　АЛ-31Ф发动机的涡轮……102
5.3.1　АЛ-31Ф涡轮转子……104
5.3.2　АЛ-31Ф涡轮静子……106
5.3.3　АЛ-31Ф涡轮部件的冷却……108
5.3.4　АЛ-31Ф涡轮主要零件的材料……111
5.4　涡轮结构对比分析……112
5.5　思考题……113

第6章　加力燃烧室和尾喷管……114

6.1　概　述……114
6.1.1　加力燃烧室……114
6.1.2　尾喷管……117
6.1.3　加力燃烧室的材料……118
6.2　WP7发动机加力燃烧室和尾喷管……118
6.3　АЛ-31Ф发动机加力燃烧室和尾喷管……125
6.4　加力燃烧室和尾喷管结构对比分析……129
6.5　思考题……130

第7章　发动机的附件传动装置与工作系统……131

7.1　概　述……131
7.1.1　附件传动装置……131

7.1.2 控制系统 …… 132
7.1.3 滑油系统 …… 133
7.1.4 启动系统 …… 133
7.2 WP7 发动机附件传动与工作系统 …… 134
7.2.1 WP7 附件传动系统 …… 134
7.2.2 WP7 控制(燃油)系统 …… 135
7.2.3 WP7 滑油系统 …… 136
7.2.4 WP7 启动系统 …… 137
7.3 АЛ-31Ф 发动机附件传动与工作系统 …… 137
7.3.1 АЛ-31Ф 附件传动系统 …… 137
7.3.2 АЛ-31Ф 发动机控制系统 …… 140
7.3.3 АЛ-31Ф 滑油系统 …… 144
7.3.4 АЛ-31Ф 启动系统 …… 146
7.4 附件传动装置与工作系统对比分析 …… 147
7.5 思考题 …… 147

参考文献 …… 148

第1章 概 述

1.1 航空发动机的发展简介

航空发动机的历史可以从1903年美国莱特兄弟实现人类历史上首次有动力飞行算起。从1903年至今，航空发动机的发展可以分为两个阶段。第一阶段从1903年到第二次世界大战结束，持续40年左右，为活塞发动机统治时期。在第二次世界大战结束前后，活塞发动机的功质比（功率/质量）已达到1 492 W/kg (2 hp/kg)，飞行高度达15 km，飞行速度从16 km/h提高到800 km/h，接近了螺旋桨飞机的速度极限。由于受到推进原理的限制，采用活塞发动机的飞机速度不能再进一步提高，不可能达到或者接近声速，因此随着涡轮喷气发动机的出现和发展，航空发动机进入了它发展的第二阶段——喷气推进时代[1,3]。

喷气式发动机是一种直接反作用的推进装置。低速工质（空气和燃料）经过增压、燃烧以后，以高速喷出，从而直接产生反作用力。最早的喷气式发动机专利是法国工程师雷因·洛兰在1913年获得的[2]。其工作原理如图1.1所示，空气由进气道进入，经供油系统后在燃烧室内燃烧，然后从推进喷管喷出产生推力。尽管当时的制造和材料工艺都无法生产出这样的发动机，但其工作原理与现代冲压喷气发动机非常相似。

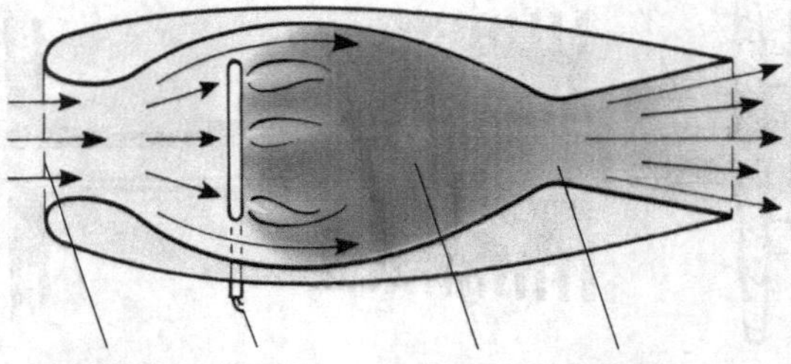

图1.1 雷因·洛兰设计的发动机[2]

从图1.1中可以看到，雷因·洛兰设计的发动机没有压气机，即空气从进气道进入后，没有部件对空气进行增压。目前，飞机上带有压气机的空气喷气发动机是英国人弗兰克·惠特尔(Frank Whittle)和德国人汉斯·冯·奥海因在1937—1938年间分别发明的[3]。空气喷气发动机可以根据是否带有压气机分为燃气涡轮发动机（带有压气机）和冲压喷气发动机（不带有压气机）。其中，有压气机、燃烧室以及驱动压气机的燃气涡轮的空气喷气发动机，称为燃气涡轮发动机。燃气涡轮发动机可以应用于船舶、车辆、发电机组等，当用作飞行器动力装置时则称为航空燃气涡轮发动机。在航空燃气涡轮发动机中，尤以涡轮喷气发动机(简称涡喷发动机)和涡轮风扇发动机(简称涡扇发动机)最为常用。其他的航空燃气轮机还有涡轮螺旋桨发动机(简称涡桨发动机)和涡轮轴发动机(简称涡轴发动机)等。

航空燃气涡轮发动机主要由进气装置、压气机、燃烧室、燃气涡轮和尾喷管组成。其工作原理是:从进气装置进入发动机的空气经压气机压缩提高压力，之后流入燃烧室与喷入的燃油(航空煤油)混合后燃烧，将燃料中的化学能转化为热能，形成高温、高压的燃气，再进入驱动压气机的燃气涡轮中膨胀作功，带动涡轮高速旋转并输出驱动压气机及发动机附件所需的功率，使发动机能够连续工作。由燃气涡轮出来的燃气，仍具有一定的压力和温度(即具有一定的能量)，所有的燃气涡轮发动机都是利用这部分能量来产生发动机的推力或输出功率的。根据这股燃气能量利用方式的不同，可以将发动机划分为不同的类型。

此外，在航空燃气涡轮发动机中，压气机、燃烧室以及驱动压气机的燃气涡轮(简称涡轮)组合后，称为核心机。在高压比的压气机中，为了获得较宽的稳定工作范围，常将它分为串联的两部分，分别由两个涡轮以不同的转速驱动。压气机中位于前端的部分，空气压力较低，称为低压压气机，后端的部分称为高压压气机。相应地，涡轮也分为低压涡轮和高压涡轮。连接低压压气机和低压涡轮的轴，称为低压转子轴，而连接高压压气机和高压涡轮的轴，称为高压转子轴。低压转子轴穿过空心的高压转子轴，这种结构形式称为双转子结构，如图 1.2 所示。

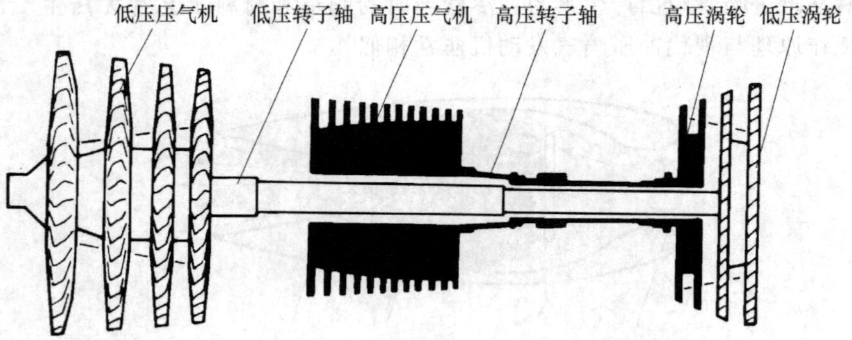

图 1.2 双转子的结构示意图

下面介绍常用的四种航空发动机的工作原理[2,4]。

1. 涡喷发动机

如图 1.3 所示，在核心机后紧跟一个尾喷管，由核心机出来的燃气在尾喷管中膨胀，之后高速从尾喷管中排出，从而产生推力。这种发动机称为涡轮喷气发动机。国产涡喷发动机的简称为 WP，是“涡喷”二字汉语拼音的首字母。

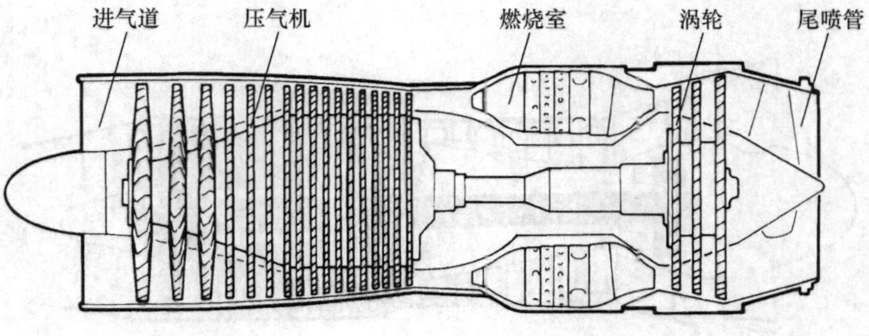

图 1.3 涡喷发动机工作原理图[2]

2. 涡扇发动机

如图 1.4 所示,涡扇发动机与涡喷发动机的区别在于:低压压气机变成长叶片的风扇,当流入发动机的空气在风扇中增压后,一部分流入核心机,为内涵气流(与涡喷发动机情况相同);还有一部分由围绕核心机外壳的外环中流过,称为外涵气流。两股气流可分别排出,也可以混合后一起排出。发动机的推力由内涵和外涵气流分别产生的推力组成。低压(动力)涡轮的传动轴通过核心机转子中心,驱动外径比核心机大一级或几级风扇的叶片(实际上就是压气机叶片),外涵与内涵空气流量之比称为流量比(或涵道比)。涡扇发动机具有耗油低、起飞推力大、噪声低、迎风面积大等特点。国产涡扇发动机的简称为 WS。

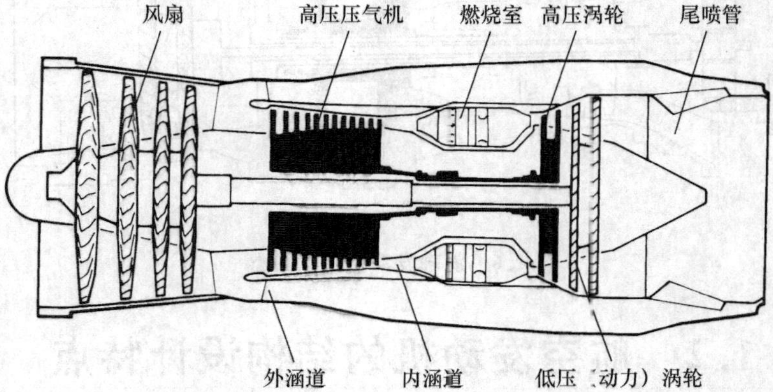

图 1.4 涡扇发动机示意图[2]

3. 涡桨发动机

如图 1.5 所示,动力涡轮把核心机出口燃气中的大部分可用能量转变为轴功率,通过减速器驱动螺旋桨,燃气中的剩余小部分可用能量在喷管中转化为气流动能,直接产生推力。国产涡桨发动机的简称为 WJ。

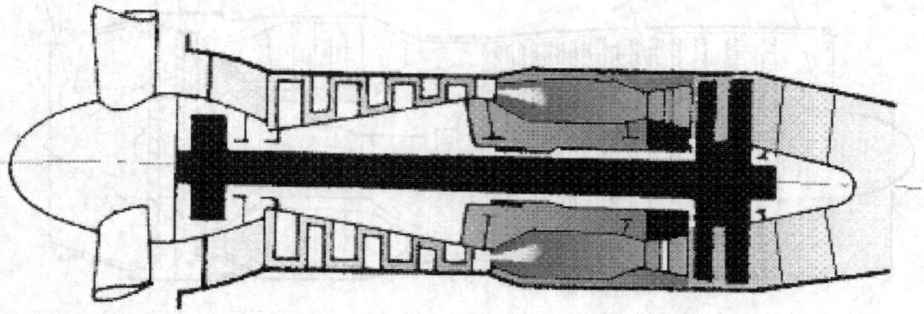

图 1.5 涡桨发动机示意图[2]

4. 涡轴发动机

如图 1.6 所示，涡轴发动机工作原理和结构与涡桨发动机基本相同，但其核心机出口燃气所含可用能量几乎全部被动力涡轮吸收，动力涡轮直接或通过减速较小的减速器驱动由直升机主减速器传动的旋翼，而由喷管流出的燃气只产生很小的推力或根本不产生推力。国产涡轴发动机的简称为 WZ。

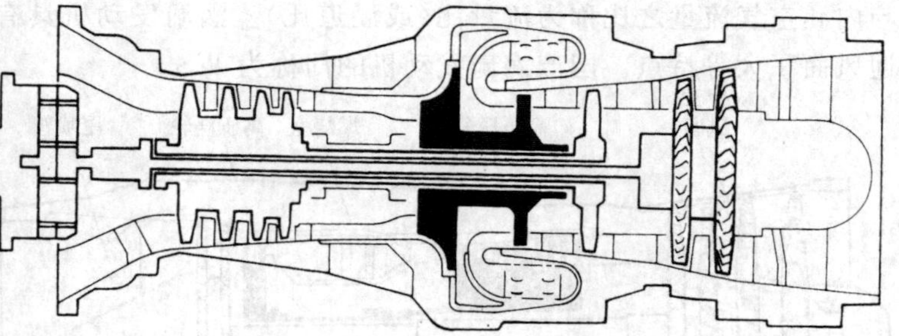

图 1.6 涡轴发动机示意图[2]

1.2 航空发动机的结构设计特点

航空发动机的研制包括基础研究、预先研究和型号发展等阶段。从结构设计角度来说，基础研究阶段主要包括对新理论、新方法、新材料和新型结构形式的研究。预先研究阶段则是针对先进部件、核心机或验证机开展的研制工作。例如，可以利用一个先进的核心机，如果增加低压压气机（风扇）及低压涡轮，那么就可以发展成为涡轮风扇发动机；验证机是核心机的直接发展，它可以是完全按照飞机战术要求设计制造的原型机，也可以是在尺寸或结构上与实际发动机有某些差异。型号发展则是在上述研究的基础上，开展的批量研制和生产工作。可以看到，发动机结构设计实际上是一个非常广义的概念，不仅完全涵盖了上述发动机研制的各个阶段，而且其使用过程中的改进和改型工作也在此范畴。

由于发动机的研制费用非常高，因此，对于目前以核心机为基础的发动机研制过程来讲，其总体结构(包括转子支承方案、支承结构、压气机与涡轮转子的连接、静子承力系统等)及各个主要部件(包括压气机、燃烧室、涡轮、加力燃烧室等)的结构设计是整个发动机研制和发展过程中非常重要的工作，这也是本书内容的侧重点。

通常情况下，总体结构设计的最初参数是根据压气机、涡轮的气动计算来决定的，例如转子的数目，风扇、压气机和涡轮的级数等等。在此基础上，还要确定发动机主要部件的结构形式及满足强度标准所需的尺寸，分析承力方式，确定不同部件上的力与力矩的大小及其相互影响，进行内力分析，这些内容是总体结构设计的主要工作。相对于总体结构，部件结构设计则具有较强的继承性。例如，根据研制单位的技术优势，采用典型部件结构形式或对典型部件进行新技术改进是常用的做法。

结构设计工作的特点体现在以下几个方面：

① 一般要同时考虑气动、性能、强度、振动、传热、材料、工艺、装配、使用和维修等方面的因素，结构设计是一个多学科、综合性很强的工作，要求设计者具有很宽的知识面和很强的工程实践经验。

② 为了提高发动机的性能、可靠性和耐久性，先进发动机往往采用很多新结构、新材料和新工艺，使得航空发动机几乎可以反映最新的工业技术水平。同时，由于结构处于高转速、高温的工作环境，也要求采用先进、高效的结构力学理论来完成发动机的结构设计。例如，用于波音777客机的PW4084涡扇发动机采用了接触式的新型刷封后，发动机的推力提高了2%，耗油率下降了约2%。为了解决大风扇叶片的振动问题与提高抗外来物击伤的能力，罗·罗公司设计并加工了一种宽弦、夹层、无凸肩的叶片，用于1985年投入使用的RB211－535E4发动机中，很好地解决了风扇叶片振动和外来物打伤问题，扩大了发动机的喘振裕度，而且使风扇的效率增加了4%，巡航耗油率下降4.0%～4.6%[1]。

③ 结构设计具有很强的继承性。主要体现在两个方面：一方面，参考已有发动机的结构形式可以帮助设计者选择最合理的方案；另一方面，针对已有发动机的故障情况，可以通过结构设计的改进避免故障，并取得更好的效果。

综上所述，了解典型发动机的总体和部件结构设计特点对于航空发动机设计工作有重要的参考价值和积累作用。正是基于此目的，本书挑选了两个不同时代的典型航空发动机结构作为分析和对比的对象，从中既可以了解到较为典型的发动机结构设计特点，也可以看到随着科学技术的发展，航空发动机结构设计思想的变迁。

1.3　涡轮喷气发动机——WP7

WP7 发动机主要安装于歼七和歼八飞机上。该发动机是轴流式、双转子、带有加力燃烧室的涡喷发动机，可作为高空高速歼击飞机的动力装置。WP7 发动机是在前苏联 P11Φ－300 发动机的基础上，由我国航空工业界研制成功的。目前，在 WP7 原型机的基础上，通过改进改型，已经发展了一系列的发动机型号，如 WP7 甲、WP7 乙等，本书中将该系列发动机统称为 WP7。图 1.7 为 WP7 发动机的外形图，表 1.1 列出了该发动机的主要性能参数。

图 1.7　WP7 发动机外形图(右前侧视图)

表 1.1　WP7 发动机主要性能参数

性能指标	性能数据	性能指标	性能数据
最大状态推力/kN	$38.25_{-0.98}$	整机质量/kg	1 151
全加力推力/kN	$56.39^{+0.78}_{-0.49}$	推重比	5.0
涡轮前温度/K	1 188	加力温度/K	1 850
最大状态空气流量/(kg·s^{-1})	63.7	压气机总增压比	8.85
高压转子 100%转速/(r·min^{-1})	11 440	低压转子 100%转速/(r·min^{-1})	11 150
巡航状态耗油率/[kg·(kN·h)$^{-1}$]	≤97		

WP7 发动机的结构如图 1.8 所示，由双转子轴流式压气机、环管型燃烧室、双转子燃气涡轮、加力燃烧室与可调尾喷管四大主要部件组成。此外，还有燃油系统、滑油系统、启动系统、冷却系统、防冰系统，以及启动发动机和飞机附件的传动装置。

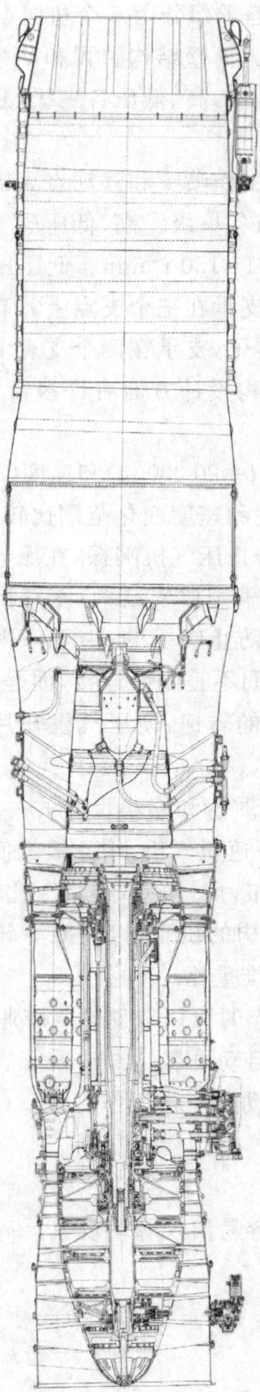

(a) 结构总图

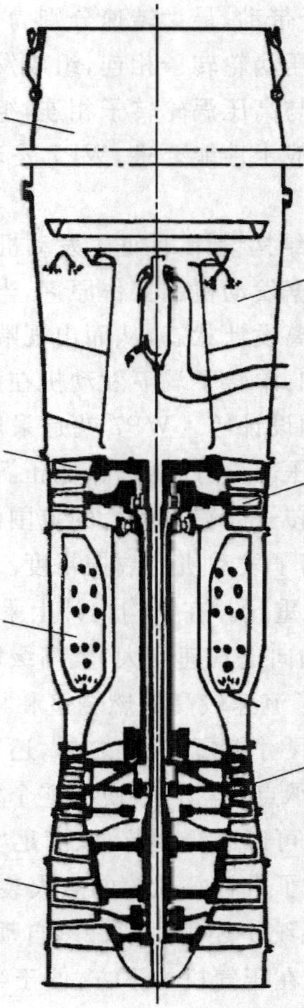

(b) 部件简图

图1.8 WP7发动机结构总图及部件简图

WP7 发动机的压气机由静子和转子两部分组成。其中，静子部分由 5 个机匣（进气机匣、前机匣、Ⅲ级机匣、Ⅳ和Ⅴ级机匣和后机匣）组成，所有机匣都为薄壁结构。Ⅳ和Ⅴ级机匣为纵向分半式机匣，其余机匣均为圆筒形整体机匣。压气机共有 6 级，高、低压各三级，总增压比为 8.85。发动机最大状态下空气流量为 63.7 kg/s。

燃烧室为联管型，由外套、内套、火焰筒、涡流器、联焰管、工作喷嘴和气动点火器等组成。

双转子涡轮由高压涡轮和低压涡轮组成，共两级，高、低压各一级。高、低压压气机转子分别由高、低压涡轮转子带动，最大转速分别为 11 440 r/min 和 11 150 r/min。低压压气机转子通过球头联轴器与低压涡轮转子相连，组成发动机低压转子，支承在三个支点上。高压压气机转子借助刚性联轴器与高压涡轮转子相连，组成发动机高压转子，支承在两个支点上。

为了满足飞机的战术性能要求，WP7 发动机在气动和结构设计方面有许多特点，归纳起来主要有以下 5 点：

① 采用双转子的结构设计，保证了发动机在很大的高度（H=20 000 m）和速度（Ma=2.05）范围内可靠工作。根据发动机的工作原理，当飞机的飞行高度和速度变化范围比较大时，压气机的进气攻角容易偏离设计状态，从而出现喘振现象。为了防止压气机喘振，在压气机设计时就要采取防喘措施，如：单转子涡喷发动机在压气机的中间级采用放气结构；压气机静子叶片可调；采用双转子结构设计等。WP7 就是采用双转子结构来防止喘振的，由于采用双转子结构后，压气机的高、低压部分分别由高、低压涡轮带动，相互之间不是刚性连接，而是气动连接，因而压气机的高低压转子能够在较大的范围内自动调节各自的转速，使压气机叶片的进气攻角比较适当，从而提高了发动机的喘振裕度。

② 具有较高的推重比。在结构设计上采取了减轻发动机质量和缩小尺寸的一些措施，如采用较小的轮毂比，轴向进气速度大，较高级增压比的超、跨声速压气机，用 6 级就使整个增压比达到 8.85；还采用了流速较高的燃烧室和具有大加力比的加力燃烧室，结构上比较紧凑，使双转子发动机的轴向尺寸缩短；除此之外，还采用薄壁焊接结构的机匣，以及减少转子支承数目（两个转子，五个支承点）等措施，使得整个发动机有较高的推重比。

③ 尾喷口的面积可以无级调节，以满足发动机在加力状态时可以改变燃气膨胀比。

④ 主燃烧室采用了带补氧系统的点火装置，以保证高空启动可靠。滑油系统、燃油系统、气动系统、状态操纵系统中还采用了许多自动装置，以保证发动机正常工作。

⑤ 附件主要安装在压气机的下方，便于维护和调整。

WP7 发动机的主要缺点有：

① 在加力状态工作时，耗油率很大，燃烧不够稳定，推力容易出现脉动现象。

② 机动飞行时容易出现空中停车。

③ 两个转子轴承的密封和散热问题解决得不够好。

④ 发动机振动比较严重等。

1.4 涡轮风扇发动机——АЛ-31Ф

АЛ-31Ф发动机是由留里卡设计局在1976—1985年间研制的加力式涡轮风扇发动机。世界上最优秀的歼击机之一——苏-27战斗机，其良好的机动性和较高的作战效果，便来自于АЛ-31Ф发动机。АЛ-31Ф在苏霍伊飞机上的出色表现证明了这种发动机优异的工作稳定性和对各种恶劣工作条件的适应性，而“眼镜蛇”那样的超过90°的大迎角工况和“法轮机动”的360°旋转的恶劣进气条件下，АЛ-31Ф发动机都能正常工作，表现堪称完美。АЛ-31Ф还有许多改型机，包括带矢量喷管型以及用于地面燃机的改进型号等。图1.9为АЛ-31Ф发动机的外形图，图1.10为其结构图。

АЛ-31Ф发动机的主要性能参数如表1.2所列。从表中可以看出，与WP7发动机相比，其性能和各方面参数都有较大提高。该发动机主要由低压压气机、中介机匣、高压压气机、燃烧室、高压涡轮、低压涡轮、混合器、加力燃烧室、可调喷管和附件传动机匣组成。此外，发动机的主要系统还包括滑油系统、燃油控制系统、启动系统、发动机综合调节器、涡轮冷却控制系统、几何通道控制系统、预防和消除喘振系统以及防冰系统等。

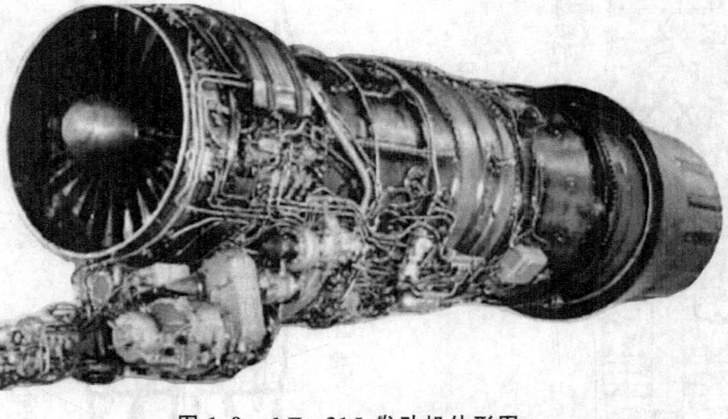

图1.9 АЛ-31Ф发动机外形图

表1.2 АЛ-31Ф发动机主要性能参数[5,7]

性能指标	性能数据	性能指标	性能数据
最大状态推力/kN	75.22	推重比	8.17/7.14*
全加力推力/kN	122.58	整机质量/kg	1 520/1 740*
最大状态空气流量/(kg·s^{-1})	112	压气机总增压比	23
涡轮前温度/K	1 665	加力温度/K	2 355
高压转子100%转速/(r·min^{-1})	13 300	低压转子100%转速/(r·min^{-1})	10 098
巡航状态耗油率/[kg·(kN·h)$^{-1}$]	69		

* 第一个数据按照前苏联关于发动机干质量标准，第二个数据按国际一般规定。

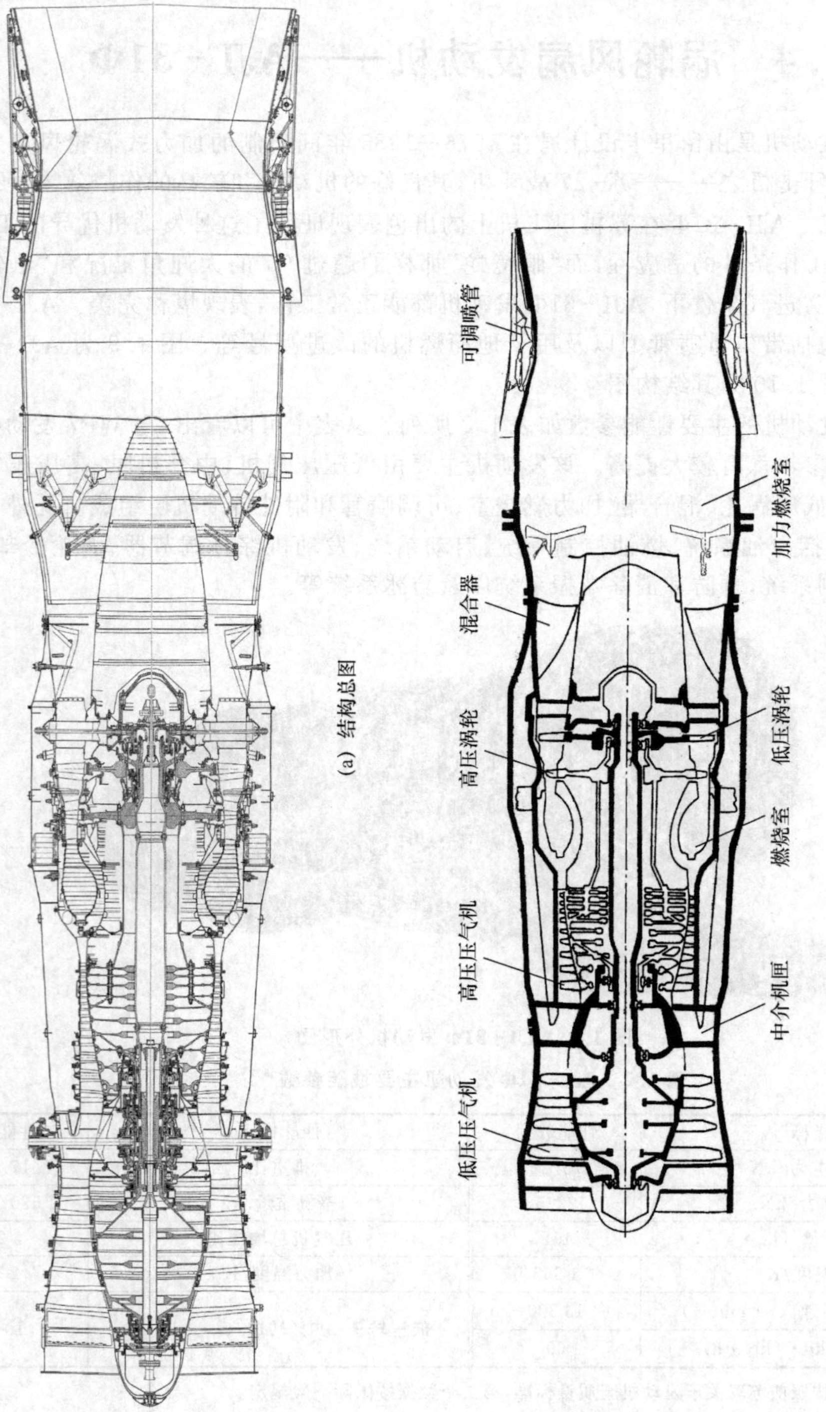

(a) 结构总图

(b) 部件简图

图 1.10 AЛ-31Φ发动机结构及部件图[5]

АЛ-31Ф 发动机的压气机分高压和低压两个部分。低压压气机有 4 级，增压比为 3.54，其中，进口导流器叶片为前后分半式，前部固定，后部可调出口角度，称为可变弯度导流叶片；前 3 级转子叶片带有阻尼凸台。高压压气机有 9 级，前 3 级的整流叶片均可调。在低压和高压压气机之间装有中介机匣[5]。

燃烧室为短突扩压器的环形燃烧室。在燃烧室中安装有 28 个加大尺寸的双路离心式喷嘴，输油圈为主副输油圈。燃烧室还装有高能点火装置。

涡轮也分高压和低压两个部分，共两级，高、低压各一级。高、低压涡轮的静、动叶片均为空心气冷式叶片。高压涡轮带动 9 级高压压气机和发动机、飞机附件工作，其转子与高压压气机转子刚性连接，组成发动机高压转子，其转速 n_2 为 100%时，对应的物理转速为 13 300 r/min。低压涡轮带动 4 级低压压气机，其转子与低压压气机转子连接，组成发动机低压转子，转速 n_1 为 100%时，对应的物理转速为 10 200 r/min。和其他发动机不同，为了减少冷却空气的需求量，改善发动机性能，在涡轮冷却气路上安装有空气热交换器，利用外涵道空气给冷却涡轮的空气降温。

加力燃烧室位于涡轮后，其进口处有混合器，目的是为了让内涵燃气与外涵空气进行混合，提高燃气中的含氧量，之后与加力燃油混合并燃烧，再次提高气体温度，增大喷气速度，提高发动机推力。加力燃烧室分 5 区供油，有 5 个定量开关，5 个输油圈，其中第 5 区为加力启动区。火焰稳定器有 3 圈"V"形稳定器，并有一些径向传焰槽。为了防止振荡燃烧，采取了全长防振屏，并在内尾锥处开有大量的阻尼孔。

喷管为全态可调、收敛扩散型超声速喷管。有 16 个调节片和封严片。收敛喷口靠 16 个液压作动筒操纵，扩张喷口则靠 16 个周向气压作动筒形成的环形"束带"固紧，随着喷口落压比的变化，靠气动力作功改变喷口的出口截面面积。

此外，发动机还采用机械液压-模拟电子式控制系统，即混合式控制系统。它包括主燃油控制系统、加力燃油控制系统、启动控制系统、几何通道控制系统、预防和消除喘振系统等。发动机在节流状态下的供油量由机械液压式 n_2 转速控制器控制，在最大和加力状态下的供油量由模拟式电子控制器控制。

АЛ-31Ф 是推重比为 8 一级的加力式涡扇发动机，为了使该发动机具有非常好的性能，同时具有很高的可靠性，发动机在设计方面具有如下特点：

① 为了提高推重比，在发动机设计方案上进行了非常大的改进设计。发动机的原始设计方案有 4 级风扇、12 级高压压气机、2 级高压涡轮和 2 级低压涡轮，共 20 级。按照此设计方案，发动机的质量将达 1 600 kg，而最大推力仅为 110 kN，所以不得不进行大的改动。改进后的设计方案，风扇仍为 4 级，而高压压气机减为 9 级，高低压涡轮各为 1 级，总级数降为 15 级，于 1976 年将发动机质量降到 1 520 kg，但故障很多。为了排除故障，质量又有增加，约增加了 10%，后来采用每减轻 1 kg 奖励 5 个月工资的办法，减轻了 70 kg，实现了原定的质量目标。

② 先进的冷却、材料及其设计技术，使得涡轮前温度由最初的 1 350 ℃提高到 1 392 ℃，提

高了发动机的推力。采用的先进技术有：

a）从高压压气机引来冷却空气经特殊的热交换器将温度降低，再进入涡轮中进行冷却；

b）高、低压涡轮导向器及叶片均为空心气冷叶片，叶片内部有导流和扰流片，采用旋流冷却，流路十分复杂，但冷却效率高；

c）来自内外涵道的四路气体，形成了效率很高的涡轮冷却系统，对涡轮部件进行冷却；

d）冷却控制系统可以对涡轮冷却的空气流量进行调节；

e）涡轮叶片的表面利用了先进的热障涂层技术，表面加钴、镍、铬、铝涂层。

③ 良好的气动稳定性。АЛ－31Ф 可使用在各种飞行高度和速度下，即使飞机以 Ma 为 2 的速度进入平螺旋、直螺旋、翻转螺旋及进气道喘振的情况下，发动机仍然能保持极其稳定。为了保障发动机稳定工作，设计了发动机预防喘振调节系统、空中自动点火系统、主燃烧室和加力燃烧室的再次启动系统等。其中，发动机预防喘振调节系统又包括发动机综合调节器、低压压气机进口导流叶片调节系统（进口导流叶片为可变弯度调节）、高压压气机导流叶片调节系统（进气导流器和Ⅰ、Ⅱ级整流器，共 3 排是可调的）、喷口临界截面积调整系统和进气道调节器等。

④ 为了降低发动机的振动水平，延长叶片的高周疲劳寿命，广泛采用了振动控制技术。如：低压压气机的前 3 级转子叶片均有减振凸台；低压涡轮叶片采用了带冠结构设计；高压涡轮叶片不带冠，但在两个叶片的下缘板和榫头之间装有减振阻尼器。

⑤ 维修简便。主要体现在以下几个方面：

a）单元体设计思想。该发动机采用单元体结构，由 14 个单元体组成，因此，当出现某些损坏时，可以不需要全部更换，只是替换有故障的单元体即可。这样，在使用条件下进行发动机维修时，可更换其中的 6 个单元体。

b）为了更好地保障发动机的可靠性，发动机具有全面的检测仪表，包括地面检测仪表和机载检测仪表。这些仪表可以提供关于发动机状态的各个参数，例如，各种调节系统参数、机匣振动、滑油中金属屑信号等。目前，在所有 АЛ－31Ф 航空发动机及地面的 АЛ－31СТ 发动机中，都采用了综合化诊断系统、振动监测、发动机参数诊断、滑油中金属杂质的分析、借助电气仪表对材料状态的分析、对可靠性的监测等。

c）为了在定期检验以及出现故障时进行更深入的试验，采用了更先进的检验设备。例如，采用孔探仪检验发动机气流通道、压气机及涡轮叶片和燃烧室，用涡流检验法检验涡轮叶片，用声学振动法检验轴承，用射线检验法检验滑油中的金属杂质以及用磁性探头检验零件磨损程度等。为了使用先进的检测仪器，在发动机机匣上开有多个孔探仪观察孔。

⑥ 使用寿命较长。АЛ－31Ф 原型发动机的翻修寿命为 300 h，总寿命为 900 h。在 300 h 期满后，开始实行视情维护，即每隔 25 h 检查一次发动机，如果无大的问题，则由工厂代表决定再使用 25 h。随着发动机技术的改进，其使用寿命还在不断延长。

相对于西方的第三代军用战斗机的发动机，如美国的 F100－PW－229 发动机、АЛ－31Ф

发动机也有一些参数指标不尽如人意，如推重比和启动机的启动海拔高度偏低，所以采用了其他国家近代发动机不常用的 4 级风扇结构等。但总的来说，АЛ-31Ф 发动机无疑是一台优秀的第三代军用涡扇发动机，由于它在苏-27 及其改进型苏-30MK、苏-33 和苏-35 等机型上的采用，预计该型号的改进型发动机直至 2015 年左右仍可在国际军机发动机市场中占有一席之地。

1.5 思考题

1. 简述涡轮喷气发动机的推进原理。
2. 简述涡扇发动机和涡喷发动机的结构区别。
3. 简述 WP7 发动机的设计特点。
4. 简述 АЛ-31Ф 发动机的设计特点。
5. 与 WP7 发动机相比，АЛ-31Ф 发动机在哪些方面有了改进和提高？

第2章 总体结构

2.1 概 述

从第1章的概述可以知道,航空燃气涡轮发动机的主要部件包括压气机、燃烧室、涡轮、加力燃烧室和尾喷管等。压气机(或者风扇)、涡轮的旋转件以及连接这些旋转件的零部件组成了发动机转子。无论是单转子发动机,还是双转子发动机,其转子所承受的力必须通过支承结构才能传至发动机机匣(静子承力系统)上,最后通过安装节传至飞机上。

发动机的主要部件,如转子、静子(非转动件),在发动机工作时都会承受各种载荷,因此,在这些零部件之间必然存在力的传递。根据载荷的性质,作用在发动机零部件上的载荷可分为三类,分别是气体载荷、质量载荷和温度载荷。

① 气体载荷:气体在发动机内流动时,由于速度、压力、方向不同而作用在与其接触的零部件上的力和力矩。

② 质量载荷:零件的重力,转子旋转、振动或飞机做机动飞行时,作用在发动机零部件上的惯性力和惯性力矩。

③ 温度载荷:发动机工作时,各零件因受热不均匀,或相邻零件材料线膨胀系数不同,受热膨胀后受约束等产生的载荷。

这些载荷中,有一些力可以在零部件之间相互抵消,而不传出去,如转子旋转的离心力、轮盘的热应力、气体的径向力等;有些力虽然传给相邻零部件,但在发动机内部抵消而不传给飞机,如部分轴向力及扭矩;有些力则通过相邻零件传递,最终传至飞机上,如大部分的气体轴向力、重力及惯性力。以气体轴向力为例,实际上发动机各个组件上气体轴向力的代数和,就是发动机的推力。图2.1是某涡扇发动机转子的轴向力分布图,可以看到,不同部件或者零件,其轴向力不仅大小不同,而且方向也可能会相反。为了使这些力分布合理,需要合理地布置发动机的支点数目和位置,安排能够承受轴向力的轴承(图2.1中,低压转子滚珠轴承的向后轴向力达到了94 304 N),同时,还要设计压气机转子和涡轮转子之间适当的连接方式等结构措施,从而得到较好的发动机总体结构方案,使发动机有较好的工作性能。

发动机的总体结构设计包括转子的支承方案、压气机与涡轮转子之间的连接方式、支承结构及静子承力系统等。总体结构设计的目的和要求是:各大部件所承受载荷的分布方式和传递路线趋于合理;零部件刚度、强度满足要求,且结构简单,尺寸小,质量轻;可维修,拆装方便。

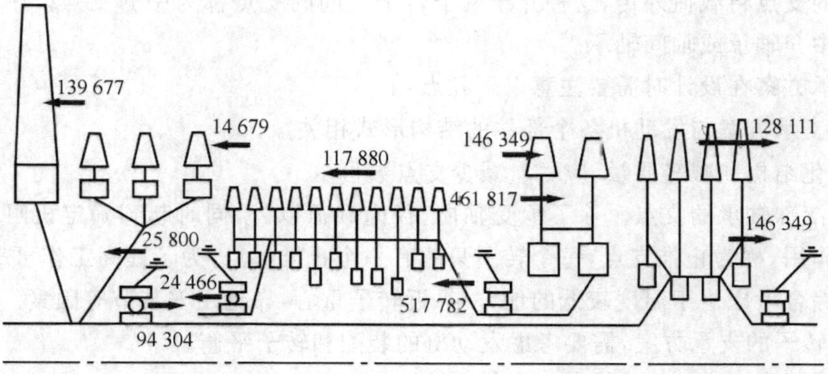

图 2.1　某涡扇发动机转子的气体轴向力分布图(单位:N)[4]

2.1.1　转子支承方案

转子支承点的数目和位置安排,称为转子的支承方案。通常用简图或数字法来表示发动机的支承方案。简图是将复杂的转子简化为表征其特点的简单示意图,例如,用小圆圈表示承受轴向和径向载荷的滚珠轴承,用小方块表示承受径向载荷的滚棒轴承。数字法是由两条横线和三个数字组成,用来表示转子的支点数目和位置,如 a—b—c,两条横线分别代表压气机转子和涡轮转子,三个数字根据所处的位置,分别代表不同位置的支点数目。

以单转子发动机 WP6 为例,其转子支承方案简图如图 2.2 所示,用数字法表示,则为 1—2—0 支承方案,表示压气机转子前有 1 个支点,涡轮转子后无(0)支点,而压气机和涡轮转子间有 2 个支点。

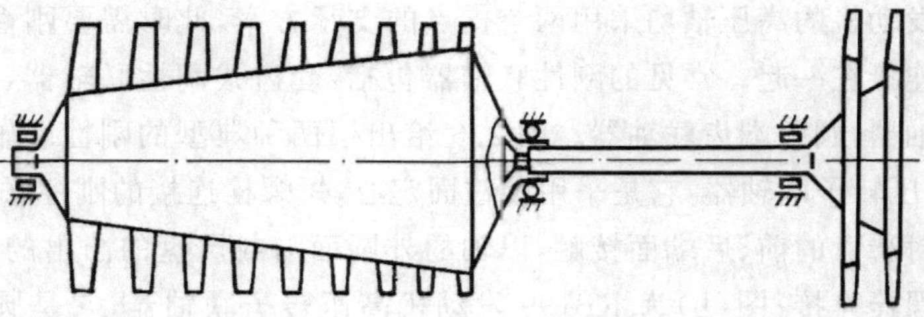

图 2.2　WP6 发动机转子支承方案[4]

对于双转子或三转子发动机,转子数目多,支承数目多,且低压转子要通过空心的高压转子,故结构复杂,一般是将各个转子分割出来,然后按单转子的方法来分别处理。如低压的支承方案是 0—1—1,高压的支承方案为 1—1—0 等。与单转子相比,另外一个不同点是,多转子发动机的某些支点不直接安装在承力机匣上,而是装在两个转子之间,其中一个转子通过另外一个转子的支点将载荷外传，这种介于两个转子之间的支点称为中介支点。中介支点上的轴承则称为中介轴承或轴间轴承。

转子支承方案在设计时需要注意以下几点：

① 转子支承方案与发动机各个部件的结构形式相关。

② 为简化结构和减轻质量，应尽量减少支点数目。

③ 采用滚珠轴承的支点。除了承受轴向、径向载荷以外，同时起到确定机匣和转子相对轴向位置的作用，称为止推支点，每个转子只能有一个止推支点，为了提高工作可靠性，止推支点应尽可能综合考虑位于温度较低的地方，靠近转子重心，靠近主安装节等因素。

④ 确定转子的支承方案，需要考虑发动机的装配和转子平衡。

⑤ 采用中介支点时，需要仔细考虑各个转子之间的关系。

2.1.2 联轴器

联轴器是将发动机上涡轮转子与压气机转子连接起来的组合件。不同的转子支承方案对联轴器的功能要求是不同的。

在两个支点的支承方案中，联轴器仅传递扭矩与轴向力，需将涡轮轴与压气机轴刚性联为一体，这种联轴器称为“刚性联轴器”。在有各自的止推支点的压气机转子、涡轮转子的四点支承力方案中，联轴器仅传递扭矩；在只有一个止推支点的四支点支承方案中，联轴器不仅要传递扭矩，而且还有传递轴向力；在大多数三支点的支承方案中，不仅要求联轴器传递涡轮转子的扭矩、轴向力和径向力，而且要求在两联轴器不同心时，能保证良好的工作。上述三种支承方案中的联轴器，均允许涡轮转子和压气机转子有一定的偏斜角，即两转子间可以有相对的偏斜，这种联轴器称为“柔性联轴器”。

很多双转子发动机的高压轴均采用两个支点的支承方案，此时需要刚性联轴器将压气机转子和涡轮转子连接在一起。常见的刚性联轴器包括：套齿式刚性联轴器，圆柱面定心、短螺栓连接的刚性联轴器，圆弧端齿联轴器。图 2.3 给出了两种典型的刚性联轴器结构，图(a)为 CFM56 发动机高压转子联轴器，它是采用圆柱面定心、短螺栓连接的刚性联轴器，压气机后轴与涡轮轴分别与封严盘的前、后端面接触，以轴的外圆面与封严盘的凸出的内环面配合定心，二者之间采用短螺栓连接；图(b)为 RB199 发动机高压转子联轴器，它是圆弧端齿刚性联轴器，在压气机后轴的后端面上与涡轮轴的前端面分别加工出带弧形的端齿，用短螺栓与自锁螺母将二者连接起来，这样的联轴器不仅刚性好，而且热定心功能也很好。

图 2.4 是 WP8 发动机带有球形接头的柔性联轴器。因为该发动机采用了 1—2—0 支承方案，联轴器既要传递扭矩、轴向力，还要作为涡轮转子的前支点，因此采用了带有球面的柔性联轴器，允许两个轴在工作时有一定的偏斜角。

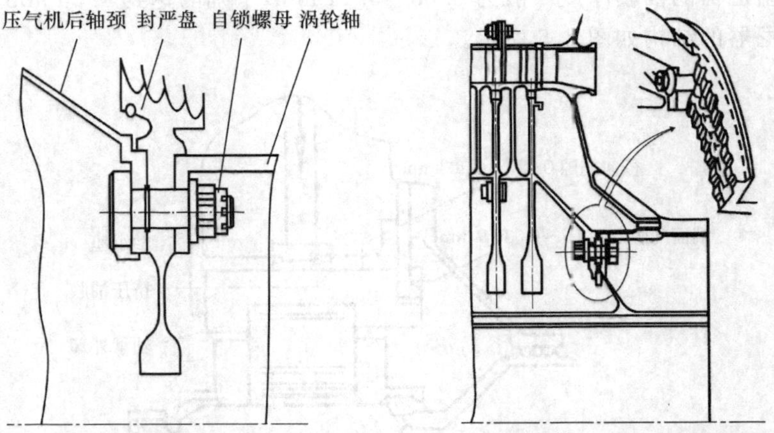

(a) CFM56发动机高压转子联轴器　　(b) RB199发动机高压转子联轴器

图 2.3　典型发动机刚性联轴器结构图[6]

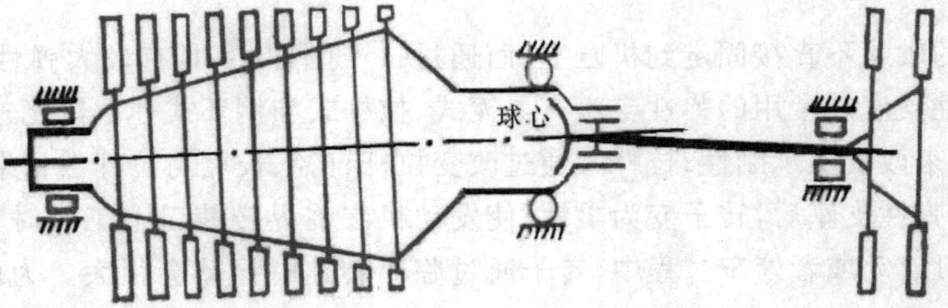

图 2.4　WP8 发动机带有球形接头的柔性联轴器[4]

2.1.3　支承结构

支承结构包括轴承、对轴承进行冷却与润滑的滑油供入及回油结构、防止滑油漏入气流通道以及防止高温气体漏入轴承腔室的封严装置等。航空燃气涡轮发动机上使用的轴承一般是滚动轴承，包括滚珠轴承（一般采用轻系列）和滚棒轴承（一般采用特轻系列）两种。滑油供入轴承的方法有两种：侧向喷射与环下供油。环下供油多用于在高 DN 值（D 为轴承内径，N 为轴承转速）工作下的轴承。为了保证油腔内的滑油不外漏，轴承油腔均应与大气相通（通过润滑系统的通气系统）。轴承油腔封严的装置，常用的有篦齿式、涨圈式、端面石墨式、径向石墨式、浮动环式及金属刷环式等。篦齿式属于非接触式封严，其他的均属于接触式封严。

为了减小转子引起的振动传递给机匣，可以在轴承与支承结构之间设置减振器，吸收振动能量。在轴承外环和轴承机匣之间引入滑油，通过滑油吸收振动能量，称之为挤压油膜阻尼器。挤压油膜阻尼器的油膜厚度一般为 0.08～0.11 mm，个别的达到 0.25 mm 左右[8]。典型的挤压油膜阻尼器的结构如图 2.5 所示。

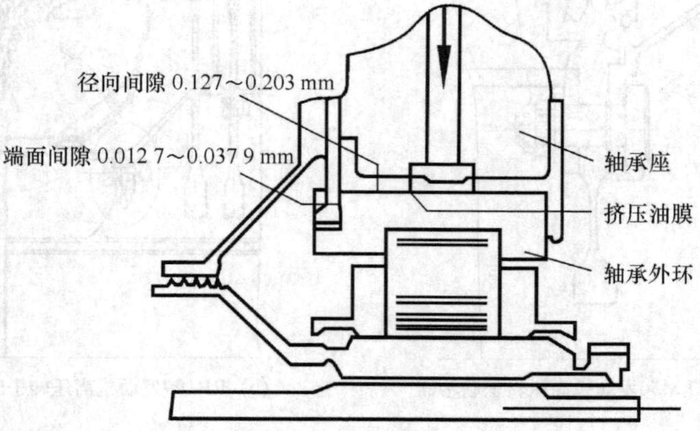

图 2.5　RB211 发动机挤压油膜阻尼器[6]

此外，转子的轴承不直接固定到机匣上，而通过一个刚性小、具有较大弹性的支座固定到机匣上，称为弹性支座。常用的弹性支座有鼠笼式、拉杆式和钢环式等。鼠笼式通过改变开槽的宽度和辐条数来改变支承刚性；拉杆式通过改变拉杆直径、长度与拉杆数目来改变其支承刚性。发动机采用弹性支座后，转子变为柔性，使发动机在临界转速以上工作时非常平稳，振动很小，但在发动机启动或者停车过程中，转子通过临界转速时振动会很大。为此，在操作时可使发动机快速通过临界转速，同时采用限幅器以限制超过临界转速时的振幅。图 2.6 是弹性支座和挤压油膜阻尼器同时采用的支承结构。

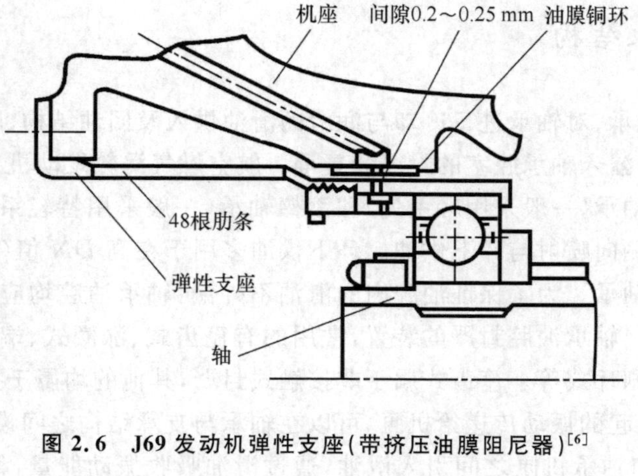

图 2.6　J69 发动机弹性支座(带挤压油膜阻尼器)[6]

2.1.4 静子承力系统

如前所述,发动机转子和静子上作用的载荷,有的可以相互抵消或部分抵消,有的则无法抵消,其总的剩余载荷如推力、剩余扭矩、重力、机动载荷等需要通过承力系统传给发动机安装节,并进一步传给飞机。承力系统包括承力机匣和一些承力框架。发动机上的所有机匣大多同时又是静子承力系统。将转子支点的载荷通过气流通道传至外承力壳体(承力机匣)的构件,称为承力框架。此外,为了减轻发动机的质量,充分利用发动机机匣(壳体)材料,常见的承力框架有以下几种形式:

① 铸造或焊接机匣。将安装轴承座的内机匣用几个支柱与外机匣铸成或焊接成整体,载荷通过置于气流通道内的支柱传递,一般用在冷端部件,如压气机前后的进气机匣、扩散机匣及中介机匣。

② 静子叶片。这种承力框架结构简单,还可以缩短发动机长度。

③ 涡轮导向器。此时,不能直接利用导向器作为承力件,而是需要在叶片内部安装承力件来传力。

④ 涡轮后承力框架。涡轮转子有后支点时,需采用涡轮后轴承机匣,将轴承载荷外传。

2.2 WP7 发动机总体结构

2.2.1 WP7 转子支承方案

WP7 发动机总体支承结构简图如图 2.7 所示。在双转子发动机中,WP7 的级数是非常少的。

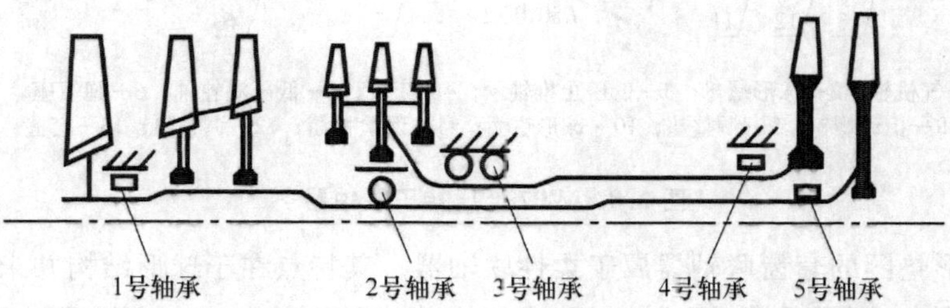

图 2.7 WP7 发动机总体支承结构简图[6]

低压转子由低压压气机(3 级)和低压涡轮(1 级)组成,支承方案为 1—2—0。采用了两个中介轴承(2 号和 5 号),前支点(即 1 号轴承)为滚棒轴承,位于Ⅰ、Ⅱ级压气机轮盘间。2 号轴承为滚珠轴承,用于承受低压转子的轴向载荷和部分径向载荷。涡轮后支点的5号轴承为滚棒轴承,只传递径向载荷。为了减少轴承的传力构件,减轻总体结构质量,WP7发动机将低压转子的主轴承(2号)、后轴承(5号)支撑于高压转子内,其载荷首先传到高压转子上,然后分别通过高压转子的3号及4号轴承外传。

高压转子由高压压气机(3级)和高压涡轮(1级)组成,由于级数少,转子刚性较好,故采用两个支点的简单支承方案,即压气机后的3号支点与涡轮转子前的4号支点。压气机和涡轮均悬臂支承着,支承方案为0—2—0。3号支点由于所受轴向载荷较大,因此采用了两个滚珠轴承并用的方式来提高支点的承载能力。4号支点仅承受径向载荷,采用了滚棒轴承。此外,高压压气机采用"挑担"式结构,将锥形轴颈与Ⅴ级压气机轮盘相连接,这样既缩短了转子长度,又缩短了高压压气机转子重心至前支点(即3号支点)之间的距离。

2.2.2 WP7联轴器

WP7低压转子联轴器如图2.8所示,由于低压转子采用了三个支点,为保证发动机正常工作,同时降低对三个支点同心度的要求,低压涡轮与低压压气机转子间采用了具有浮动球形垫圈的套齿联轴器。

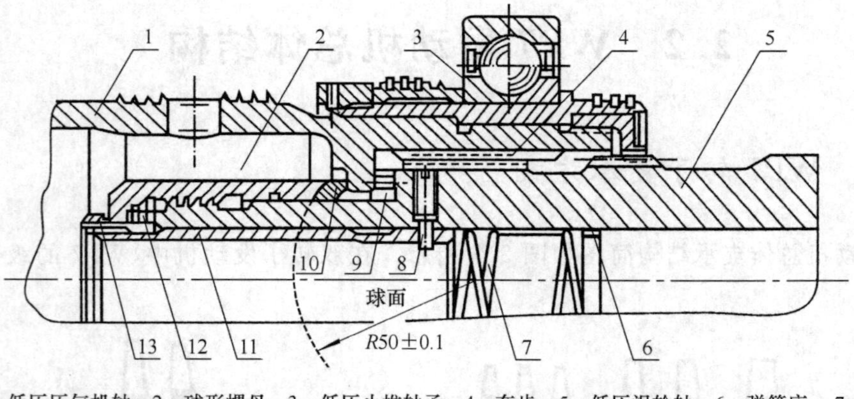

1—低压压气机轴;2—球形螺母;3—低压止推轴承;4—套齿;5—低压涡轮轴;6—弹簧座;7—弹簧;8—止动螺钉;9—调整垫;10—球形垫圈;11—保险衬筒;12—调整垫;13—套齿。

图2.8 WP7低压转子联轴器[4]

带浮动球形垫圈的套齿联轴器属于柔性联轴器。其特点在于球形结构并未定心在涡轮轴或压气机后轴颈上,而是浮动于两轴之间,成为浮动球形垫圈(10)。这是因为WP7低压涡轮轴与压气机轴线间不同轴的偏斜角较大,约为7′47″,而套齿又采用了小直径、大宽度的设计,这时只能用较大的侧向啮合齿隙(0.18～0.31 mm),为了不使其他零件限制两转子间的径向位置,保证涡轮转子沿球面偏斜时不受约束,所以采用浮动结构。

由于球形垫圈并未定心于压气机后轴上，涡轮轴前端的径向载荷是通过端面摩擦阻力传至压气机后轴的，而在发动机工作时，涡轮向后的轴向力较大，若球形垫圈与后轴间的摩擦系数为 0.1，则球形垫圈径向移动的摩擦力可达 4 kN 以上，远超过该处的径向载荷，可以满足载荷的传递要求和工作可靠性。此外，由于涡轮轴向后的轴向力较大，球形螺母(2)与涡轮轴相配的螺纹采用了能传较大轴向载荷的锯齿形螺纹[6]。

WP7 高压转子采用双支点方案，为保证转子的整体弯曲刚性，尽量减小转子系统工作时的振动量和径向变形，高压压气机轴与高压涡轮轴之间采用了套齿式刚性联轴器，见图 2.9。

高压涡轮轴与压气机轴之间通过套齿传扭，二者间的定心靠前后两个圆柱配合面实现，前部是压气机后轴颈内圆柱面与涡轮外套齿前端的外圆柱面的配合面，后部是高压压气机后轴颈的内圆柱面与涡轮轴外圆柱面的配合面。此外，高压压气机后轴的端部做成锥形，与装在涡轮轴上的后锥体相配，压气机后轴颈也是锥形，与装在涡轮轴头上开有六条径向槽的弹性锥体相配，在 88.2 kN(9 000 kgf)轴向力的夹紧作用下，用大螺母将压气机后轴与涡轮轴刚性地连为一体。这种在联轴器上采用双锥体配合加大的轴向力压紧的定位方法，既可以保证高压转子的连接刚度，又可以保证轴系的良好定心[6]。

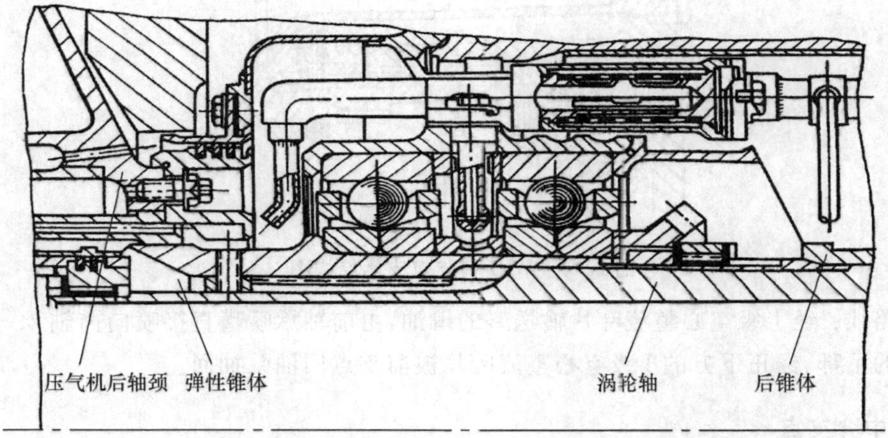

图 2.9　WP7 高压转子联轴器[4]

2.2.3　WP7 支承结构

WP7 发动机共有 5 个支点，6 个轴承。低压转子的前轴承为滚棒轴承，前中介轴承为滚珠轴承，后中介轴承为滚棒轴承；高压转子的止推轴承为双排滚珠轴承，后轴承为滚棒轴承。各轴承工作转速很高，且除前轴承外的其余各轴承工作温度也较高，因此在选择轴承的类型、结构、精度、材料、工艺、冷却润滑等方面，都需要充分考虑其工作要求。WP7 发动机两个转子的各支点的结构都采用了接触式的涨圈封严装置，对滑油进行密封，同时采用了篦齿装置来对气体进行封严，以控制滑油腔内的气体压力。图 2.10～图 2.13 是发动机各支点的结构图。

1. 前支点

前支点即图 2.7 中的 1 号轴承，其支承结构见图 2.10。其前轴承采用了无内圈的短圆柱滚棒轴承（WP7 乙发动机中更换了这一结构），这是因为前轴承的内径尺寸受到结构上的限制，在空间上不好安放内圈。

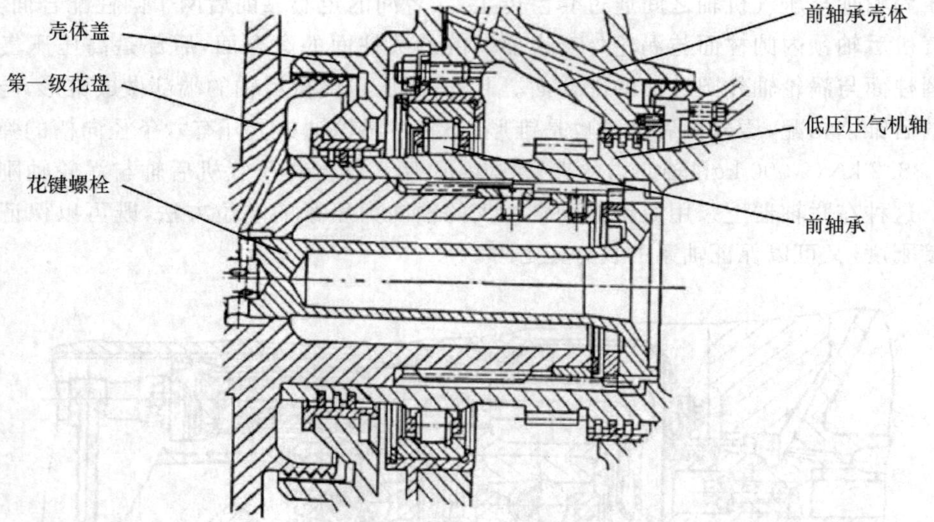

图 2.10 WP7 前支点支承结构图[5]

滑油路线：经Ⅰ级空心整流叶片输送来的滑油，由前轴承喷嘴直接喷向前轴承，然后滴落在前轴承的下部，经正下方的Ⅰ级空心整流叶片被前支点回油泵抽回。

2. 前中介支点

前中介支点即图 2.7 中的 2 号轴承，其支承结构见图 2.11。其低压压气机后轴承是一个中介轴承，该轴承采用内环分开、三点接触式的径向止推球轴承，以承受径向载荷和轴向载荷。其径向承载能力为 3.92 kN(400 kgf)[5]，轴向为 12.74 kN(1 300 kgf)[5]。轴承座(6)紧装配在Ⅵ级高压压气机轴颈(8)内，并用径向销钉(5)固定，其轴承外环用螺母(4)固定在轴承座上，并用封严涨圈衬套(3)后端面处凸出的销钉头深入螺母(4)的端面缺口中，以防止螺母转动松脱。最后用螺母(1)将衬套固定并锁紧。由于轴承座随同高压转子旋转，因此滑油管路不能直接与滑油喷嘴相连。

滑油工作路线：滑油通过喷嘴(9)喷入集油腔 A 内，集油腔衬套(10)内径上有 3 个叶片

B，当高压转子旋转时，带动集油衬套与滑油一起旋转，在离心力作用下，滑油从 3 个沿圆周均布的喷嘴(7)喷出，工作后，滑油通过Ⅵ级压气机盘轴颈上均布的排油孔(17)甩出。

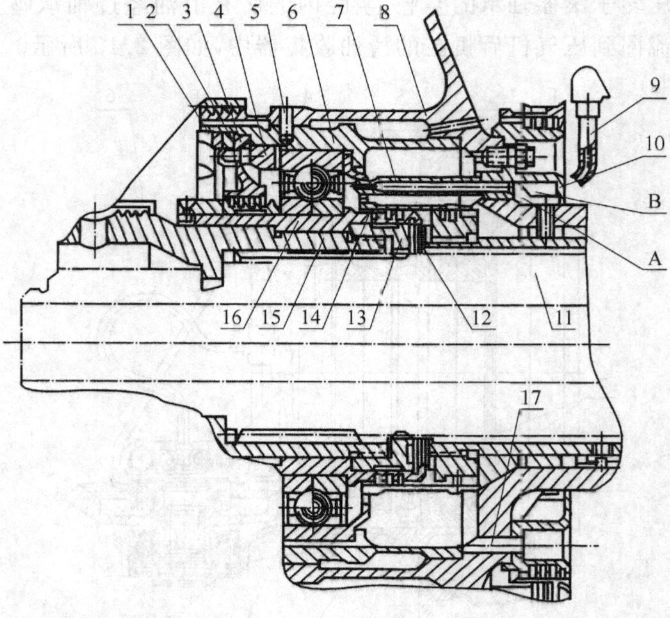

1、4－螺母；2－锁紧环；3－封严涨圈衬套；5－径向销钉；6－轴承座；7、9－滑油喷嘴；8－Ⅵ级高压压气机轴颈；10－集油腔衬套；11－低压涡轮轴；12－卡圈；13－连接螺母；14－带锥面的涨圈衬套；15－低压压气机轴；16－轴承内安装环；17－排油孔；A－集油腔；B－小叶片。

图 2.11　前中介支点支承结构图[6]

3. 中支点

中支点即图 2.7 中的 3 号轴承，其支承结构见图 2.12。其中，轴承采用内环分开、四点接触的径向止推球轴承。经过卸荷后，发动机转子轴向力仍然较大，因此 WP7 发动机高压转子中支点采用了双排滚珠轴承，以分担转子的载荷。采用双排滚珠轴承的关键问题是要保证两个轴承同时承受轴向载荷，且承载均匀。为此，在两个轴承的内、外环间分别安装轴向尺寸可以调整的内、外隔圈，通过调整隔圈的尺寸来保证两个轴承同时受力。

4. 后支点和后中介支点

后支点和后中介支点即图 2.7 中的 4、5 号轴承，其支承结构见图 2.13。后轴承和后中介轴承采用挡边做在外圈的滚棒轴承，便于拆装，尤其是对于后中介轴承来说，在装配和分解时如不采用此类轴承，就无法使轴承的内圈通过封严装置。Ⅰ级涡轮转子的滚棒轴承用直接从喷油嘴(1)上方三个孔喷出的滑油进行润滑和冷却。而喷油嘴下方的两个孔喷出的滑油进入由后轴承衬套所形成的槽，供给低压涡轮中介轴承的喷油嘴(4)。滑油在离心力作用下从这两个喷油嘴流出，对中介轴承(5)进行润滑和冷却。中介轴承空腔内的滑油经过轴承座上的孔和外轴上的孔回到高压转子滚棒轴承的空腔，空腔内的所有滑油经过轴承座上的铣槽和轴承机匣后安装边上的孔流回到压气机后机匣的滑油收集器中，如图 2.13 所示。

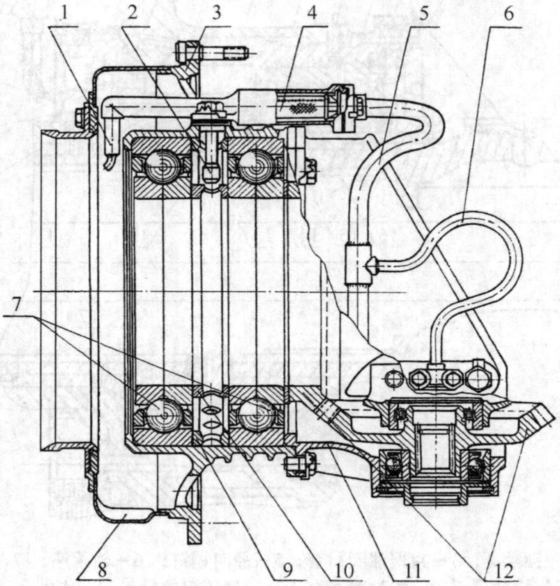

1—固定喷油嘴；2—中轴承喷油嘴；3—中轴承座；4—油滤；5—中支点输油管；6—传动机匣输油管；7—中轴承；8—中支点收油池；9—外隔圈；10—内隔圈；11—传动机匣；12—传动伞齿轮。

图 2.12　中支点支承结构图

WP7 发动机的滑油封严采用了涨圈封严，其原理如图 2.14 所示。在涨圈的非工作面引有高压气体，因此使其工作面 A 紧贴在涨圈槽的壁上，发动机工作时，由于涨圈的弹力使外圆表面 B 紧压在静止的衬套内表面中，涨圈不转动，表面 A 有滑动，这样就使Ⅱ腔中的滑油不至于漏到Ⅰ腔中来。为了防止滑油从涨圈的开口处泄漏出去，一般都采用两个或三个涨圈并列使用，装配时，相邻的两个涨圈开口处应互成 180°角。

涡轮支点的工作温度高，因此在涨圈设计上不同于压气机处。图 2.15 为高压涡轮轴承涨圈封严装置，涨圈座上开有三个涨圈槽，为了把滑油送到涨圈工作面 A，在左边第一、二槽沿圆周相隔 180°处各开一个ϕ1 的径向孔。环形槽的两侧均进行渗氮处理，以提高耐磨性。封严衬套的内表面渗碳，以减少衬套内表面与涨圈之间的磨损。衬套右端做成 30°角的大倒角，以便于涨圈的装配。低压涡轮轴承涨圈的结构与高压基本相似，如图 2.16 所示，但为了引入滑油，所开的小孔有差异。

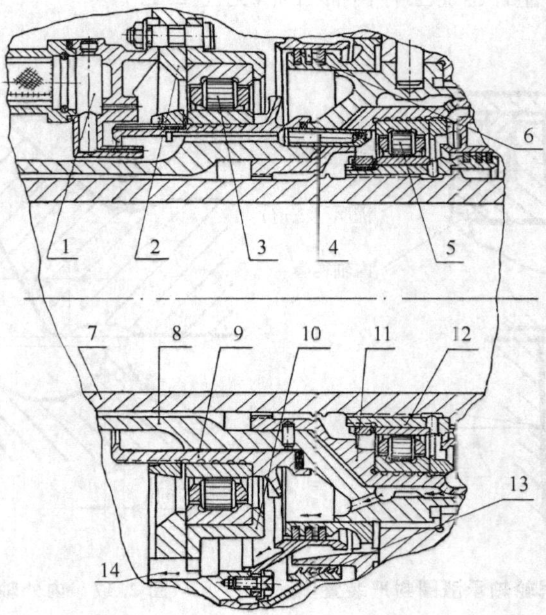

1－后支点喷嘴；2－后机匣后安装边；3－后轴承；4－后中介轴承转动喷嘴；5－后中介轴承；6－封严涨圈；7－内轴；8－外轴；9－后轴承衬套；10－后轴承座；11－后中介轴承座；12－内轴衬套；13－篦齿封严圈；14－后回油池通道。

图 2.13　后支点和后中介支点支承结构图

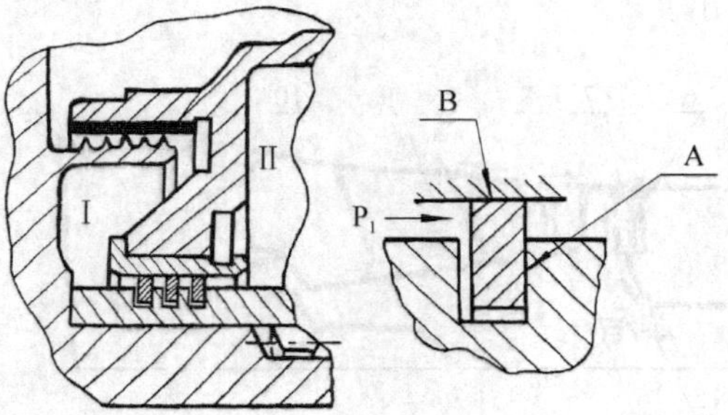

图 2.14　涨圈封严原理

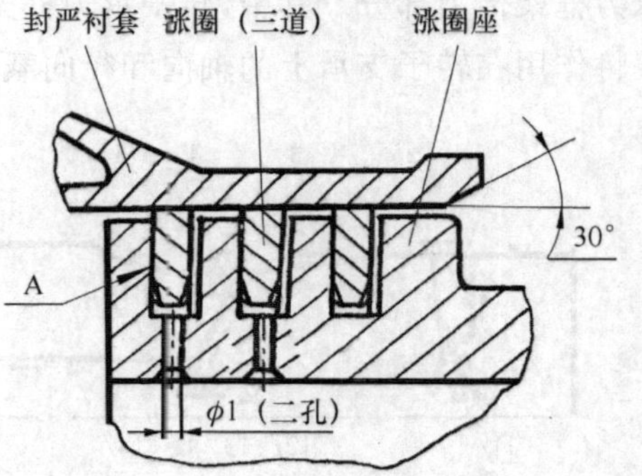

图 2.15　高压涡轮轴承涨圈封严装置

除了采用涨圈封严外，低压涡轮轴的封严还采取了如下两个措施：

① 在与外轴连在一起的内轴承外衬套的前端，加工有 $M95 \times 1.5$ 的左旋螺纹，它与内轴的圆柱配合表面构成螺旋封油装置。

② 在上述的封油装置后还加工有挡油凸阶，见图 2.17。

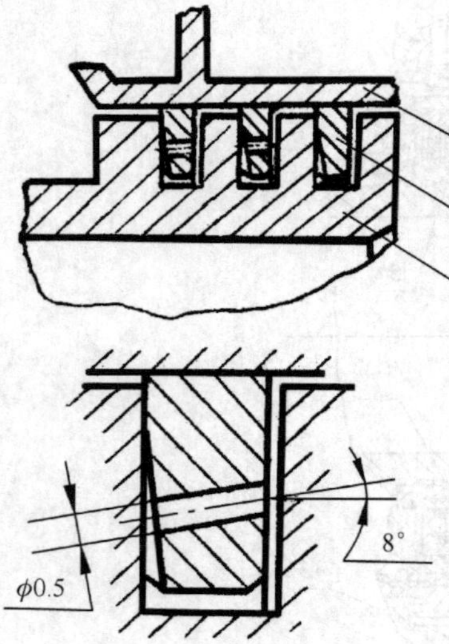

图 2.16 低压涡轮轴承涨圈封严装置

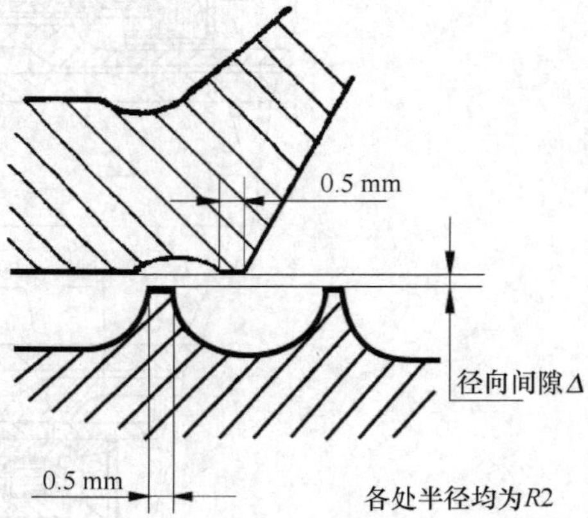

图 2.17 内外轴上的挡油凸阶

2.2.4 WP7 静子承力系统

WP7 发动机采用内外混合式传力方案，见图 2.18。传力系统可分为机匣传力部分和转子承力框架传力部分。其中，转子承力框架可由压气机静子叶片、Ⅰ级涡轮导向器叶片内承力辐条将作用在转子支承上的轴向和径向载荷传出。

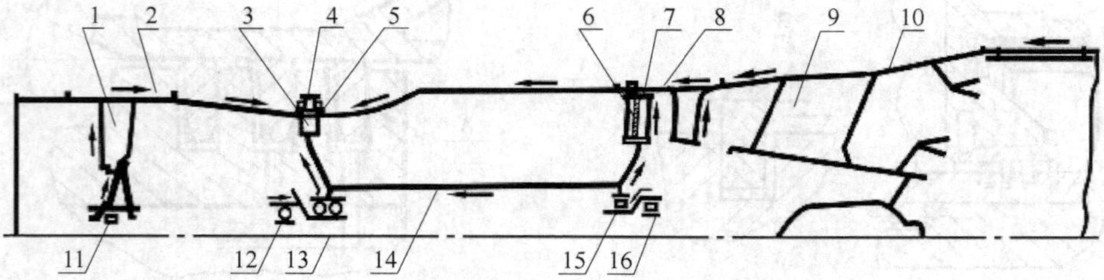

1－Ⅰ级整流叶片；2－前机匣；3－Ⅵ级整流叶片；4－主安装节上支点；5－后机匣； 6－承力辐条；7－导向器壳体；8－涡轮机匣；9－整流支板；10－扩散器外壁；11－前轴承；12－前中介轴承；13－中轴承；14－轴承机匣；15－后轴承；16－后中介轴承。

图 2.18 WP7 承力框架与传力路线

1 号轴承上的径向载荷通过低压压气机Ⅰ级静子整流叶片传到机匣上；2、3 号轴承上的载荷是通过高压压气机Ⅵ级静子整流叶片外传的;4、5 号轴承的载荷既可以由燃烧室内的轴承机匣前传,再由压气机Ⅵ级静子叶片外传,也可以直接通过高压涡轮导向器叶片内的承力辐条传到机匣上。发动机的承力系统由燃烧室外套、轴承机匣、压气机末级静子叶片、涡轮导向器叶片内的承力辐条组成了一个盒式结构。这种传力方式称为混合传力方案。作用在静子叶片上的气动载荷均通过压气机、燃烧室和涡轮机匣传到位于燃烧室前的主安装节上。

压气机转子和涡轮转子工作时均会产生很大的轴向力,这些轴向力要通过滚珠轴承传出,但滚珠轴承承受轴向载荷的能力有限(一般在 19.6 kN 左右),为此在发动机上必须采取一些结构措施,以减小作用于滚珠轴承上轴向载荷,即卸荷措施。图 2.19 所示为 WP7 发动机转子系统卸荷示意图。

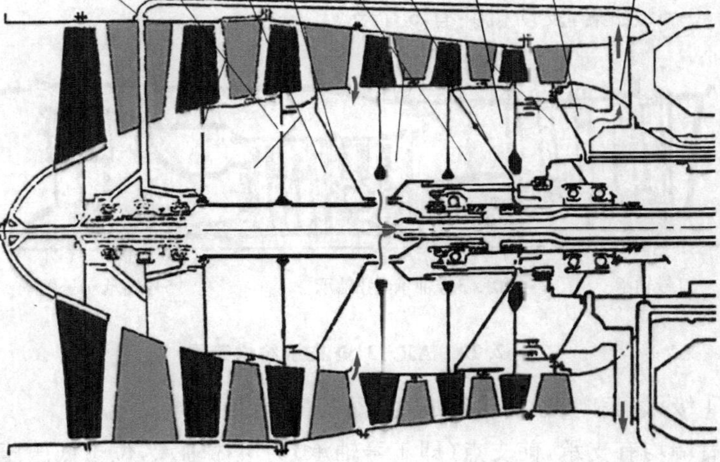

图 2.19　WP7 发动机转子系统卸荷示意图

图 2.19 中采用了如下措施:

① 利用联轴器分别将高压压气机与高压涡轮、低压压气机与低压涡轮的转子连接起来,使作用在压气机转子上向前的轴向力和作用在涡轮转子上向后的轴向力抵消一部分,这样,传给滚珠轴承的轴向载荷就为抵消后剩余的轴向力。

② 为了减小高压压气机转子向前的轴向力,在高压压气机末级轮盘上设计两圈篦齿封严圈,防止气流通道中的高压气体流到高压转子后方,以此在压气机盘后形成一个气腔,同时,用两根扁形的导管通大气(一般在 1.3 个大气压左右),这个专门设计的通气腔就称为

“卸荷腔”。由于压气机盘后卸荷腔的存在,所以大大减少气体作用在高压转子上的向前轴向力。

③ 为了减小作用在低压压气机转子向前的轴向力,在Ⅲ级压气机轮盘后端面外径处设计有篦齿封严圈,使Ⅲ级转子叶片后的高压气流不能流入压气机转子的后腔中。同时在Ⅱ级和Ⅲ级轮盘上都开有6个偏心小孔,可以使Ⅱ级转子叶片前的低压气流与低压转子的后腔相通,从而减小作用在低压压气机盘上的向前轴向力,达到卸荷的目的。

2.3 АЛ-31Ф发动机总体结构

2.3.1 АЛ-31Ф转子支承方案

АЛ-31Ф发动机总体支承结构简图如图2.20所示。低压转子采用了1—2—1方案,而高压转子采用1—0—1方案,发动机共有6个支点。

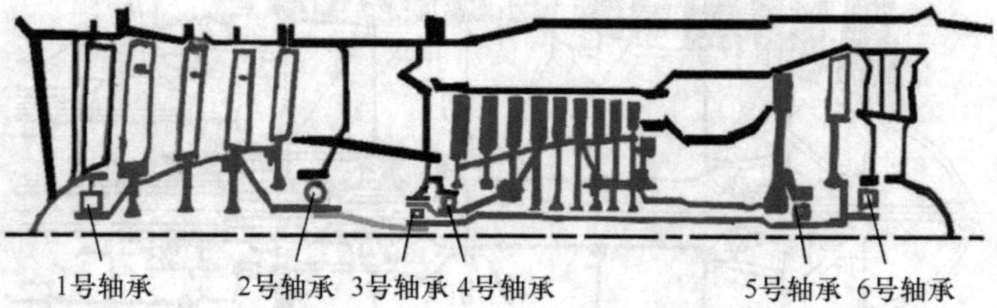

图2.20 АЛ-31Ф支承结构简图

低压转子由4级风扇和1级涡轮组成,如图2.21所示。

风扇前端和后端均有支承,前支点(即1号轴承)为滚棒轴承,位于低压压气机的前轴承座内;后支点(2号轴承)为滚珠轴承,位于中介机匣轴承座内。

低压涡轮转子也有两个支点(3号和6号支点),均为滚棒轴承,前支点3号轴承位于高压转子驱动的套筒内(详见图2.26),为中介轴承;后支点位于低压涡轮后轴承座内,从而构成了独特的1—2—1四支点转子支承方案。

高压转子由9级压气机、1级封严盘和1级高压涡轮组成,高压压气机和高压涡轮通过空心轴直接刚性连接,如图2.22所示。在压气机前和涡轮后各有一个支点,故支承方案为1—0—1,涡轮后支点采用的是中介滚棒轴承(5号轴承)。在该支承方案中,为尽量减小转子支承间的跨度,提高轴的刚性,高压压气机前轴颈从Ⅳ级盘处引出,在Ⅲ级盘处连接,前支承轴承位于Ⅰ级盘和Ⅱ级盘内部,这样可以在减轻发动机质量和降低转子系统的振动影响方面具有显著的效果。

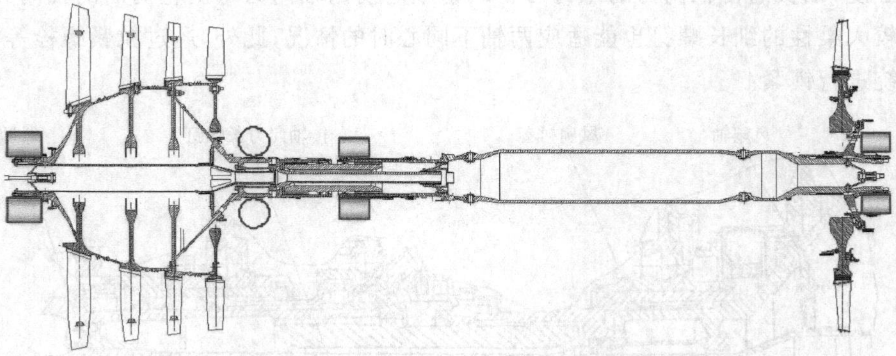

图 2.21　АЛ-31Ф 低压转子及支承结构

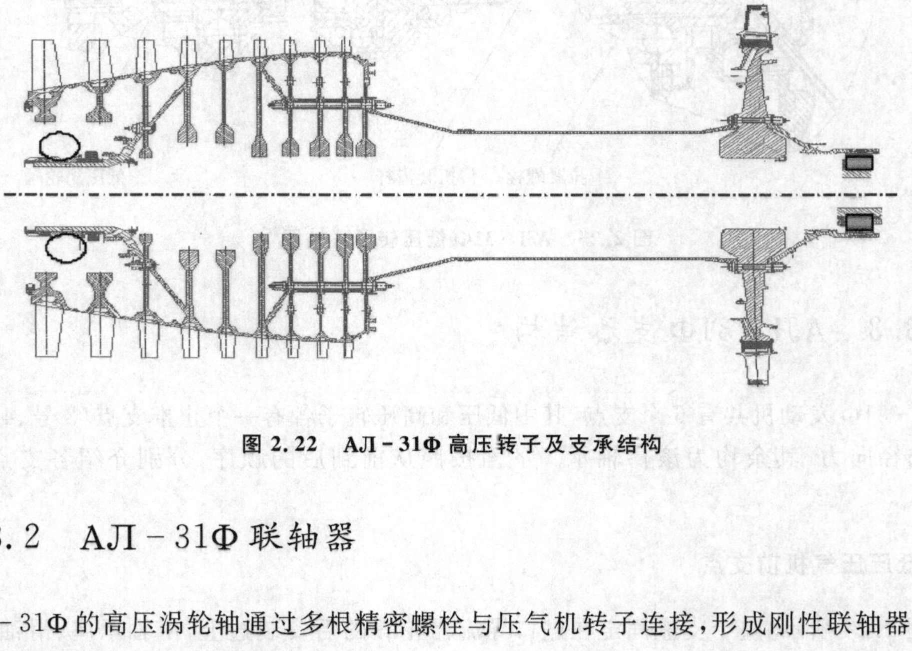

图 2.22　АЛ-31Ф 高压转子及支承结构

2.3.2　АЛ-31Ф 联轴器

АЛ-31Ф 的高压涡轮轴通过多根精密螺栓与压气机转子连接，形成刚性联轴器，精密螺栓既起到定心作用又起到传扭的作用。

由于低压转子采取了四支点的支承方案，压气机和涡轮分别用两个轴承支承，但是仅在压气机转子上有止推的滚珠轴承，涡轮转子没有滚珠轴承，因此，低压转子联轴器必须采用能够传递轴向力、扭矩的柔性联轴器。为保证低压转子在 4 个支点方案中能够可靠地工作，低压转子联轴器采用了空心拉紧螺杆柔性联轴器(见图 2.23)。通过风扇衬套、传扭套齿杆将风扇轴与低压涡轮轴连接，其中风扇衬套通过内套齿与传扭套齿杆的前端外套齿啮合，传扭套齿杆后端的外套齿与涡轮轴前端的内套齿相啮合，两对套齿的啮合处齿隙较大，以适应涡轮轴和风扇轴的不同心度；细长的传轴向力的螺钉可将风扇轴向前的轴向力与涡轮向后的轴向力相抵消，同时具有较大柔性的细长螺钉也能适应两轴不同心时的情况；此外，通过拉紧螺栓等零件对转子连接系统进行锁紧。

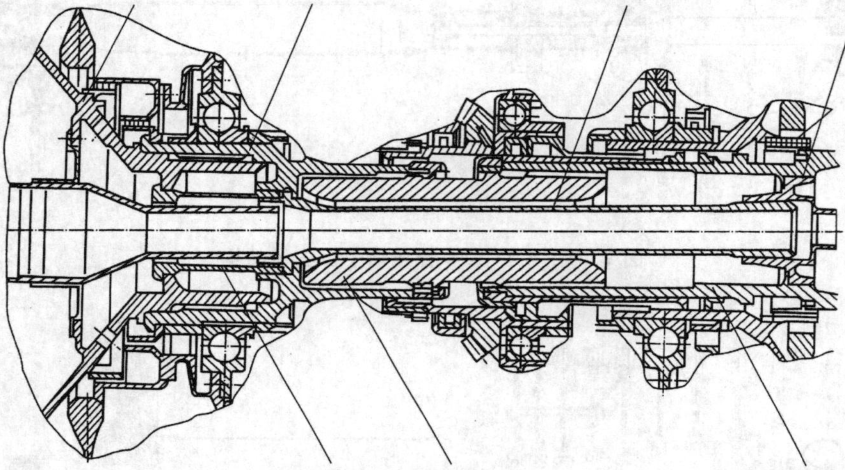

图 2.23 АЛ-31Φ 低压转子联轴器[6]

2.3.3 АЛ-31Φ 支承结构

АЛ-31Φ 发动机共有 6 个支点，其中低压和高压转子各有一个止推支点(2 号、4 号)承受轴向力与径向力，其余均为滚棒轴承。下面按照从前到后的顺序，分别介绍各支点的结构特点。

1. 低压压气机前支点

如图 2.24 所示，整个支座固定在进口导流器轮毂的后安装边上，由轴承座、滑油腔、滚棒轴承、石墨封严、弹性支座和篦齿封严组成。轴承座后部可动部分通过弹性支座连接在轮毂上，形成弹性支承，同时由于滑油腔内部有滑油，可形成挤压油膜阻尼器。因此，前支点轴承座上同时采用了弹性支座和挤压油膜两种结构来改变结构的动力特性，以降低振动水平。此外，还采取了石墨封严和篦齿封严措施来完成对滑油的密封。

2. 低压压气机后支点

如图 2.25 所示，承受低压转子的全部轴向载荷以及低压压气机部分的径向载荷。它由轴承座壳体、滚珠轴承、径向接触式石墨封严装置、篦齿封严和低压压气机轴组成。在轴承座后部，还装有低压转子转速传感器和减速器传动轴。

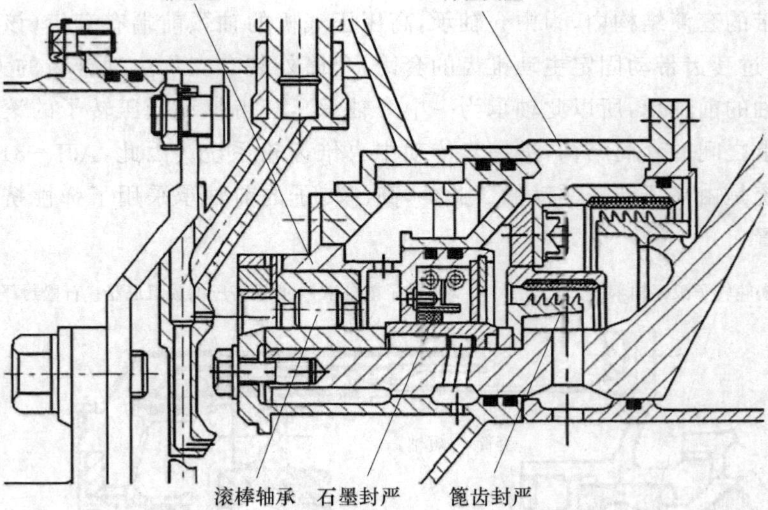

图 2.24　АЛ－31Ф 低压压气机前支点结构

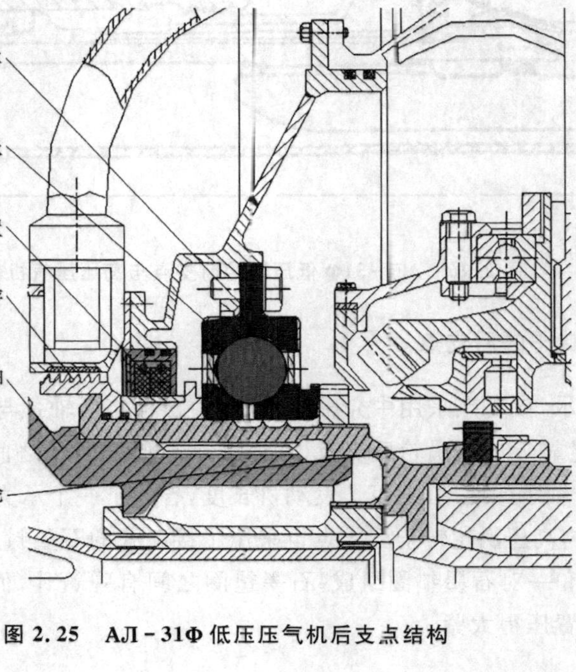

图 2.25　АЛ－31Ф 低压压气机后支点结构

3. 低压涡轮前支点与高压压气机前支点

如图 2.26 所示，这两个轴承座的力都是通过中介机匣传出的。其中，低压涡轮的前轴承位于高压轴所带的套筒结构内，为中介轴承，高压压气机的轴颈前端有套齿(该套齿上带有短轴，短轴前端通过套齿带动固定主动锥齿的套筒，套筒外装有支承主动锥齿的大轴承，其内侧装有低压涡轮轴的前轴承，所以此轴承为一中介轴承)，套齿带动低压转子的滚棒轴承及其外面的大滚珠轴承之间的套筒结构，进一步传动中央锥齿轮系统。因此，АЛ－31Ф 发动机中央锥齿轮附件系统是由高压转子驱动的。此外，高压转子的前轴承采用了弹性挤压油膜阻尼器和石墨封严装置。

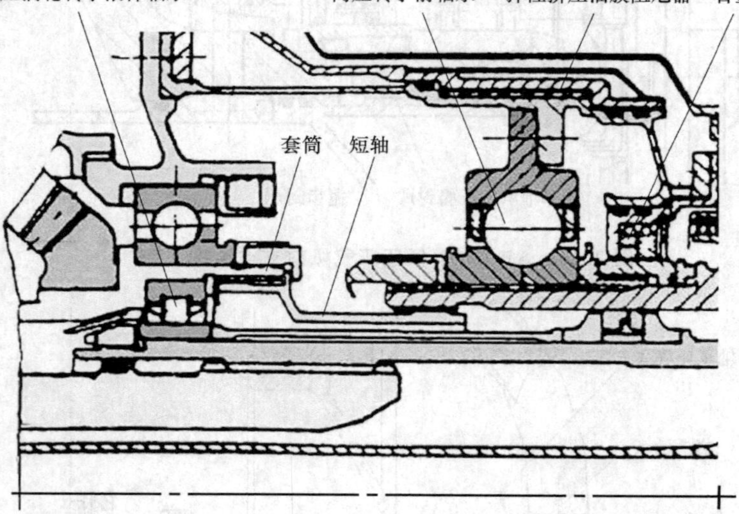

图 2.26 АЛ－31Ф 低压涡轮前支点与高压压气机前支点

4. 高压涡轮转子的后支点

如图 2.27 所示，该支点采用中介轴承设计，用螺栓将后轴颈与高压涡轮盘连接，使高压涡轮转子后支点尽量靠近低压涡轮后支点，从而减小高低压转子之间的动力影响。由于高压涡轮转子后支点中介轴承的使用，缩短了发动机长度，省略了一个承力框架，从而有效地减轻了发动机的质量。另外，高压涡轮转子后支点也采用了接触式的石墨封严装置，其结构如图 2.28 所示，由一对钢衬套和一对石墨垫圈组成，石墨垫圈之间有弹簧片，而在钢衬套之间装有间隔衬筒，以防止封严装置压得太紧。

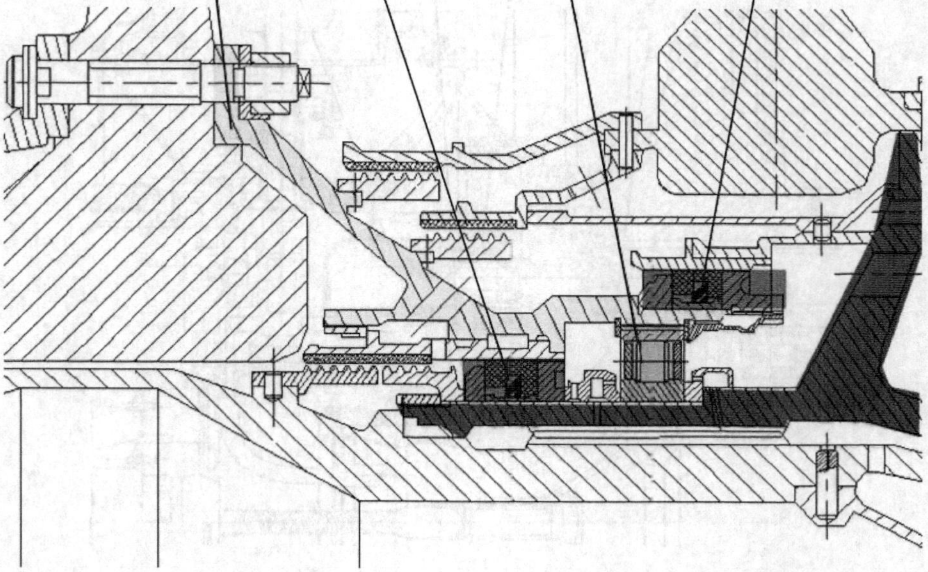

图 2.27　АЛ-31Ф 高压转子后支点结构

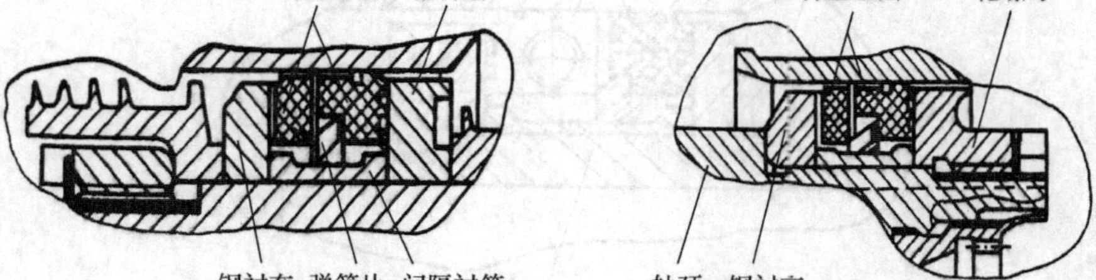

图 2.28　接触式石墨封严装置[5]

5. 低压涡轮的后支点

如图 2.29 所示，低压涡轮转子的轴颈通过径向销钉与涡轮盘连接，轴颈通过滚棒轴承支承、弹性挤压油膜阻尼器，最后将力传到承力支板上。后支承中同样采用了石墨端面滑油封严组合，结构如图 2.30 所示。

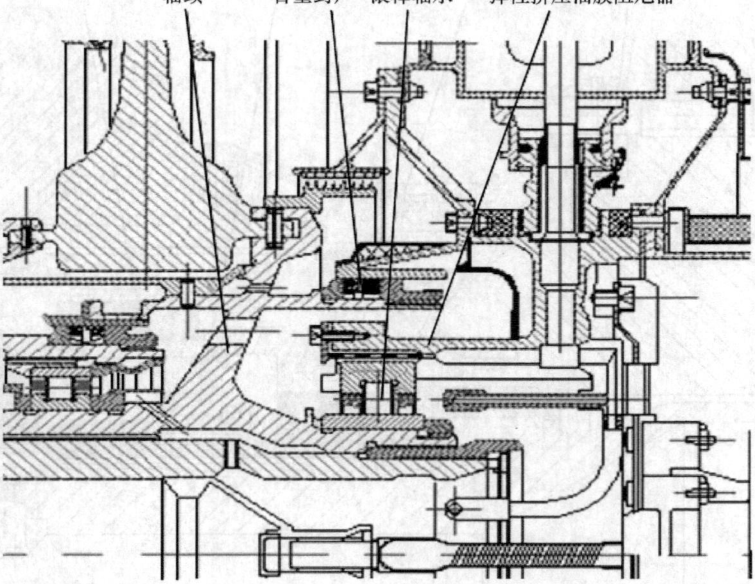

图 2.29 低压涡轮后支座

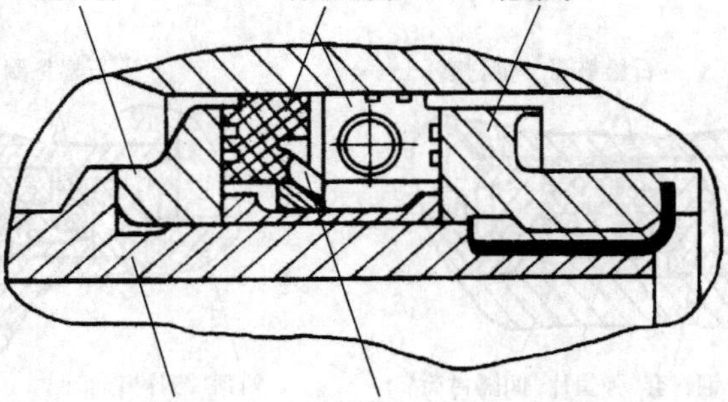

图 2.30 石墨端面滑油封严组合[5]

2.3.4 АЛ－31Ф 静子承力系统

АЛ－31Ф 发动机的静子承力系统如图 2.31 所示，在承力方案上采用了三个承力框架：

① 在风扇前 1 号支点处由进口导向器叶片固定部分作为受力框架将滚棒轴承上的径向负荷外传，经风扇机匣传至主安装节。

② 在风扇和高压压气机之间的中介机匣是发动机主承力框架，风扇后 2 号支点、低压涡轮轴前支点即 3 号支点和高压压气机前 4 号支点所承受的轴向载荷和径向载荷均通过中介机匣传到安装节上。

③ 后传力框架由涡轮后支板、内锥和外机匣组成。由于高压涡轮轴后支点(5 号支点)是转子间中介轴承，其径向载荷传到低压轴上，连同低压涡轮的径向载荷由低压涡轮后支点(6 号支点)传至后传力框架后，再经涡轮外机匣等传到辅助安装节上。

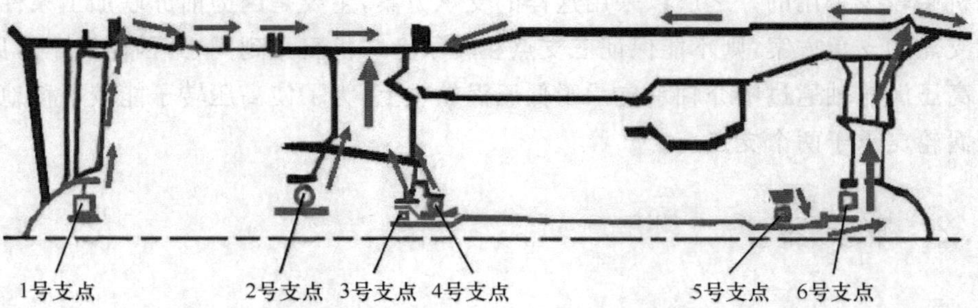

图 2.31　АЛ-31Ф 发动机静子承力系统示意图

2.4 总体结构对比分析

2.4.1 转子支承方案

WP7 与 АЛ-31Ф 发动机的支承方案中均采用了中介轴承，减少了支承轴承的承力构件数。WP7 采用了两个中介支点，即低压转子的后两个支点均支承于高压转子内，其载荷均通过高压转子的支点外传，使得发动机长度缩短，总体结构简单；但带来的缺点是高压转子工作时的振动、变形会影响低压转子工作。对于 WP7 发动机来说，其高压转子的轴短而直径大，刚性较好，因而可以减小对低压转子的影响。

АЛ-31Ф 也有 2 个中介轴承，分别是低压涡轮前轴承和高压涡轮后轴承。其中，低压涡轮前轴承(3 号支点)是装于固定主动锥齿的套筒中(见图 2.26)的，且其中心位置与支承锥齿的轴承一致，因此，两转子在此支承处互不影响。而高压涡轮后轴承(5 号支点)与 WP7 不同，它是把高压转子的载荷通过低压转子的支点传出。因此，这种将大直径的高压转子支承于小直径的低压轴上，会因低压转子的振动、变形(与高压转子相比，相对容易变形些)而影响高压转子的变形，但相对于 WP7 发动机的 4 号轴承(处于高压涡轮前)。由于能取消高压涡轮前、后的承力结构，使发动机结构简单、质量轻，所以被许多发动机采用，

RB199、HK8、F110、M88 均将高压涡轮后轴承支承于低压涡轮轴上。此外，АЛ－31Ф 因总压比大，涡轮前温度高，且高压轴短，因此在高压压气机和高压涡轮前可以不需要传力支承，采取 1－0－1 的支承方式。

相比 АЛ－31Ф 发动机，WP7 发动机的高压压气机与涡轮级数较少，所以压气机与涡轮均为悬臂支承，WP7 发动机高压转子采用 0－2－0 支承方案，与 АЛ－31Ф 的支承方案相比，其更能缩短发动机的长度。此外，АЛ－31Ф 发动机的低压转子采用了四支点的支承方案，这是目前发动机中较少采用的。之所以采用这样的支承方案，主要是因为前苏联加工条件的限制。若做成三支点的支承方案，则不能保证三支点在转子上与机匣做到同心，因而采用罕见的四支点方案。高压涡轮轴通过中介轴承支承于低压涡轮轴上，为了使高压转子能较平稳地工作，所以将低压涡轮支承于两个支点上。

2.4.2 联轴器

WP7 发动机高、低压转子各采用一个联轴器（一个柔性，一个刚性），АЛ－31Ф 发动机也是采用了一个柔性联轴器与一个刚性联轴器。

西方发动机公司，如 GE 公司，为了减小低压对高压转子的影响，低压转子一般采用三支点的支承方案，传统设计方案是 1－1－1；同时，高压转子的涡轮后轴承支承于低压轴上，如 F100、F110 等发动机。这样的设计，其低压转子一般需要采用刚性联轴器，这样就对低压转子和机匣的加工精度提出了较高的要求。前苏联在加工精度难以达到时，АЛ－31Ф 发动机采用了原始的四支点的支承方案，同时采用柔性联轴器来达到设计要求，这也是该发动机的一个设计特点。

2.4.3 支承结构

WP7 和 АЛ－31Ф 发动机在支承结构上的共同点是都采用了中介轴承和篦齿封严装置，但 WP7 还采用了较多的涨圈封严，相对而言不耐磨损，而 АЛ－31Ф 发动机上则广泛采用了石墨封严装置。同时，为了降低发动机转子系统的振动，改变其动力特性，АЛ－31Ф 发动机采用了弹性挤压油膜阻尼器，使得转子的临界转速可以调控（弹性），同时通过油膜来被动减振。此外，为了减小高压转子振动对附件传动的影响，АЛ－31Ф 发动机的附件主动锥齿轮并不是由高压转子直接驱动的，而是经过了套筒和短轴（见图 2.26）；WP7 发动机则由高压转子直接驱动附件锥齿轮，如图 2.32 所示。

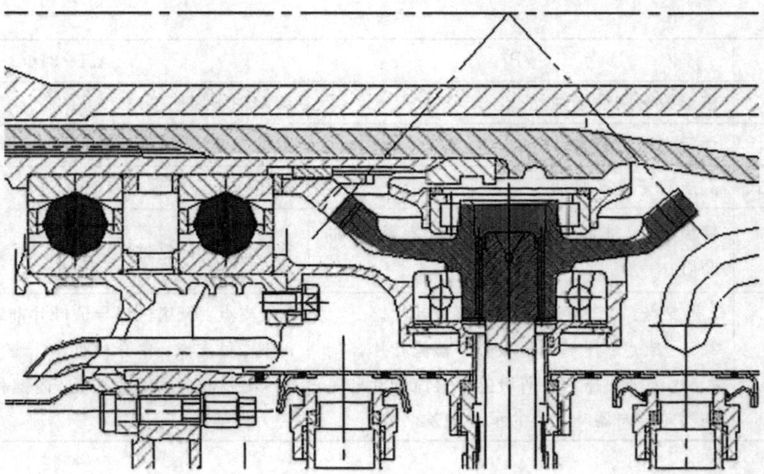

图 2.32　WP7 发动机的锥齿轮直接由高压转子驱动

2.4.4　静子承力系统

WP7 发动机支承方案的一个重要特点是，三处支点的负荷均是通过静子叶片(1、2、3 号轴承)或叶片内的承力件(4、5 号轴承)外传的，没有采用另外的承力机匣，进一步缩短了发动机的长度，简化了总体结构。

与 WP7 静子承力系统显著不同的是，АЛ－31Ф 发动机为涡扇发动机，因此，其承力框架中出现了中介机匣，并且后传力框架是由涡轮后支板、内锥和外机匣组成的。

WP7 与 АЛ－31Ф 发动机总体支承方案对比如表 2.1 所列。

表 2.1　WP7 与 АЛ－31Ф 发动机总体支承方案对比

对比项目	WP7	АЛ－31Ф
低压转子支承形式	1—2—0	1—2—1
高压转子支承形式	0—2—0	1—0—1
承力框架数目	3	3
支点总数	5	6
中介支点数	2	2
低压止推支点	低压压气机后滚珠轴承	低压压气机后滚珠轴承
高压止推支点	高压压气机后、双排滚珠轴承	高压压气机前滚珠轴承
中介支点载荷传递	通过高压转子的支点外传	通过低压转子的支点及主动锥齿轮的轴承外传
低压转子连接方式	带浮动球形垫圈的柔性套齿联轴器	带拉紧螺杆的柔性联轴器

续表 2.1

对比项目	WP7	АЛ－31Ф
高压转子连接方式	锥形衬套刚性联轴器	鼓筒轴刚性连接
减振措施	无特别减振装置	弹性支座、挤压油膜阻尼器
附件锥齿轮驱动方式	高压转子直接驱动	高压转子经短轴和套筒驱动
封严措施	篦齿封严、涨圈封严、螺旋封油装置、挡油凸阶	篦齿封严、石墨封严
静子承力系统	1号支点：压气机Ⅰ级静子整流叶片。 2、3号支点：压气机Ⅵ级静子整流叶片。 4、5号支点：压气机Ⅵ级静子整流叶片和高压涡轮导向器叶片内的承力辐条	1号支点：风扇进口导流叶片前端固定部分。 2、3、4号支点：中介机匣。 5、6号支点：涡轮后支板、内锥和外机匣组成的后传力框架

2.5 思考题

1. 航空发动机的总体结构设计包括哪些方面的内容？
2. WP7发动机低压转子1号支点为何安置在Ⅰ、Ⅱ级盘之间？有什么优点？
3. 简述WP7发动机作用在轴上的载荷和传递路线。
4. WP7发动机高压转子联轴器为保证其连接的刚性充分大，在结构设计上有哪些特点？
5. WP7发动机的3号支点为2个滚珠轴承并用，在结构上是如何保证轴向受力均载的？
6. 均压腔和卸荷腔是一样的吗？对作用在轴承上的轴向载荷卸荷有几种常用方法？
7. 简述АЛ－31Ф发动机低压轴联轴器的传扭和传轴向力的路线。如何在风扇轴和低压涡轮轴不同心度较大时保证正常工作？
8. 简述АЛ－31Ф发动机高压涡轮后5号支点的结构设计特点。
9. 简述АЛ－31Ф低压涡轮轴设计特点。

第3章 压气机结构

3.1 概 述

压气机的功能是提高进入发动机的空气的压力，供给发动机工作时所需要的压缩空气，同时还兼有为座舱增压系统、涡轮冷却系统提供气流等功能。评定压气机性能的主要指标有增压比、效率、喘振裕度等。与涡轮相比，压气机部件的气流温度较低，级数较多，因此其结构设计有自己的特点。一般来说，对压气机的结构设计有如下要求：

① 满足发动机的性能要求，性能稳定，稳定工作范围宽；

② 在具有足够的刚度、强度和寿命的条件下，结构简单，尺寸小，质量轻；

③ 对于压气机转子部件，实际工作中由于振动引起的疲劳问题较为突出，需要采取减振设计；

④ 维修性、检测性好，性价比高；

⑤ 要有较高的抗外物打击能力和防冰、防喘设计。

常用的压气机有轴流式、离心式和混合式。目前，航空发动机一般采用轴流式压气机，其主要组成部分包括进气、防冰装置，压气机转子，压气机静子及防喘装置等。根据转子的数目，压气机也可以分为单转子、双转子和三转子三种。

转子是高速旋转对气流作功的组合件。在双转子涡喷发动机中（例如 WP7），压气机又分为低压转子和高压转子；在双转子涡扇发动机中，低压转子就是风扇转子（例如 АЛ－31Ф），或者风扇转子和低压压气机转子的组合。

静子是静子组合件的总称，包括机匣和整流器。对于双转子涡扇发动机，在高、低压压气机之间还有一个中介机匣，将气流分为两部分：一部分进入外涵道，一部分进入高压压气机。

对于压气机来说，其设计必须考虑到喘振问题。喘振的本质原因是，当发动机处于非设计状态工作时，压气机前端增压级和后端增压级的流通能力不匹配，因而造成压气机内的气流不能由压气机后端流出，形成堵塞而使气流向前倒流，气流流入又倒流的过程形成了气流沿发动机轴向的低频高振幅的振荡现象。此外，在发动机的进气部位应采取防冰措施。

3.1.1 压气机转子

轴流式压气机转子的基本形式有三种：盘式、鼓式和混合式。如图 3.1 所示，鼓式转子的基本构件是一圆柱形、橄榄形或圆锥形鼓筒（视气流通道形式而定），通过安装边和螺栓与前、后半轴连接。盘式转子由一根轴和若干个轮盘组成,用轴将各级轮盘连成一体。混合式转子由若干个轮盘、鼓筒和前、后半轴组成。鼓盘混合式转子兼有鼓式转子的抗弯刚性和盘式转子的承受大离心载荷的能力,因而得到广泛应用。

根据压气机级间连接的特点,可以分为不可拆卸的转子、可拆卸的转子及混合转子(部分不可拆卸,部分可拆卸)三类。不可拆卸的鼓盘式转子的级间连接常用圆柱面紧度配合加径向销钉连接和焊接两种方法,在完成装配后不能再进行无损分解。可拆卸转子是指在装配后可以根据使用和维修的需要进行无损分解的转子,其连接方式有拉杆连接、短螺栓和长螺栓连接等。混合式的压气机转子由若干大段组成,每一段由若干级焊接而成的不可拆卸的转子,而段之间则是通过短螺栓连接而成的可拆卸转子。

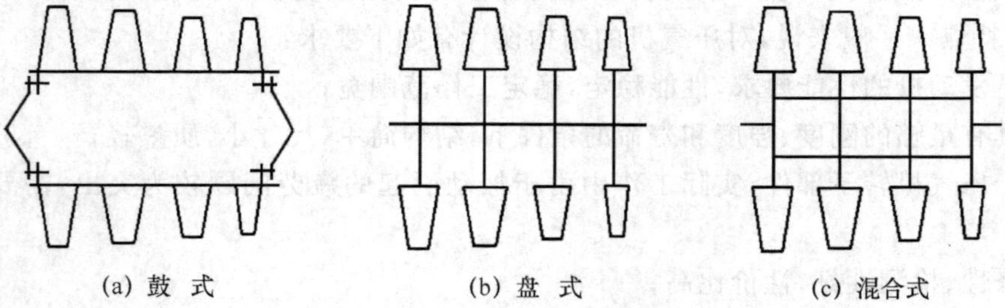

图 3.1　轴流压气机转子的基本结构形式

工作叶片由叶身和榫头组成。在叶片较长的情况下(如风扇或压气机前级叶片),为了避免叶片发生共振或颤振等危险,叶身中部常带有一个减振凸台(见图 3.2)。榫头是用来连接工作叶片与轮盘的,压气机工作叶片的榫头一般采用轴向燕尾形。在某些发动机高压压气机的后几级叶片上,采用了环形/周向燕尾槽来固定叶片,这种结构加工简单,装配方便,但由于榫头尺寸不可太大,因而只用在离心力较小的叶片上,见图 3.3。工作叶片靠纵向/轴向燕尾形榫头装在榫槽以后,还必须槽向固定,一般的方法有锁片固定、挡销固定、卡圈、两级轮盘间的封严篦齿环等[4]。

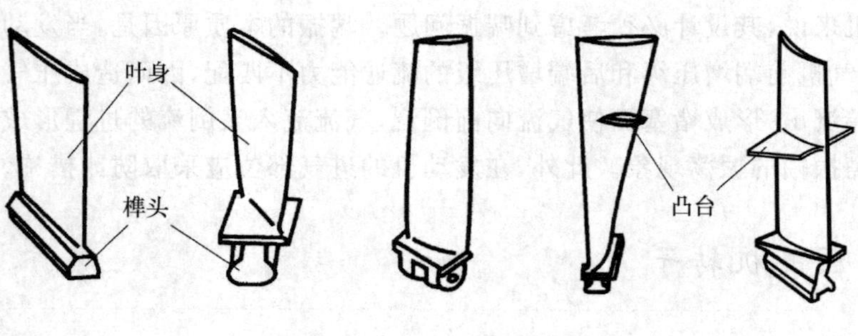

图 3.2　压气机转子叶片外形

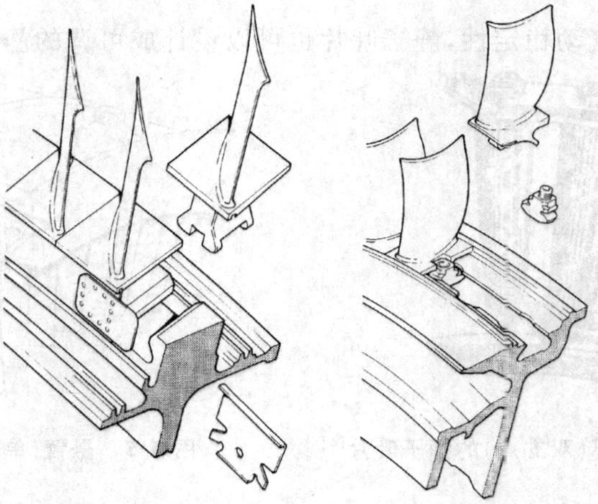

(a) 轴　向　　　(b) 周　向

图 3.3　纵向/轴向和环形/周向燕尾形榫头及榫槽[2]

3.1.2　压气机静子

轴流压气机静子由机匣和静子(整流)叶片组成。

典型的压气机机匣有整体式和分半式两种结构形式。分半式机匣拆装时不需要分解转子,因而不破坏转子的平衡,只需拆掉一半就可以检查或更换静子及其工作叶片,维修方便。其缺点有:壁厚,个体较大;为了保证纵向及轴向结合面的连接刚性及密封性,采用较厚的安装边及较多的螺栓;机匣的周向刚性不均匀,为了加强周向刚性,有时机匣上还有加强肋,这些都造成分半机匣的质量较大。由于早期压气机工作温度不很高,周向变形不均的问题不严重,而分半式机匣的装配维修性好的优点突出,所以这一时期的压气机多采用分半机匣。但随着发动机效率要求和总压比的不断提高,压气机后级的温度也越来越高,在新型发动机中,刚性较好的整体环形结构机匣得到了普遍应用。采用整体式机匣时,为了减少拆装次数,通常将机匣做成整体轴向分段结构,即轴向分段的整体式机匣。

从制造工艺方面来看,机匣可以是铸造的、板料焊接的和锻造后经机械加工的。

静子叶片一般会同时带有内、外环(缘板),以加强叶片的刚性,提高固有频率,减轻气流变化对较长叶片产生的振动影响;而且内环(缘板)带有专门的封气装置,因此有减小漏气损失和提高压气机效率的优点。但这种具有双支点结构的静子叶片质量较大,见图 3.4。当静子叶片较短时,可以不带内环,一端固定在机匣中,另一端靠叶尖与转子鼓筒外环形成级间封气,呈悬臂状态,形成单支点的方案,如图 3.5 所示。目前,静子叶片(整流器)广泛采用双支点方案,但是,一般在压气机后几级叶片中,叶片都很短,这时,为了简化结构和减轻质量,可以采用单支点的方案。

为了提高压气机的气动稳定性，静子叶片也可以设计成可调的静子叶片。

图 3.4　带有内外环（双支点）的静子叶片[6]

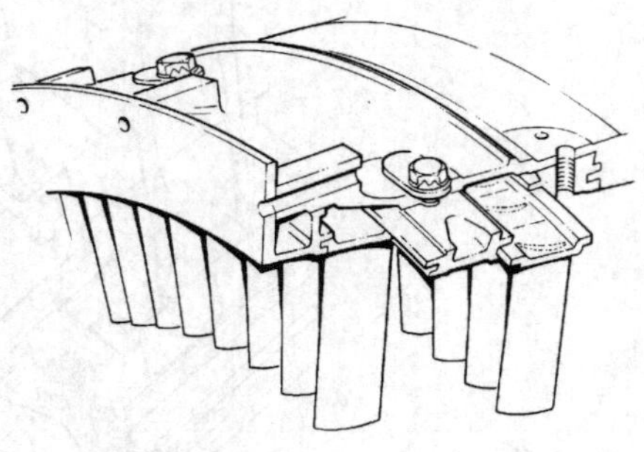

图 3.5　悬臂（单支点）静子叶片[2]

3.1.3　压气机的防冰与防喘

压气机的进气部分一般包括进气装置和防冰装置。进气机匣一般由机匣内外壁、进口导流叶片及进气整流锥组成。当发动机在空气湿度较高和温度接近 0 ℃的条件下工作时，在压气机进口部分，如进气道唇口、整流锥、整流支板及进口导向叶片等就会出现结冰现象。冰层会引起发动机进气面积缩小，减小空气流量，使发动机性能下降，排气温度升高，严重时还会引起压气机喘振；此外，由于发动机振动，冰层可能会破裂，破碎的冰块被吸入发动机内会打伤叶片，甚至会损坏整台发动机，因此对发动机前部和进气装置上需要采取防冰措施。最常用的防冰方法是对易结冰的表面进行加温，其热源包括：压气机后级引来的热空气（多用于涡喷或涡扇发动机）、电加温或者是两者的联合，有时还可以利用热滑油加温（用于涡桨发动机）。

为了改善压气机的工作特性，扩大稳定工作范围，在高增压比的压气机上均装有防喘装置。压气机防喘装置按结构形式可以分为：放气机构、可转进口导流叶片和变弯度进口导流叶片、可调静子叶片、进气处理机匣和多转子发动机等。

3.1.4　压气机主要零件的材料

在选择轴流式压气机零件的材料时，主要要求如下：

① 工作条件下，材料要有足够的强度，并且质量最小。

② 同时需考虑零件使用的环境、发动机寿命、材料的工艺性、经济性及材料品种的规格化等。

③ 不要在同一机种上使用过多的材料品种。

④ 对于转子零件，如轮盘、鼓筒、叶片等，其承受的离心力很大，除上述要求外，其选用的材料在工作温度下，还应有高的持久强度和抗腐蚀能力，高的疲劳强度和抗振性能、抗撞击性

能，因此为了减小零件的惯性力，必须选择比强度高的材料。

比强度是指材料的屈服强度极限或持久强度极限与质量之比，简称比强。由图 3.6 可以看到，当温度在 0～400 ℃范围时，钛合金的比强最大；当温度在 0～250 ℃范围时，除钛合金外，铝合金的比强也很大；当温度约高于 450 ℃时，只有不锈钢或者镍基合金具有一定的比强。

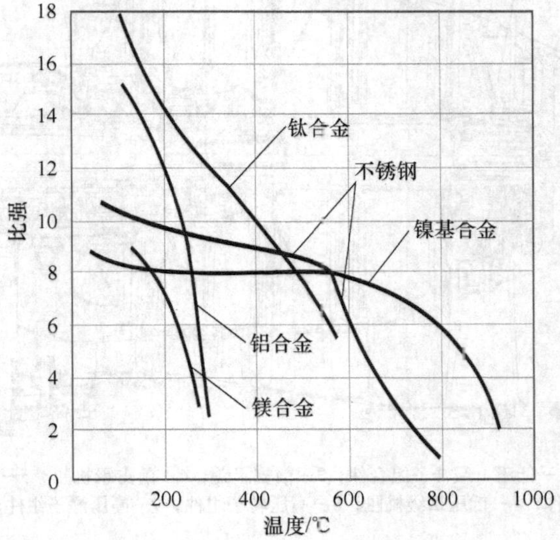

图 3.6　温度对材料比强的影响[6]

对于静子零件，如静子叶片和机匣等，当温度不超过 300 ℃时，多采用镁合金、铝合金来制造机匣。当温度高于 300 ℃时，可以选用合金钢或钛合金，也可以选用不锈钢板料焊接。

由于低温下良好的机械性能和高的比强，钛合金在压气机特别是大流量比的风扇上得到了广泛应用，例如 RB211－535 和 Trent700 发动机均采用了全钛的压气机。目前，先进发动机使用钛合金的比例大约为 25％～30％。然而，当温度超过 400 ℃时，钛合金的蠕变极限急剧下降，加之应力集中敏感性过高，导热性、切削加工性、耐磨性差等缺点，钛合金的应用受到了限制。未来，钛合金的工作温度将达到 800 ℃，以适应先进发动机高增压比的要求；此外，更多地使用复合材料制造风扇叶片和压气机冷端部件，使用镍基合金代替压气机热端的钛合金零件也是未来压气机选取材料的一个趋势[4,6]。

3.2　WP7 发动机压气机

WP7 乙发动机的压气机（见图 3.7）是双转子轴流式结构，由高、低压转子和静子三部分及连接件组成。在设计状态下，总增压比为 8.85，绝热效率为 0.775。在标准大气压条件下，换算的空气流量为 64.5 kg/s。WP7 压气机各级有关参数见表 3.1。

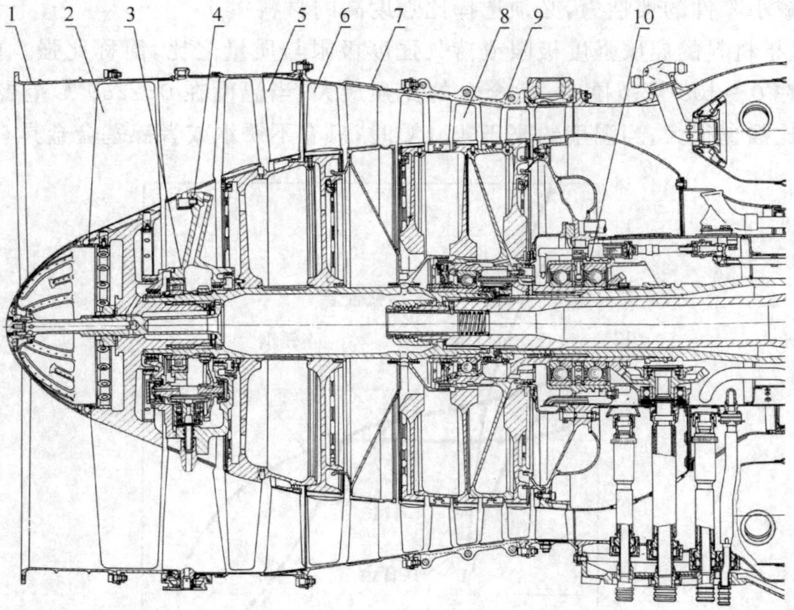

1—进气机匣；2—低压Ⅰ级转子组合件；3—前支承盖；4—前支承机匣；5—Ⅱ级静子组件；
6—低压Ⅱ、Ⅲ级转子组件；7—低压Ⅲ级机匣；8—高压转子组件；9—高压静子组件；10—高压前支点组件。

图 3.7 WP7 乙压气机

表 3.1 WP7 压气机各级有关数据

参 数	低压压气机			高压压气机		
级 数	Ⅰ	Ⅱ	Ⅲ	Ⅳ	Ⅴ	Ⅵ
工作叶片数目	31	53	53	73	73	73
静子叶片数目	36	72	64	94	94	72
级增压比	1.49	1.537	1.46	1.42	1.39	1.34
进口叶尖 M_{W1}	1.36	1.128	1.090	1.088	1.000	0.922

高、低压转子同向旋转，低压转子的最大转速为 11 150 r/mim，高压为 11 440 r/min。低压压气机和高压压气机各 3 级，低压压气机增压比是 2.65，高压压气机增压比是 3.34。压气机通道前段为等外径设计，中段为等中径设计，后段为等内径设计。

3.2.1 WP7 压气机转子

1. 低压压气机转子

WP7 低压压气机转子（见图 3.8）由进气整流锥（1），Ⅰ、Ⅱ、Ⅲ级轮盘（8、19、22），Ⅰ、Ⅱ、

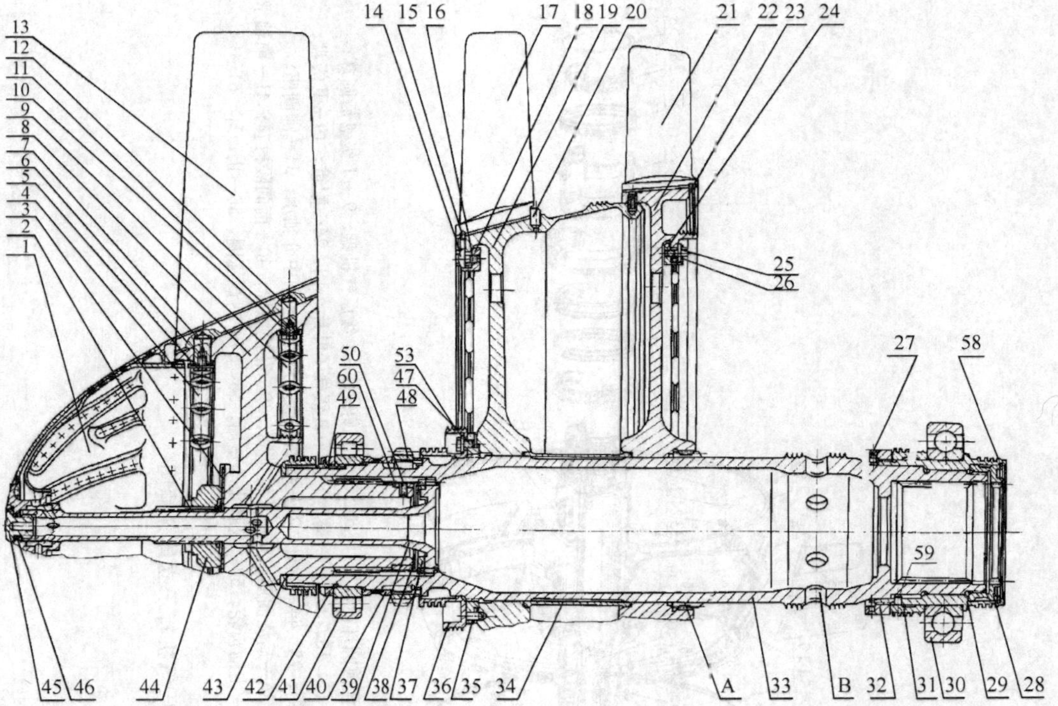

A—花键；B—涡轮冷却空气引气孔；1—整流锥；2、46、49、53—锁片；3—垫片；4—Ⅰ级盘前圆环；
5、10—止动垫圈；6、11—平衡配重；7、12、20、59—销钉；8—Ⅰ级盘；9—Ⅰ级盘后圆环；13—Ⅰ级转子叶片；
14、26—锁紧垫圈；15—Ⅱ级卡圈；16、25、47—螺栓；17—Ⅱ级转子叶片；18、24—配重；19—Ⅱ级盘；
21—Ⅲ级转子叶片；22—Ⅲ级盘；23—Ⅲ级卡圈；27—止动销；28、44—螺母；29—中介轴承衬套；30—前中介轴承；
31—涨圈座；32—中介轴承螺母；33—压气机轴；34—间隔衬套；35—Ⅱ级盘固定螺母；36—后涨圈座；
37—花键锁圈；38—波形弹簧；39—花键螺栓；40—前间隔衬套；41—前轴承；42—前轴承螺母；
43—前涨圈座；45—塞子螺钉；48—主动齿轮；50—定位环；60—顶丝。

图3.8 WP7乙低压压气机转子剖视图

Ⅲ级转子叶片(13、17、21)，低压压气机轴(33)和连接件等组成。

图3.9为WP7乙低压压气机立体分解图。

根据总体方案设计要求，Ⅰ、Ⅱ级轮盘之间有一个支承点，因此，Ⅰ、Ⅱ级盘之间不可能用鼓环连接，只能用盘轴连接式的结构。Ⅰ级轮盘带有一个后轴颈，后轴颈上的套齿与低压压气机轴的套齿相连接，以传递扭矩。Ⅰ级盘(8)通过花键螺栓(39)和锁紧螺母(44)固定在低压压气机轴上。为了装拆方便和定心可靠，Ⅰ级轮盘的小短轴在两处用圆柱面与低压压气机轴的内圆柱面相配合，配合紧度为0.001～0.033 mm。压气机后轴颈后段套有一定位环(50)，定位环用顶丝(60)固定，定位环是两个圆柱定心面的其中一个定位面。Ⅰ级盘前端面凸边是用来拆卸轮盘时安装工具用的。

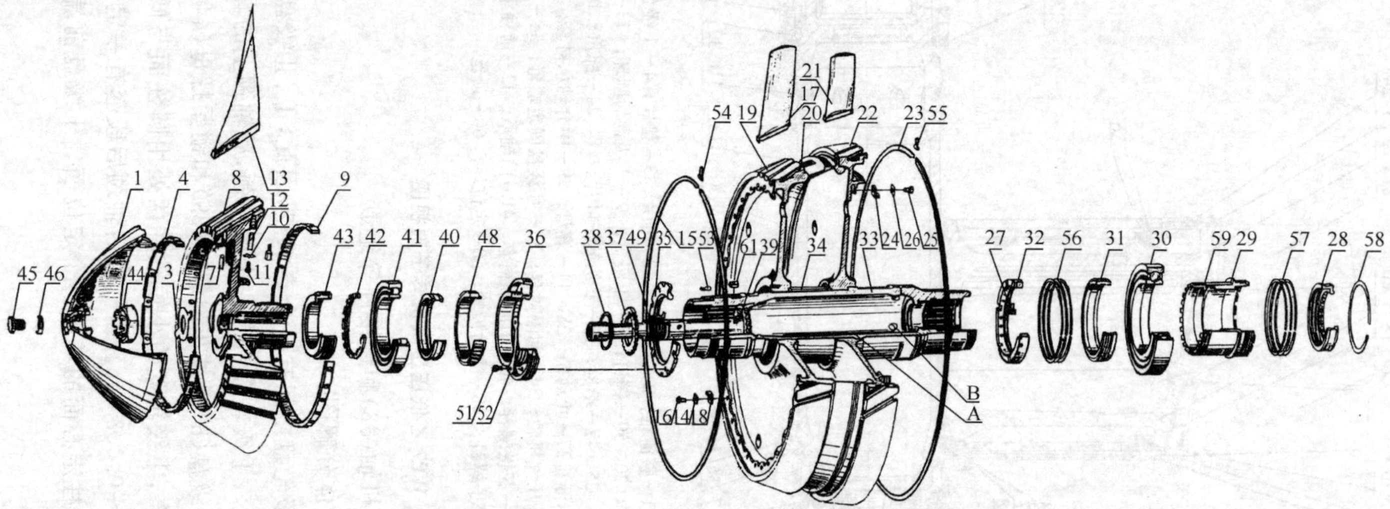

A－花键；B－涡轮冷却空气引气孔；1－整流锥；3－垫片；4－Ⅰ级轮盘前圆环；7、12、20、59－销钉；8－Ⅰ级压气机盘；9－Ⅰ级盘后圆环；10－止动垫圈；13－Ⅰ级转子叶片；14、26－锁紧垫圈；15－Ⅱ级卡圈；11、16、25、51－螺栓；17－Ⅱ级转子叶片；18、24－配重；19－Ⅱ级盘；21－Ⅲ级转子叶片；22－Ⅲ级盘；23－Ⅲ级卡圈；27、54、55－止动销；28、44－螺母；29－中介轴承衬套；30－前中介轴承；31－涨圈座；32－中介轴承螺母；33－压气机轴；34－间隔衬套；35－Ⅱ级轮盘固定螺母；36－后涨圈座；37－花键锁圈；39－花键螺栓；40－前间隔衬套；41－前轴承；42－前轴承螺母；43－前涨圈座；45－塞子螺钉；46、49、53－锁片；48－主动齿轮；52－双联止动垫圈；56、57－封严涨圈；58－止动环；61－键。

图 3.9　WP7 乙低压压气机转子立体分解图

Ⅱ、Ⅲ级盘和低压轴组成了盘、鼓、轴混合式的转子结构，这种转子的强度和刚性都很好。Ⅱ、Ⅲ级轮盘为空心盘，为加强盘心孔的强度，孔边局部加厚。Ⅱ级盘的轮缘处向后伸出一段鼓筒，用径向销钉和Ⅲ级盘连接。Ⅲ级轮盘用花键 A 与低压轴连接，轴上的扭矩通过花键传给Ⅲ级轮盘，再通过Ⅱ、Ⅲ级盘之间的径向销钉传给Ⅱ级盘。

Ⅱ、Ⅲ级盘都是利用盘心孔的内圆柱面定心于低压轴上。为了保证工作状态下轮盘定心可靠，Ⅱ、Ⅲ级盘孔与压气机轴采用热装配的过盈配合，配合紧度为 0.37～0.43 mm。轴向定位方面，Ⅲ级盘是由低压轴上花键的前侧端面限定，而Ⅱ级轮盘的定位靠Ⅱ、Ⅲ级盘之间的间隔衬套(34)实现。

装配时先将Ⅲ级盘加热，压在带定距衬套的Ⅱ级盘上，Ⅲ级盘同Ⅱ级鼓筒的配合紧度为 0.1～0.2 mm，二者之间的温度差为 40～160 ℃，然后再把两个盘一起加热到 520 ℃，套压在低压轴上。用螺母(35)将轮盘组合件锁紧在轴上，螺母本身又用小螺钉固定到轮盘上锁住，螺钉三点冲铆保险。Ⅲ级轮盘的榫槽中加工有销钉孔。销钉孔为盲孔，目的是盘鼓组合后加工销钉孔，可以避免在加工中铁削掉进内腔，否则，会破坏转子的平衡，引起的发动机振动。而销钉的中心钻有通孔，以避免销钉压入销钉孔时形成死腔。

Ⅰ级转子叶片(13)以轴向燕尾形榫头与轮盘连接，由于叶片长且宽，安装的锥角大，工作时所受的离心力沿着榫槽方向的分力很大，所以叶片的槽向固定采用两个销钉(7、12)。在销钉上做有螺孔，用螺钉和两个圆环(又称为挡圈，图 3.9 中 4 和 9)来固定销钉，同时，销钉的螺孔也可以用来装Ⅰ级轮盘的平衡配重螺钉。Ⅱ级和Ⅲ级转子叶片也是以轴向燕尾形榫头分别与Ⅱ、Ⅲ级盘相连接。Ⅱ级叶片同时采用卡圈(15)和销钉(20)来进行槽向固定。其中，销钉用以承受叶片沿槽向的力，卡圈可将叶片固定在榫槽中，防止其向前脱落。Ⅲ级叶片只用卡圈(23)进行槽向固定。

2. 高压压气机转子

WP7 高压压气机转子(见图 3.10)由Ⅳ、Ⅴ、Ⅵ级盘和转子叶片、叶片锁紧零件、后轴颈组合件等组成。

Ⅳ、Ⅴ、Ⅵ级盘与高压转子后轴颈(11)连接成不可拆卸的盘鼓混合式转子，各级盘鼓之间采用径向(空心)销钉(1、4、5)连接并传扭。它们之间装配方法如下：加热Ⅳ级盘，将Ⅴ级盘前端的鼓环压入Ⅳ级盘中，然后用 37 个径向销钉连接。Ⅳ、Ⅴ级盘组合件之间的配合紧度为 0.1～0.2 mm，在装入带鼓环的后轴颈时，把Ⅳ、Ⅴ级盘组合件和Ⅵ级盘加热，压装在轴颈的鼓环上，并用 37 个销钉连接。Ⅴ级盘与轴颈之间配合紧度为 0.2～0.3 mm，Ⅵ级盘与轴颈之间配合紧度为0.1～0.2 mm，压装时温差保持在 140～160 ℃之间。

高压转子叶片(23、3、6)同低压转子叶片一样，都用轴向燕尾形榫头与轮盘连接，并采用Ⅵ、Ⅴ、Ⅳ级卡圈(22、2、7)进行槽向固定。因高压压气机通道变化平缓，叶片的槽向分力不大，故Ⅳ、Ⅴ、Ⅵ级叶片的槽向固定均只采用一个卡圈实现。卡圈用“T”形锁销锁紧(见图 3.11)。

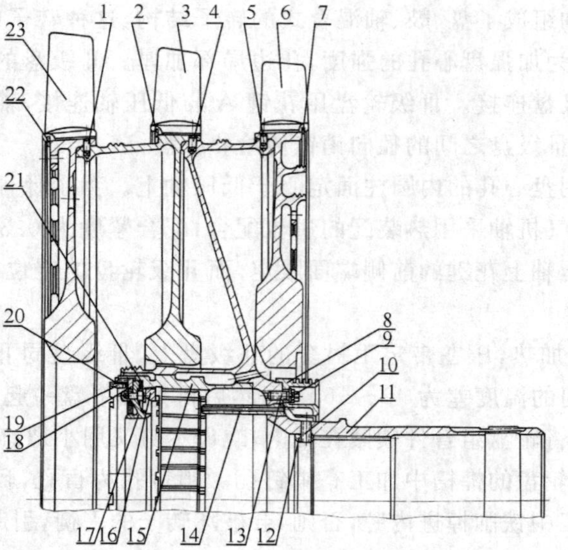

(a) 结构图

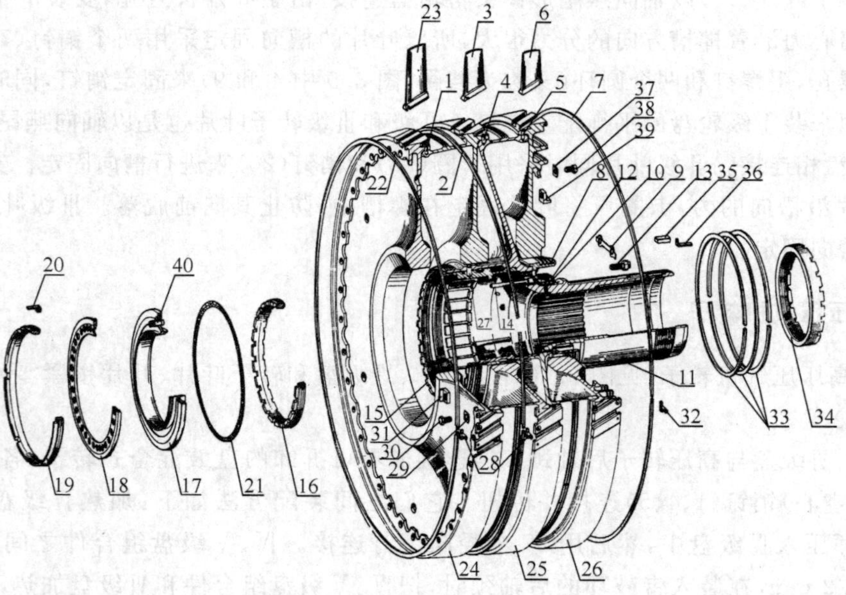

(b) 立体分解图

1、4、5－径向(空心)销钉；2－Ⅴ级卡圈；3－Ⅴ级转子叶片；6－Ⅵ级转子叶片；7－Ⅵ级卡圈；8－滑油集油套；9、20－锁片；10－止动螺钉；11－高压转子后轴颈；12－花键传扭套齿；13－紧固螺钉；14－喷嘴；15－轴颈衬套；16－轴承紧固螺母；17－轴承盖；18－止动垫圈；19－盖子螺母；21－垫片；22－Ⅳ级卡圈；23－Ⅳ级转子叶片；24－Ⅳ级盘；25－Ⅴ级盘；26－Ⅵ级盘；29、37－锁片；30、38－螺钉；31、39－配重块；27－销子；28、32－卡圈锁销；33－涨圈；34－圆锥齿轮螺母；35－键；36－锁片；40－止动销。

图 3.10　WP7 高压压气机转子

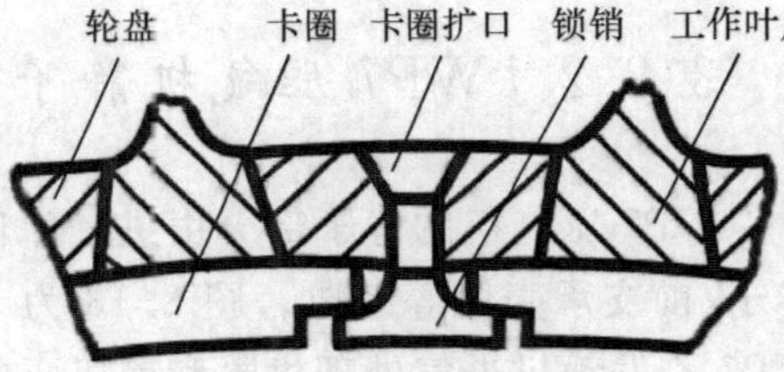

图 3.11　卡圈固定

高压转子后轴颈中装有轴颈衬套(15),它用来固定前中介轴承。在装轴颈衬套时,先把后轴颈加热到 400 ℃,用 14.7 kN(1 500 kgf)的力压装衬套,并钻孔,用 16 个径向销钉将衬套和轴颈连为一体,衬套和轴颈的两个配合处的紧度为 0.14～0.22 mm 和 0.30～0.38 mm[5],如图 3.12 所示。

高压压气机后轴颈中(11)段内部加工有内花键套齿(见图 3.10),以便与高压涡轮轴的外套齿连接,中段外部固定有滑油收集衬套,后段制有键槽和螺纹,用来固定中轴承的中央传动齿轮。轴颈上装有三个前中介轴承滑油喷嘴,随转子一起转动并将滑油喷射到前中介轴承上,对轴承进行润滑和冷却。高压压气机转子和高压涡轮转子连接成一个转子,通过两个支点支承在机匣中,因而高压压气机转子就成为悬臂式的结构。为此,将后轴颈伸进高压转子的中间,与Ⅴ、Ⅵ级轮盘连接,这种挑担式结构可以缩短转子重心和中轴承之间的距离,从而减小了转子悬臂所造成的弯矩。

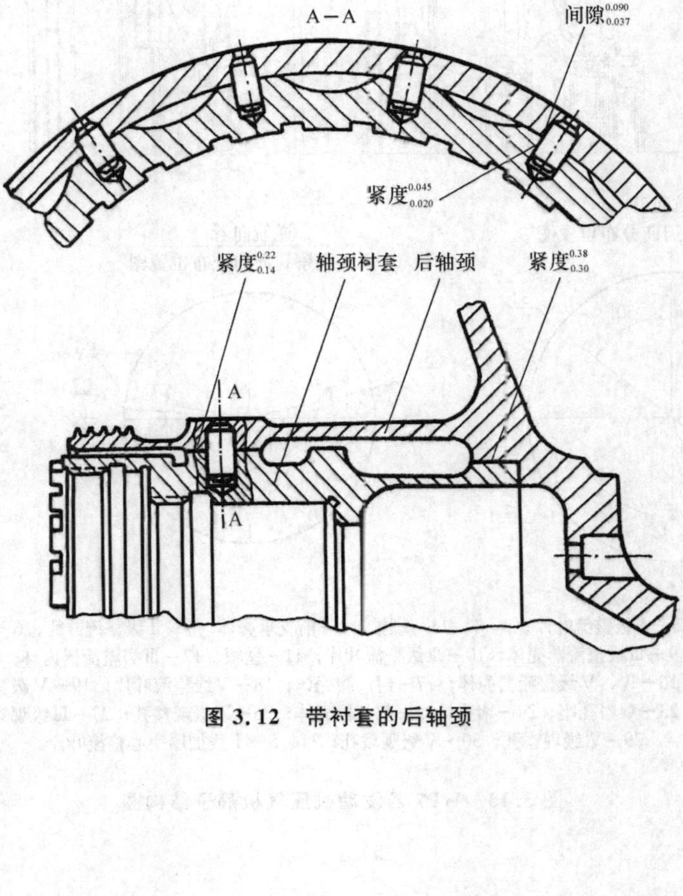

图 3.12　带衬套的后轴颈

3.2.2 WP7 压气机静子

WP7 压气机的静子部分由进气机匣、前机匣、Ⅱ级整流器、Ⅲ级机匣、Ⅳ、Ⅴ级机匣、Ⅵ级静子、前支承壳体等组成。图 3.13 为 WP7 乙发动机压气机静子部分的结构图，图 3.14 为 WP7 乙发动机进气处理机匣和前机匣的立体分解视图，图 3.15 为Ⅵ级压气机静子结构图。

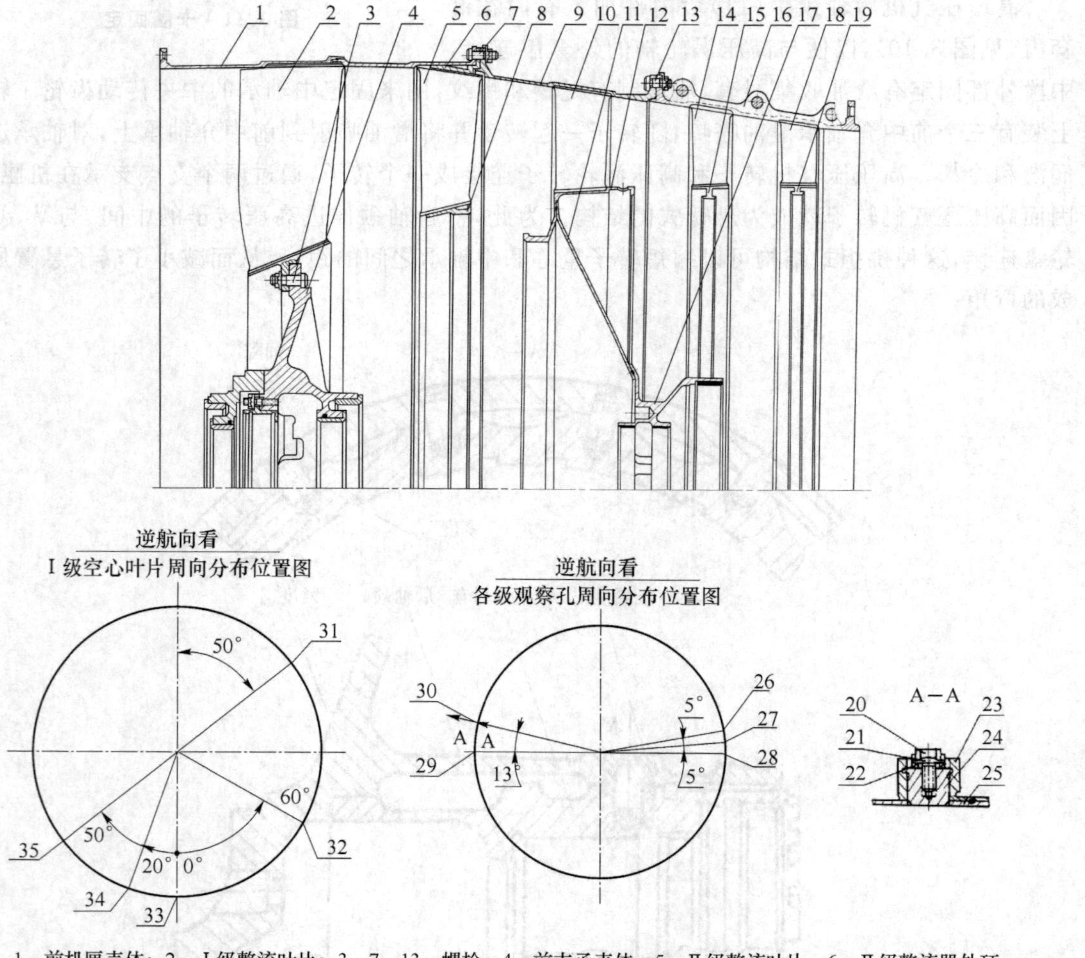

1－前机匣壳体；2－Ⅰ级整流叶片；3、7、13－螺栓；4－前支承壳体；5－Ⅱ级整流叶片；6－Ⅱ级整流器外环；8－Ⅱ级整流器内环；9－Ⅲ级整流器壳体；10－Ⅲ级整流叶片；11－壁板；12－Ⅲ级整流器内环；13－Ⅳ级整流器叶片；15－Ⅳ级整流器内环；16－Ⅳ、Ⅴ级整流器壳体；17－封严圈壳体；18－Ⅴ级整流叶片；19－Ⅴ级整流器内环；20－螺钉；21－锁片；22－锁块；23－观察孔座；24－堵头；25－整流器壳体；26－Ⅳ级观察孔；27－Ⅲ级观察孔；28－Ⅱ级观察孔；29－Ⅵ级观察孔；30－Ⅴ级观察孔；31~35－Ⅰ级加厚空心整流叶片。

图 3.13 WP7 乙发动机压气机静子结构图

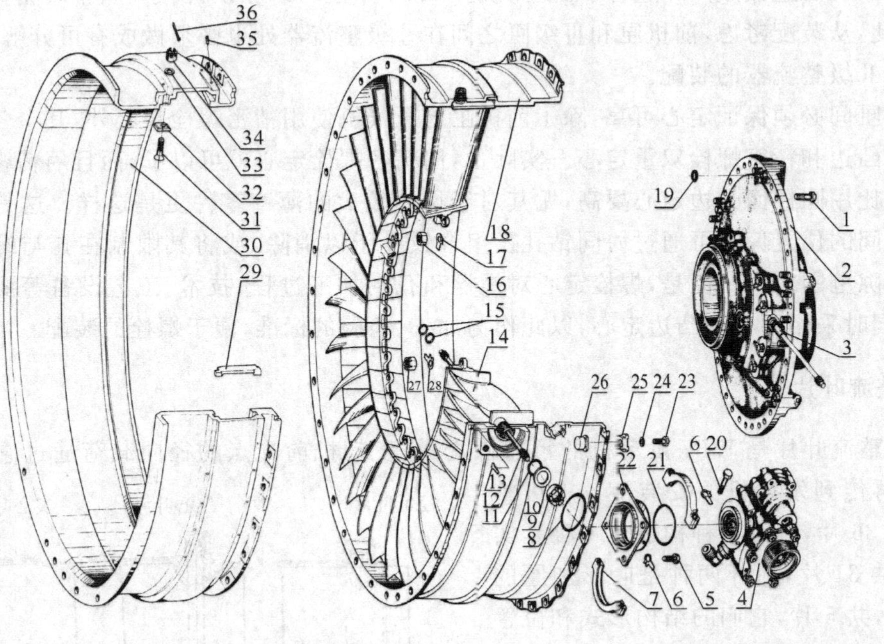

1、5、20、23—螺栓；2—前支承；3—衬套；4—前滑油泵；6、17、27—止动垫圈；7—结合环；
8、11、15、19、21—密封圈；9、15、16、28—螺母；10、24、33—垫圈；12—传动杆；13—止动片；
14—Ⅰ级空心整流叶片；18—前机匣；22—转接座；25—观察口锁块；26—观察口堵头；
29—扰流片；30—处理机匣；31—螺钉；32—压块；34—槽形螺母；35—销子；36—开口销。

图 3.14 WP7 乙发动机进气处理机匣和前机匣立体分解视图

1. 机匣结构

WP7 压气机所有机匣外环都是薄壁钢制结构，厚度为 1.3～2.5 mm。除进气机匣由板料焊接而成外，其余机匣均由锻造毛坯机械加工成形，并带有前后安装边，供相邻机匣连接用。为了保证装配，Ⅳ、Ⅴ级机匣采用纵向分半式结构，其余机匣为轴向分段的整体机匣。

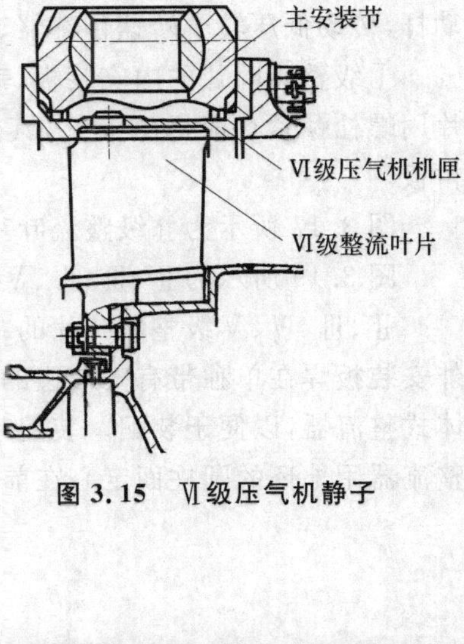

图 3.15 Ⅵ级压气机静子

机匣是发动机的主要承力件，刚性和强度要好。若机匣变形大，就会影响到转子叶片和机匣间的径向间隙。为了加强机匣的刚性，应将机匣尽量做成整体圆筒形。但从装配角度考虑，由于Ⅳ、Ⅴ级转子是不可拆分式的结构，若将Ⅳ、Ⅴ级机匣也做成整体式，则无法装配；因此，Ⅳ、Ⅴ级机匣为纵向分半式的，在接合面上做有安装边，用 6 个精密螺栓将分半机匣连接成一个整体。此外，从图 3.14 中还可以看出，由于Ⅱ、Ⅲ级轮盘是不可拆分的，因此，从装配考虑，前机匣和Ⅲ级匣之间在Ⅱ级整流器处也必须做成有可分解的安装边，才能便于Ⅱ级整流器的装配。

各机匣间必须保证定心可靠，除了前机匣与压气机使用精密螺栓定心外，其余各机匣间均用圆柱面凸边和精密螺栓双重定心。实际上，用精密螺栓定心就可以了，而且用精密螺栓定心的精确度比用圆柱面凸边定心要高，尤其对于尺寸较大的薄壁零件更是这样。这是因为螺栓孔与孔之间的位置偏差可通过协同钻孔及组合铰孔予以消除，或将其限制在孔与螺栓所规定的配合间隙范围之内。但是，螺栓定心对螺栓和孔的加工过程、技术、工艺设备等要求均较复杂，因而同时采用圆柱面凸边定心，以此作为加工、检验的标准，便于螺栓的装配。

2. 整流叶片

Ⅰ级整流叶片是 WP7 发动机的承力件之一，发动机前支点的径向载荷通过它传到机匣上，然后再传到发动机的安装节。Ⅰ级整流叶片共 36 片，分为三种构造。一种是实心叶片，共 31 片，另外两种是叶形加厚的空心叶片，共 5 片，它们的结构形式和位置如图 3.16 所示。这 5 片空心叶片安装位置如图 3.13 所示。它们的作用是：第 1 片用来引入压气机Ⅵ级后的高压空气到头部整流锥和Ⅰ级转子叶片根部防冰，此外，还用于前轴承油腔封油；第 2 片使支承壳体(即前轴承座)内腔与附件机匣相通，然后再通离心通风器；第 3 片使润滑前轴承后的滑油流回前支点回油泵；第 4 片通过传动杆，传动低压转子转速传感器、前支点滑油回油泵；第 5 片用来输入润滑前支点的滑油。

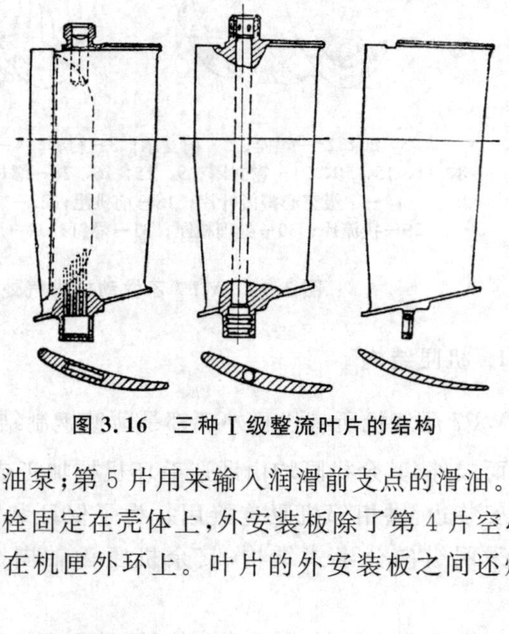

图 3.16 三种Ⅰ级整流叶片的结构

Ⅰ级整流叶片的内安装板(带有耳孔)用螺栓固定在壳体上，外安装板除了第 4 片空心叶片用螺栓锁紧在前机匣上外，其余都用点焊焊在机匣外环上。叶片的外安装板之间还焊有衬板。

图 3.17 所示为Ⅱ级整流叶片，图 3.18 所示为Ⅵ级整流叶片。

图 3.19 所示为Ⅱ、Ⅲ、Ⅳ、Ⅴ级整流器。

Ⅱ、Ⅲ、Ⅳ、Ⅴ级整流叶片的结构与Ⅰ级的基本相同，均带有内外安装板。Ⅱ级整流叶片的外安装板焊在单独带有安装边的外环上，叶片的内缘与内安装板焊在一起形成一个单独的整体式整流器，以便于装配。装配时，它可在Ⅱ级转子叶片没安装前跳过Ⅱ级轮盘的外缘。Ⅱ级整流器用外环的圆柱面定心在前机匣上。Ⅲ、Ⅳ、Ⅴ级整流叶片的内、外缘用点焊焊在内环和机匣上。Ⅳ、Ⅴ级内环和机匣均为左右分半式结构，接合面用螺栓连接，以便于高压转子的装配。

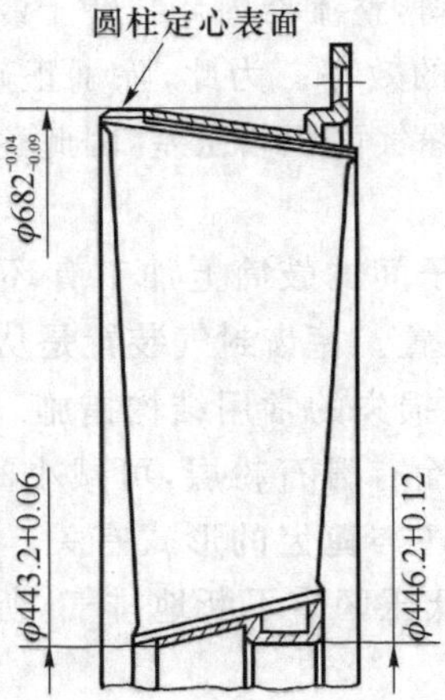

图 3.17　Ⅱ级整流叶片

图 3.18　Ⅵ级整流叶片

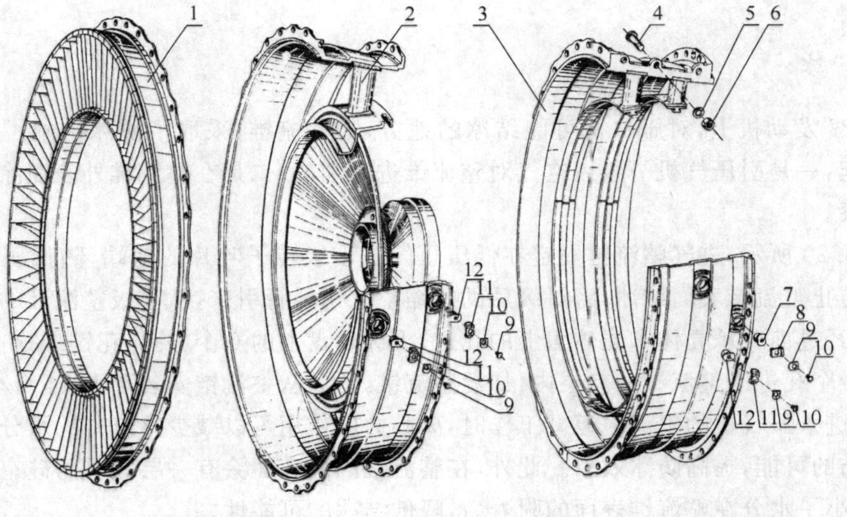

1—Ⅱ级整流器；2—Ⅲ级整流器；3—Ⅳ、Ⅴ级机匣；4、10—螺栓；5、9—垫圈；6—螺母；
7—Ⅵ级观察孔堵头；8—Ⅵ级锁块；11—观察口锁块；12—观察口堵头。

图 3.19　Ⅱ、Ⅲ、Ⅳ、Ⅴ级整流器

Ⅵ级整流叶片在机匣上的固定方式与前几级不同，它的叶片外缘有带螺纹的轴径，用螺母固定在机匣上，叶片内缘通过凸耳用螺栓连接在轴承机匣上。Ⅵ级整流环是发动机的承力件之一，高压转子的中支点的载荷通过它传到后机匣上，然后再传到发动机的主安装节上。

3. 封气装置

在压气机转子和静子之间，如转子叶片顶端和机匣间，整流器内环与转子鼓筒间，转子前、后端面与机匣间都存在着漏气损失，严重影响到压气机的效率。为此，除了正确选择间隙外，还需采用封气装置。根据气动力学知识，漏气量取决于漏气面积和压差，因此达到封气效果的有效措施是减少漏气面积和减小压力差。

WP7 发动机在Ⅱ、Ⅲ级间，Ⅳ、Ⅴ级间和Ⅴ、Ⅵ级转子间的鼓筒上加工有环形篦齿；在Ⅲ、Ⅵ级盘的后侧和低压轴通气孔的两端也设有篦齿封严装置。篦齿封气装置是从减少漏气面积和减小压差两个方面来减少漏气损失和压气机级间倒流损失的常用结构措施。此外，在 WP7 乙型发动机前轴承壳体盖、Ⅲ级整流环内环挡圈等处均涂有滑石粉层，可减小间隙，从而有效地减少了漏气损失。特别指出的是，实际漏气量的大小还与篦齿的形式有关。由于篦齿封气装置处漏气总是存在的，为了保持低压区的压力，后端低压区需不断地排气，所以，WP7 发动机压气机的后卸荷腔经节流片与大气相通。

3.2.3　WP7 压气机的防冰与防喘

1. 防　冰

在 WP7 发动机上，对压气机可能结冰的地方，如整流锥，采取了防冰措施。进气整流锥的防冰措施，一是引压气机Ⅵ级后空气对整流锥进行加热，二是在整流锥外表面涂有一层绿色的有机硅漆。

如图 3.20 所示，进气整流锥固定在低压压气机Ⅰ级转子叶片的前端，随低压转子一起转动。为了防止整流锥表面结冰，将Ⅵ级后的压缩空气用导管引来，从Ⅰ级整流环的第 2 号空心叶片进入，经过前支承壳体和壳体盖上的孔道、Ⅰ级轮盘上的 6 个斜孔、花键螺栓上的孔、整流衬套上的 4 个孔进入整流锥的夹层内，加温整流锥，然后从整流锥安装环上 44 个小孔和 31 个铣槽流出，进入压气机的气流通道。工作时，离心力的作用可以减少整流锥的水分聚集和冰层与罩面黏结的可能，提高防冰效果。此外，在整流锥的外表面涂有一层绿色的硅有机化合物憎水涂层，减小了水分在整流锥表面的附着力，降低结冰的可能性。

压缩空气加温整流锥的效果，主要取决于压缩空气温度的高低，而压缩空气的温度与发动机转速有关。大转速时，压缩空气温度高，加温效果好；小转速时，温度低，加温效果差。因此在使用中应注意，在气温为 0～10 ℃，且空气比较潮湿的情况下试车时，n_1（低压转速）小于 50％的工作时间不允许超过 2 min；如工作时间需要延长，应在 n_1（低压转速）大于 50％的转速上工作 30 s 后，方可继续使用。

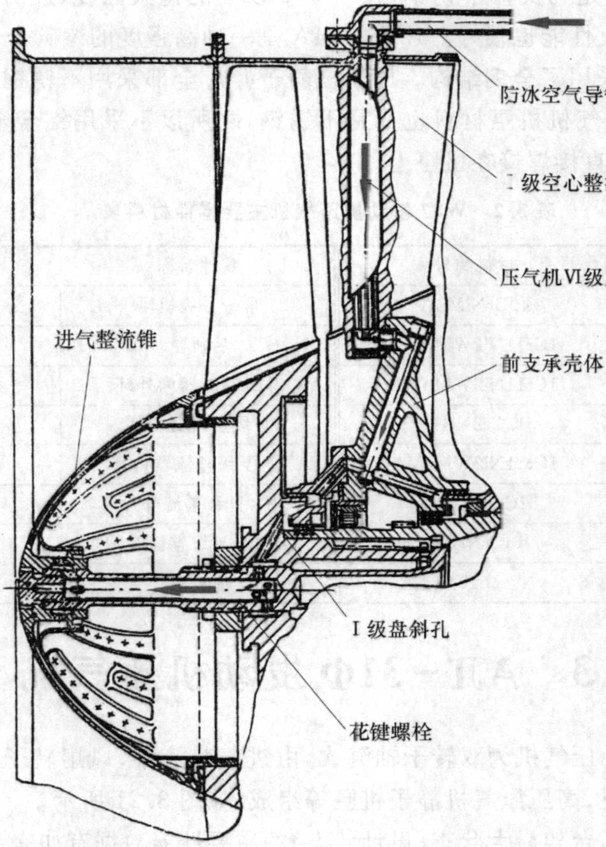

图 3.20 WP7 进气整流锥防冰系统

2. 防 喘

为了提高发动机的喘振裕度，WP7 发动机采用了双转子结构，而 WP7 乙发动机还采用了进气处理机匣。

3.2.4 WP7 压气机主要零件的材料

WP7 发动机在地面台架试车状态的压气机出口温度为 337 ℃，飞行状态下的最高温度可以达到 460 ℃左右。由于铝合金和镁合金在 250 ℃以上的温度条件下强度会急剧下降(见图 3.6)，因此，WP7 压气机中除了个别零件用铸造的铝、镁合金制造以外，绝大部分零件都采用高强度的合金钢。主要零部件的材料如表 3.2 所列。

1Cr11Ni2WMoVA 是马氏体不锈钢，在 500 ℃以下的持久强度、疲劳强度和蠕变极限均很高，冲击韧性和抗氧化性能也很好。12Cr2Ni4A 是一种高强度的渗碳合金钢。WP7 压气机的高、低压两个转子都采用了全钢结构。压气机静子叶片全部采用不锈钢 1Cr11Ni2WMoVA 或者 Cr17Ni2 制成。压气机机匣材料也都是不锈钢，之所以不采用铝合金或者镁合金，主要是为了便于将静子叶片直接焊接在机匣上。

表 3.2　WP7 发动机压气机主要零件材料表

零件名称	材料牌号	零件名称	材料牌号
Ⅰ级轮盘	40CrNiMoA	Ⅲ～Ⅴ级机匣	Cr17Ni2
Ⅱ～Ⅵ级轮盘	1Cr11Ni2WMoVA	后机匣	Cr17Ni2
Ⅰ～Ⅵ级转子叶片	1Cr11Ni2WMoVA	Ⅱ级整流器内外环	1Cr11Ni2WMoVA
低压压气机轴	12Cr2Ni4A	Ⅲ级整流器内环	Cr17Ni2
高压压气机后轴颈	1Cr11Ni2WMoVA	Ⅳ、Ⅴ级整流器内环	1Cr11Ni2WMoVA
整流锥	1Cr18Ni9Ti	Ⅰ、Ⅲ级整流叶片	Cr17Ni2
花键螺栓	18CrNiWA	Ⅱ、Ⅳ、Ⅵ级整流叶片	1Cr11Ni2WMoVA
进气机匣	ZL104	前机匣	Cr17Ni2

3.3　АЛ－31Ф 发动机压气机

АЛ－31Ф 发动机的压气机为双转子轴流式，由进气整流锥、风扇转子、高压压气机转子、风扇静子机匣、中介机匣、高压压气机静子机匣等组成，如图 3.21 所示。

在标准大气条件下，台架最大状态（设计状态）的主要性能数据有如表 3.3 所列，为了便于比较，表中同时列出了 WP7 发动机的数据。АЛ－31Ф 压气机各级有关参数见表 3.4。

表 3.3　АЛ－31Ф 与 WP7 压气机主要性能数据[6,7]

压气机性能指标	АЛ－31Ф	WP7
空气流量/(kg·s^{-1})	112.0	64.5
涵道比	0.571	0
压气机效率	0.862	0.775
总增压比	23	8.85
低压压气机增压比	3.54	2.65
高压压气机增压比	6.46	3.34
喘振裕度(风扇/高压压气机)	＞25％	—
压气机后最大空气压力/MPa	3.648	—
低压压气机后最高温度/K	437	—
高压压气机后最高温度/K	769	610

表 3.4 АЛ－31Ф 压气机各级有关参数[7]

项 目	低压压气机				高压压气机								
级 数	Ⅰ	Ⅱ	Ⅲ	Ⅳ	Ⅰ	Ⅱ	Ⅲ	Ⅳ	Ⅴ	Ⅵ	Ⅶ	Ⅷ	Ⅸ
工作叶片数目	37	45	57	43	47	62	73	94	99	101	103	105	107
静子叶片数目	54	61	67	82	64	72	84	96	99	111	126	131	147
工作叶片材料	ВТ3－1	ВТ3－1	ВТ3－1	ВТ3－1	ВТ3－1	ВТ3－1	ВТ18	ВТ18	ВТ18	ЭП718－ИД	ЭП718－ИД	ЭП718－ИД	ЭП718－ИД
静子叶片材料	ВТ3－1	ВТ3－1	ВТ3－1	ВТ3－1	—	—	ЭП718－ИД	ЭП718－ИД	ЭП718－ИД	ЭП718－ИД	ЭП718－ИД	ЭП718－ИД	ЭП718－ИД
轮盘材料	ВТ3－1	ВТ3－1	ВТ3－1	ВТ3－1	ВТ25	ВТ25	ВТ25	ВТ25	ВТ25	ВТ25	ЭП742	ЭП742	ЭП742
机匣材料			—			—		ЭП708	ЭП708	ЭП708	ЭП708	ЭП708	ЭП708

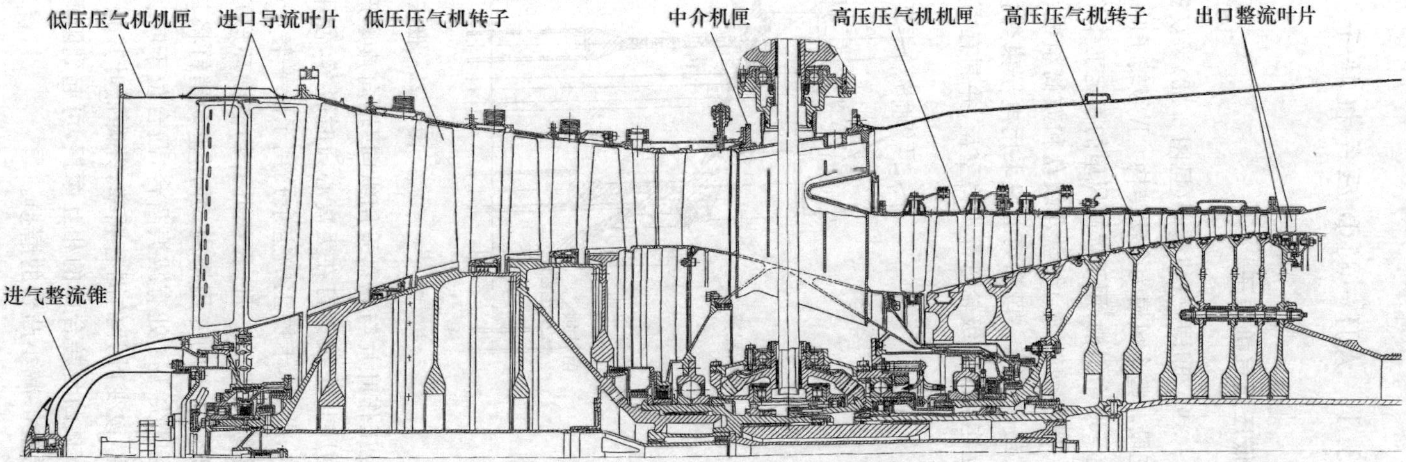

图 3.21 АЛ－31Ф发动机压气机结构图

3.3.1 АЛ－31Ф 压气机转子

1. 低压压气机转子

АЛ－31Ф 低压压气机转子(见图 3.22)为双支点、鼓盘式结构,4 级轴流式风扇,增压比为 3.54,共分成三段。整个风扇为全钛结构。Ⅳ级转子叶片对应的外机匣上,带有处理机匣的环腔,沿圆周方向开有 400 个斜槽,用于提高风扇的稳定工作裕度。Ⅳ级出口整流叶片为双排的串列叶栅。

第一段由前轴颈、Ⅰ级盘、Ⅱ级盘和鼓筒组成;第二段由Ⅲ级盘、后轴颈和筒状转接圈组成;第三段为Ⅳ级盘。第一段和第二段采用电子束焊接在一起,组成不可拆分式结构。各段利用精密螺栓相互连接。各级轮盘都为薄壁盘,并制有中心孔和扩大的轮毂,其中Ⅳ级盘为悬臂结构。

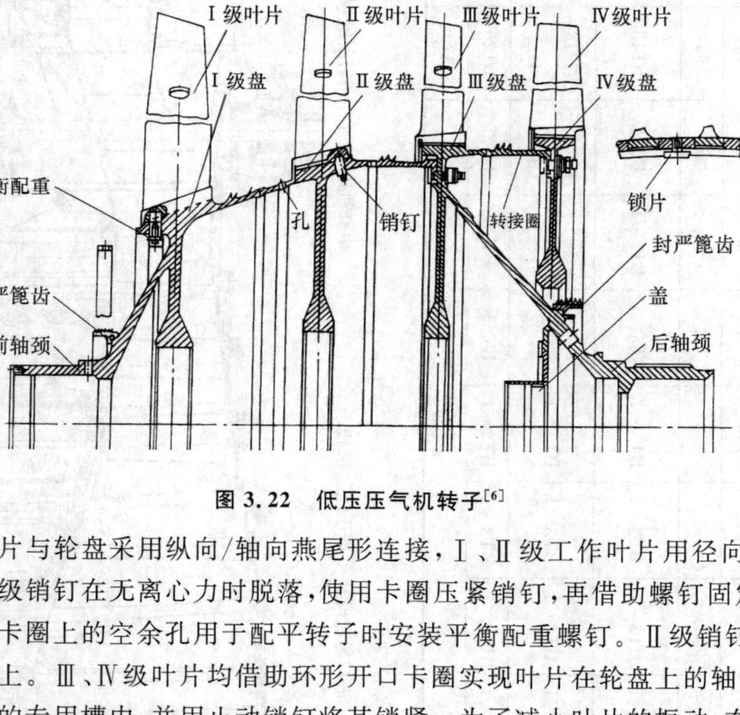

图 3.22　低压压气机转子[6]

各级工作叶片与轮盘采用纵向/轴向燕尾形连接,Ⅰ、Ⅱ级工作叶片用径向销钉实现槽向定位。为防止Ⅰ级销钉在无离心力时脱落,使用卡圈压紧销钉,再借助螺钉固定卡圈,螺钉拧在销钉内;此外,卡圈上的空余孔用于配平转子时安装平衡配重螺钉。Ⅱ级销钉通过夹紧衬筒压紧在Ⅱ级轮盘上。Ⅲ、Ⅳ级叶片均借助环形开口卡圈实现叶片在轮盘上的轴向定位,卡圈嵌入叶片和轮盘上的专用槽内,并用止动销钉将其锁紧。为了减小叶片的振动,在Ⅰ、Ⅱ、Ⅲ级工作叶片距叶尖 1/4 处有减振凸台,凸台位于叶身两侧。装配完成后,凸台连成环状,彼此约束,增加刚性,改变叶片的固有频率,并降低叶片根部的弯曲扭转应力。当叶片发生振动时,相邻叶片的减振凸台接合面的相互摩擦,可起到阻尼减振的作用。同时,减振凸台接合面上涂有的耐磨涂层能够减小凸台的磨损。

在Ⅰ级盘的后面有孔，通过孔可将高压空气引入转子内腔(转子卸荷腔)，从而减轻转子的轴向载荷。

2. 高压压气机转子

АЛ-31Φ高压压气机转子(见图3.23)为9级轴流式，与低压压气机类似，也可分三段，各段均为盘鼓混合式结构。第一段包括Ⅰ级盘(1)、Ⅱ级盘(2)和Ⅲ级盘(3)，Ⅰ～Ⅲ级盘用电子束焊焊在一起；第二段包括Ⅳ级盘(4)、Ⅴ级盘(5)和Ⅵ级盘(6)，Ⅳ～Ⅵ级盘同样用电子束焊焊为一个整体；第一、二段叶盘与前轴颈借助精密螺栓连在一起，第一段叶盘和第二段叶盘在Ⅲ、Ⅳ级盘的结合面上，用径向销子连接；第三段包括Ⅶ级盘(7)、Ⅷ级盘(8)、Ⅸ级盘(9)和篦齿封严盘(10)，采用长螺栓与Ⅵ级盘连在一起。

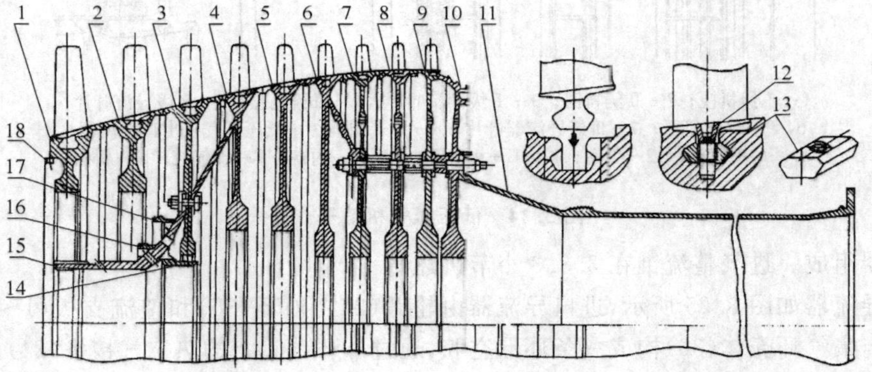

1～9—Ⅰ～Ⅸ级高压压气机盘；10—篦齿封严盘；11—高压转子轴；12—定位销；13—衬板；14—封严盖；15—前轴颈；16、17—篦齿；18—平衡配重。

图3.23 高压压气机转子[6]

АЛ-31Φ高压压气机各级转子叶片的榫头均为环形/周向燕尾槽式结构。叶片通过只能容纳一片叶片装入的专用缺口安装，当一级的叶片全部装完后，再将相邻两叶片的缘板移到轮缘专门缺口中间，借助专门螺纹固定销进行保险，防止叶片沿圆周方向产生位移，从而将叶片固定在缘的环形燕尾槽内。固定销拧在叶片榫头之间的垫块内，下端插入榫槽的盲孔内，当销子上端装入相邻两叶片缘板上的专门缺口后，需进行扩径，锁定销子，最后将销子凸出的部分锉平。

3.3.2 АЛ-31Φ压气机静子

1. 低压压气机静子

低压压气机静子(见图3.24)由进气整流锥、进口导流器、Ⅰ～Ⅳ级壳体、Ⅰ～Ⅲ导流器和

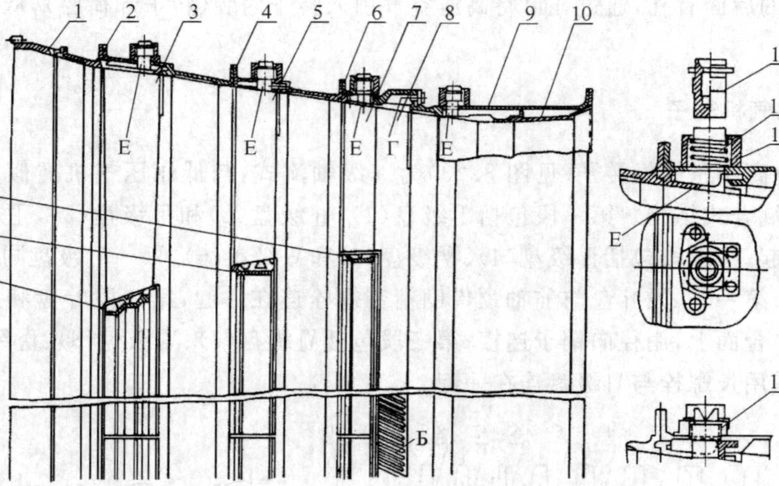

1－Ⅰ级机匣；2－Ⅱ级机匣；3－Ⅰ级导流叶片；4－Ⅲ级机匣；5－Ⅱ级导流叶片；
6、9－Ⅳ级机匣；7－Ⅲ级导流器叶片；8－排气圈；10－低压压气机出口整流器；
11、14－堵头；12－弹簧；13、E－观察孔；15~17－内环；Г－集气腔；Б－斜槽。

图 3.24 低压压气机静子[5]

出口导流器组成。进气整流锥在 3.3.3 小节讲述。

进口导流器如图 3.25 所示，进口导流器由轮毂(34)、外环(35)和整流支板(1～23)组成。外环(35)与集气环壳体(36)构成一条环形空腔，通过外环(35)上的热空气接头(24)，引入高压压气机Ⅶ级空气，热空气经集气环，输向 23 块整流支板和进气整流锥，用于发动机防冰。23 块整流支板是承力部件，发动机所受的轴向和径向载荷通过这些支板传递给主安装节。整流支板由前、后两个部分组成，前部不动，后部可转动，从而构成气动翼形的可变弯度导流叶片。不动部分采用双支点支承，其上有一系列长方形的窗口，使防冰热空气流出，在支板上形成热空气膜，防止整流支板结冰；而转动部分外端带有轴颈，低压压气机进口可变弯度导流叶片控制器根据 n_1 或 n_2 带动轴颈转动，从而改变气流攻角。此外，第 1、5、8、11、14、17、21 号整流支板均为加厚支板，内部装有导管：1 号支板内装有滑油腔通气导管；5 号支板内装有滑油进油导管；8 号支板内装有滑油回油导管；11 号支板内装有滑油放油导管；14、17、21 号支板内装有前滑油腔通气导管(14 号支板内的导管未使用)。

Ⅰ、Ⅱ和Ⅲ级整流叶片均带有内、外缘板。内缘板上有蜂窝状瓦片，与转子鼓上的封严篦齿组成封气装置。低压压气机出口整流器由外环、两排叶片和内环组成。出口整流器通过内环和外环固定在中介机匣上。

2. 低压压气机机匣

压气机进气机匣为全钛结构，整体轴向分段。低压压气机机匣由Ⅰ级机匣(1)、Ⅱ级机匣

(2)、Ⅲ级机匣(4)、Ⅳ级机匣(6 和 9)组成,见图 3.24。前部固定在进口导流器上,后部与中介机匣外环相连。各级机匣均为环形壳体,带有前后安装边;借助精密螺栓定心。在机匣内表面,与工作叶片对应的部位涂有铝、白石墨组成的涂层。为了便于检查和修理叶片,在Ⅱ、Ⅲ、Ⅳ、Ⅴ级机匣上设有观察孔(E),它们分布在压气机机匣的右侧。

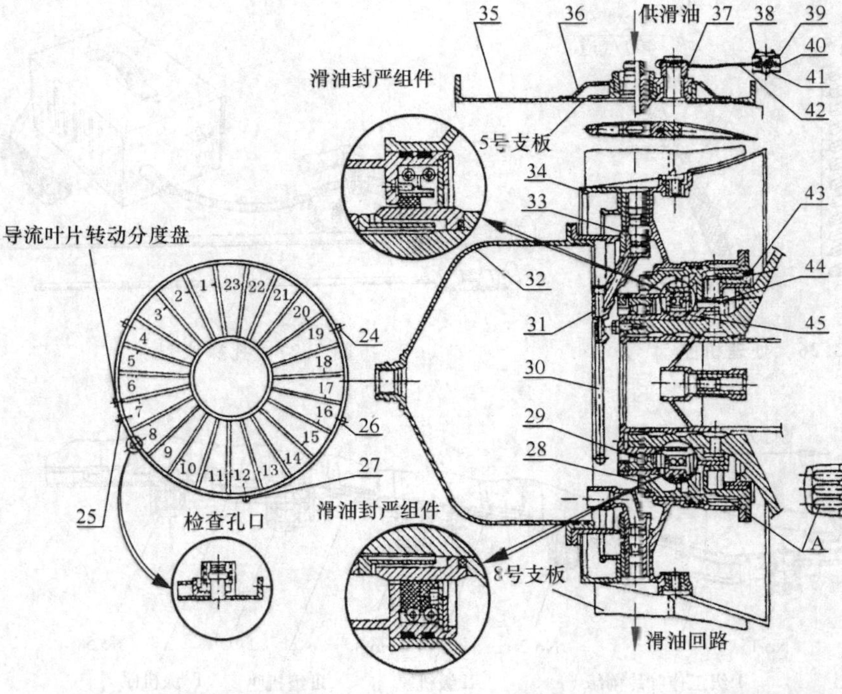

1～23－整流支板; 24－热空气接头; 25、26－温度传感器固定点; 27－压力传感器固定点; 28－棍棒轴承座; 29－滚棒轴承; 30－输油管; 31－外罩; 32－喷嘴; 33－油管; 34－轮毂; 35－外环; 36－集气环壳体; 37－调整垫圈; 38－固定销; 39－传动圈; 40－滚珠轴承; 41－销钉; 42－摇臂; 43、44－封严篦齿圈; 45－滑油封严装置; 46－衬套; 47－弹簧; 48－塞子。

图 3.25　进口导流器[5]

此外,在Ⅳ级机匣上,有一条开有斜槽的排气圈,与机匣壳体形成一个环形集气腔(Г),由于叶片通道中主流和机匣斜槽气流之间存在显著的质量和动量交换,叶片附近的气流在叶片尾缘气流高压作用下进入机匣上的斜槽,在叶片前缘被引射入主流,有效地吹除了叶尖易失速的附面层,从而扩大了压气机的稳定工作范围,这种结构称为处理机匣(见图 3.26),可以防止发动机喘振。

压气机叶片被外物打伤是发动机在外场使用中的常见故障。为了提高发动机的可靠性,利用孔探仪(见图 3.27),通过在 АЛ－31Ф 在压气机机匣上设置的观察孔(见图 3.28),可以完成对压气机工作叶片的检查。

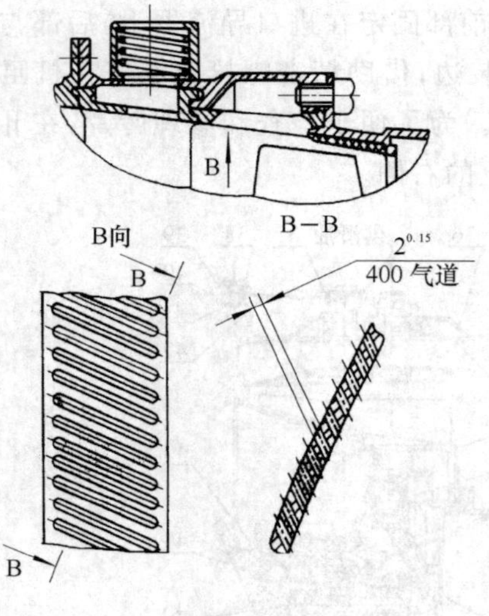

图 3.26 处理机匣[5]

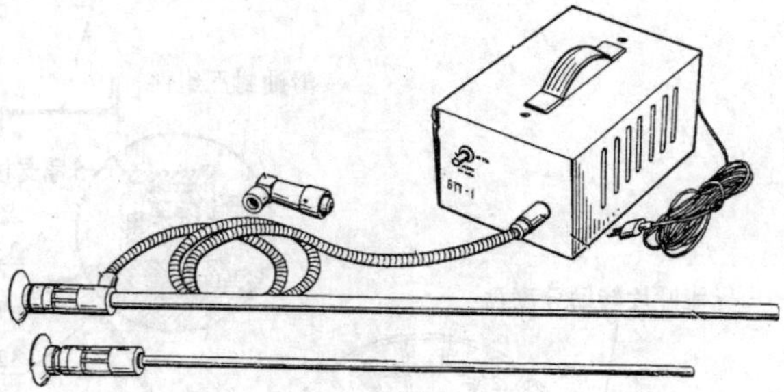

图 3.27 孔探仪[5]

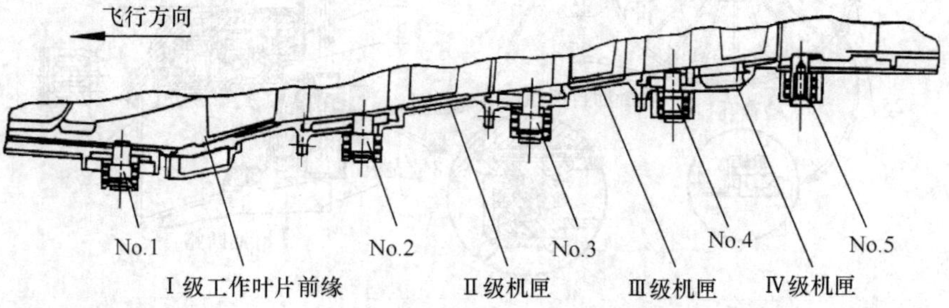

图 3.28 低压压气机观察孔

3. 中介机匣

中介机匣(见图 3.29)是发动机的主要承力部件,它将低压压气机出口的空气分为内、外涵两股,其壳体用来固定发动机附件。中介机匣用钛合金焊接成形,由外环、支撑环、12 块整流支板和分气圈组成,其上安装有低压压气机出口整流器、低压压气机转子后轴承座、高压压气机转子前轴承座及中央锥形传动机构。

中介机匣的外环为圆环形,带有前、后安装边。外环的内表面上焊有 12 块整流支板(1～12),外表面上装有发动机两个主安装节(14)的固定点、整流器转动机构摇臂(15)、增压转换活门固定座、低压压气机和高压压气机轴承座前滑油腔增压导管、滑油系统导管固定座和发动机附件机匣固定架。外环的前安装边(21)与低压压气机静子Ⅳ级机匣用精密螺栓连接,外环的后安装边与外涵道的前壳体相连接。

中介机匣的 12 块整流支板都是空心的。第 1 块整流支板中装有垂直传动轴(20)，该轴将发动机高压转子扭矩通过中央锥形齿轮传递给附件传动机构，同时，第 1 块整流支板还用作中介机匣内润滑腔的通气通道；第 2、12 块整流支板用于低压压气机转子后轴承座(17)和高压压气机前轴承座(25)前滑油腔的通气通道；第 3 块整流支板中装有低压压气机后轴承、高压压气机前轴承、中央锥形传动齿轮轴承的滑油进油管和中介机匣滑油回油管；第 7 块整流支板内装有中介机匣回油泵的传动轴；第 8、9 块整流支板空腔是低压压气机后轴承座、高压压气机前轴承座、滑油腔前封严装置的增压空气通路；第 11 块整流支板内装有低压转子转速传感器减速器传动轴。

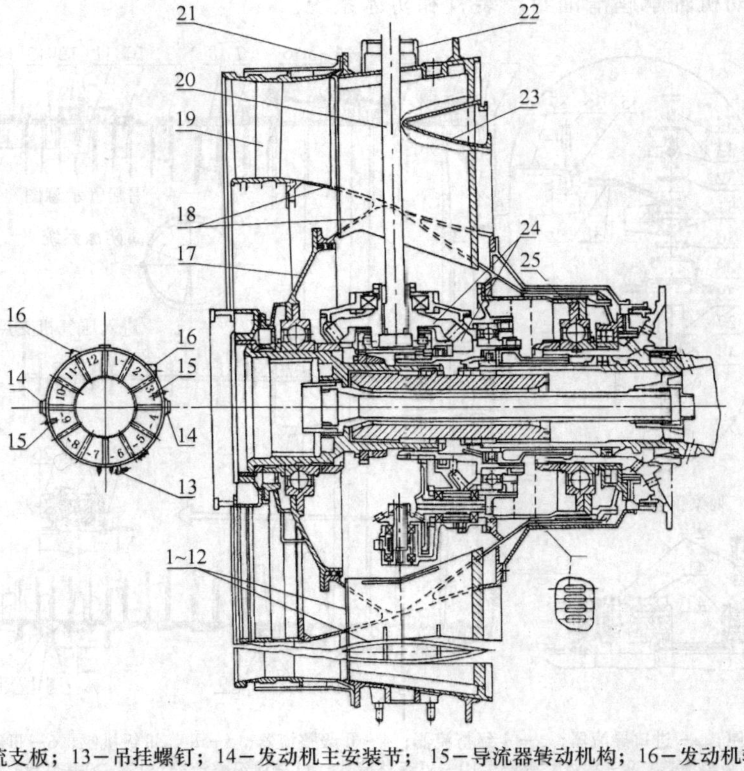

1～12－整流支板；13－吊挂螺钉；14－发动机主安装节；15－导流器转动机构；16－发动机辅助固定点；17－低压压气机转子后轴承座；18－支撑环；19－低压压气机出口导流器；20－垂直传动轴；21－安装边；22－凸台；23－分气圈；24－中央锥形传动装置；25－高压压气机转子前轴承座。

图 3.29　中介机匣[5]

支撑环(18)为焊接结构，有四个安装面。前部内安装面上固定有低压压气机后轴承座壳体，外安装面上固定有低压压气机出口导流器；后部内安装面上固定有高压压气机前轴承座壳体和中央锥形传动机构壳体，外安装面上固定有径向接触式滑油封严装置的导气罩。

分气圈(23)由 12 段组成，其内安装边与高压压气机静子相连，外安装边与外涵道隔板相连。

4. 高压压气机静子

高压压气机静子(见图 3.30)由Ⅰ级机匣(1)、进口导流器(2)、Ⅱ、Ⅲ级机匣(5)和后机匣(7)组成。高压压气机Ⅰ级机匣前部与中介机匣分流环相连,后部与主燃烧室外壳体相连。

高压压气机静子各部件均采用纵向分半式结构,具有两个周向安装边和两个纵向安装边。这种结构的压气机装配最为简便,对转子和整流器结构方案适应性强。周向安装边既方便拆装,又起到加强肋的作用;纵向安装边装配方便,但其周向刚性不均匀,当机匣遇冷或受热时,易引起变形不协调而出现椭圆度。在Ⅶ级机匣处,有一个集气环,用于从高压压气机引气,输往飞机系统、发动机轴承座滑油封严装置和防冰系统。

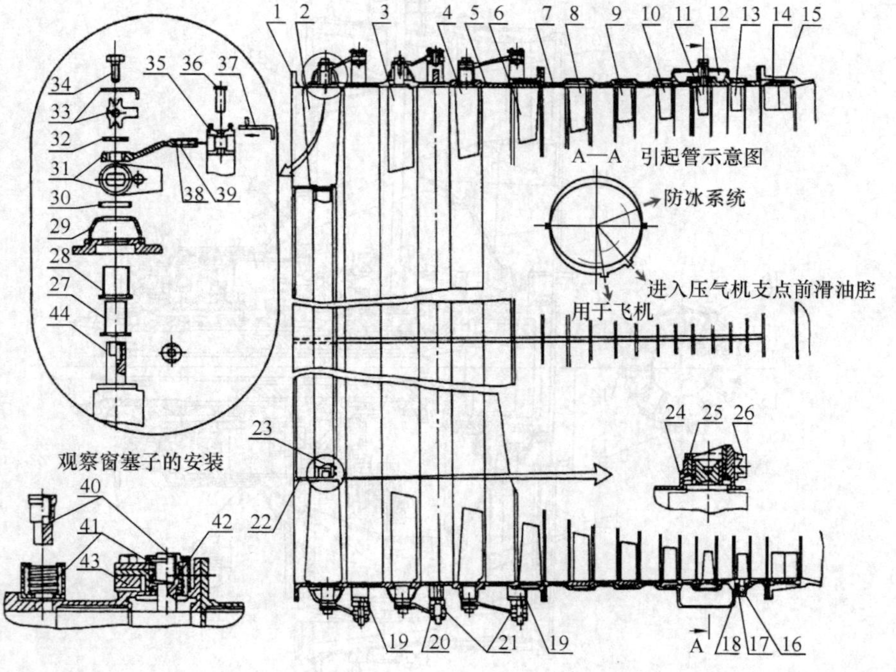

1—Ⅰ级机匣; 2—进口导流器; 3—Ⅰ级整流器; 4—Ⅱ级整流器; 5—Ⅱ、Ⅲ级机匣; 6—Ⅲ级整流器; 7—后机匣; 8—Ⅳ级整流器; 9—Ⅴ级整流器; 10—Ⅵ级整流器; 11—Ⅶ级整流器; 12、20—垫片; 13—Ⅷ级整流器; 14—出口整流器; 15—主燃烧器壳体; 16、36—销钉; 17、32—垫圈; 18、19、43—凸台; 21—固定销; 22、23—内环; 24、27—内衬套; 25、28—外衬套; 26、34—螺钉; 29—壳体; 30—调节衬套; 31—摇臂; 33—保险片; 35—传动圈; 37—限制器; 38—衬套; 39—活动面; 40—堵头; 41—观察孔; 42—弹簧; 44—导流器凸台。

图 3.30 高压压气机静子[5]

进口导流器和Ⅰ级整流器均由钛合金制成,并装在一个由钛合金制成的前机匣上。进口导流叶片和Ⅰ、Ⅱ级整流叶片均为可调叶片,采用双支点支承,由液压作动筒通过协调转动圈带动摇臂转动;这三级叶片是联动的,由于各级转动比不同,各级叶片的转动角度也不同。Ⅰ～Ⅷ级整流叶片均为悬臂式结构；高压压气机出口的Ⅸ级整流叶片由双排串列叶栅组成，固定在燃烧室壳体上。此外，与低压压气机类似，在高压压气机静子机匣上也设有观察孔，可以用孔探仪对每一级高压压气机转子叶片进行检查。图 3.31 所示为高压压气机观察孔。

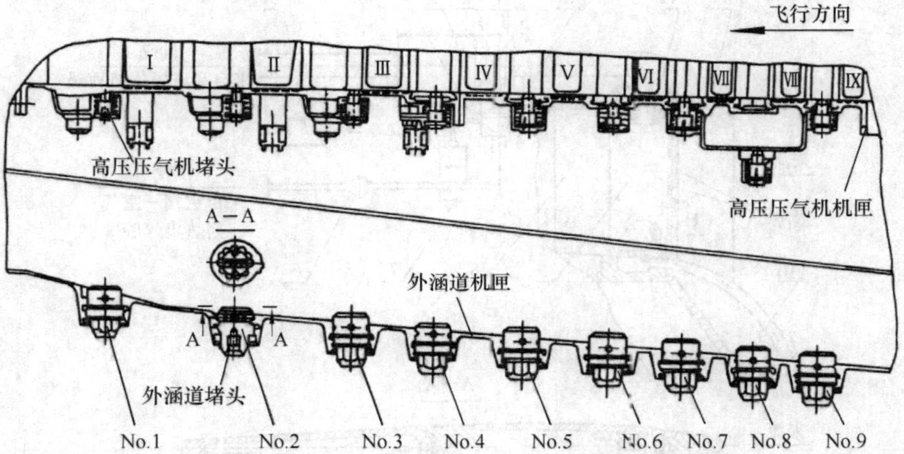

图 3.31　高压压气机观察孔

3.3.3　АЛ－31Ф 压气机的防冰与防喘

1. 防　冰

如图 3.32 所示，进气整流锥由内、外罩组成。内、外罩之间形成气腔，高压压气机Ⅶ级引来的热空气，经过气腔，对进气整流锥加温后，从其前部流出，形成气膜，防止进气整流锥结冰。内罩用螺母固定在外罩上，两者一起固定在轮毂上。

从高压压气机Ⅶ级引来的热空气，通过控制附件(3)和集气环(12)进入进口导流器的加厚型支板内的空气导管，最后到达进气整流锥表面；对整流锥加温后，从其前部流出，形成气膜，防止进气整流锥结冰。

2. 防　喘

АЛ－31Ф 压气机的喘振裕度大，设计转速下达到 25%[7]，气动稳定性高。由于 АЛ－31Ф 的外涵通道直接和加力燃烧室相通，为了防止加力点火时的反压引发喘振，低压压气机采取了多种防喘措施。АЛ－31Ф 的防喘措施有：

① 低压压气机进口导流器采用可变弯度的导流叶片；

② 低压压气机Ⅳ级工作叶片对应处设计了处理机匣；

③ 低压压气机出口采用双排串列叶栅的整流叶片；

④ 高压压气机前三级采用可调静子叶片；

⑤ 双转子。

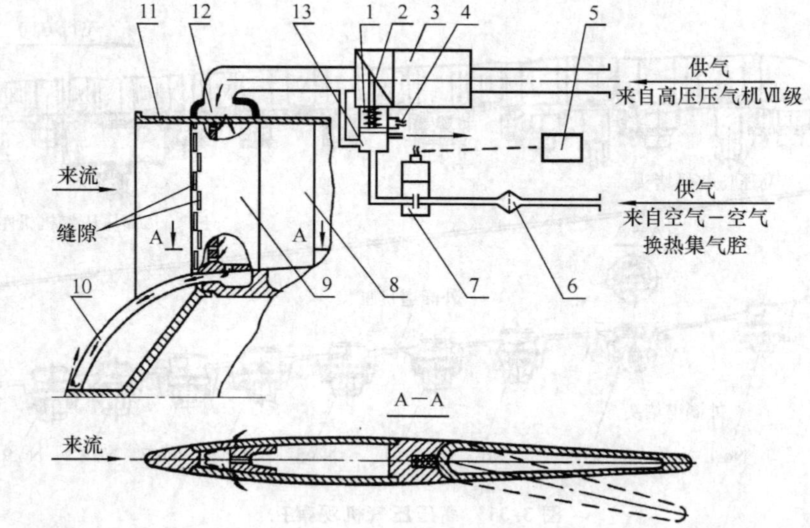

1－气压作动筒；2－节气门；3－控制附件；4－微动电门；5－结冰信号器；6－空气滤；7－气动电磁活门；8－可变弯度叶片；9－支柱；10－进气整流锥；11－低压进口导流器外环；12－集气环；13－泄压活门。

图 3.32 进气整流锥防冰系统[5]

3.3.4 АЛ－31Ф 压气机主要零件的材料

АЛ－31Ф 压气机部件的材料选用的一个很大特点就是大量采用了钛合金材料(前苏联牌号为 BT3－1、BT18、BT25)，不仅转子零件选用钛合金，进气机匣、进口导流器、中介机匣等均为钛合金材料。只有高压压气机出口的几级工作叶片，由于工作温度高，采用了高温耐热合金。转子材料具体如下：Ⅰ～Ⅵ级盘为钛合金构件，Ⅶ～Ⅸ级则采用难变形镍基高温合金制成；Ⅰ～Ⅴ级转子叶片用钛合金制成，Ⅵ～Ⅸ级转子叶片用耐热合金制成，详见表 3.4。

3.4 压气机结构对比分析

АЛ－31Ф 和 WP7 发动机均为双转子结构。两型发动机在压气机设计思想、具体结构以及加工工艺等方面既存在相同之处，也存在较大的差异。例如，在防喘设计上，АЛ－31Ф 发动机采取了较多的措施来提高压气机的稳定性。表 3.5、表 3.6 列出了两种发动机压气机转子和静子结构的对比情况。

表 3.5　WP7 与 АЛ－31Φ 压气机转子结构对比

对比项目	WP7	АЛ－31Φ
转子结构形式	轴流式双转子 3＋3 盘鼓混合式	轴流式双转子 4＋9 盘鼓混合式
轮盘结构	空心盘，孔边局部加厚	空心盘，孔边局部加厚
低压压气机部分		
叶片结构	无凸台，轴向燕尾榫头	前 3 级叶片带减振凸台，轴向燕尾榫头
叶片固定方式	Ⅰ级销钉，Ⅱ级销钉＋卡圈，Ⅲ级卡圈	Ⅰ级销钉＋卡圈，Ⅱ级销钉，Ⅲ、Ⅳ级开口卡圈
连接工艺	径向销钉连接	电子束焊接
主要零部件材料	全钢结构	全钛结构
高压压气机部分		
叶片结构	轴向燕尾榫头	环形燕尾榫头
叶片固定方式	卡圈	专用螺纹固定销
连接工艺	热装配＋径向销钉连接	电子束焊接＋长螺栓＋径向销钉
主要零部件材料	全钢结构	钛合金＋耐热合金

表 3.6　WP7 与 АЛ－31Φ 压气机静子结构对比

对比项目	WP7	АЛ－31Φ
处理机匣位置	进气机匣（WP7 乙）	Ⅳ级机匣
中介机匣	无中介机匣	有中介机匣
机匣制造工艺	进气机匣焊接，其余锻造	焊接
维修性	有观察孔	高、低压压气机机匣设计了大量观察孔
低压压气机部分		
机匣结构形式	整体轴向分段式	整体轴向分段式
静子叶片	无进口导流叶片，Ⅰ级含 5 片空心叶片， Ⅰ、Ⅲ级直接固定，Ⅱ级间接固定	进口可变弯度导流叶片， 出口双排串列叶栅整流叶片
主要零部件材料	全钢结构	全钛结构
高压压气机部分		
机匣结构形式	纵向分半式	纵向分半式
静子叶片	无进口导流叶片，所有整流叶片 均为双支点，直接固定	多级可调静子叶片；进口导流叶片双支点； 其余整流叶片悬臂式
主要零部件材料	全钢结构	钛合金＋耐热合金

3.5 思考题

1. WP7发动机的总压比是多少？试计算其平均级增加比。该发动机采用了什么方法得到较大的级增压比？

2. 压气机的通道形式有几种？简述WP7的通道形式及其优缺点。

3. 压气机的径向间隙和轴向间隙会引起哪些损失？叶尖间隙的大小如何确定？如何保证叶尖间隙最小？装配时如何检查？

4. 简述喘振的出现与危害，以及进口导流叶片的功用。WP7为什么没有进口导流叶片？现代发动机采用了哪些种类的防喘措施？WP7发动机压气机是如何防喘的？

5. 航空发动机为什么要防冰？WP7发动机是如何防冰的？

6. WP7发动机压气机整流罩是如何定位、连接的？

7. WP7发动机压气机Ⅰ级静叶有几片是空心的？其作用是什么？

8. 简述WP7发动机Ⅰ级压气机盘的安装形式及拆卸过程。

9. WP7发动机Ⅰ级压气机盘后轴颈上的传扭套齿是如何加工的？

10. WP7发动机Ⅰ级压气机盘后轴颈上的环起什么作用？

11. WP7发动机Ⅰ级压气机盘与低压转子轴是如何定心、定位及传力的？

12. WP7发动机Ⅰ级压气机盘销钉下方的圆环有何作用？

13. 花键螺栓的作用是什么？如何安装？如何锁住？

14. 简述WP7发动机Ⅰ级压气机叶片尖部超声的含义。

15. 简述WP7压气机转子的装配步骤与平衡方法。

16. АЛ-31Ф发动机压气机防喘采取了哪些措施？

17. АЛ-31Ф发动机的进气锥和整流支板如何防冰？

18. АЛ-31Ф发动机的高压压气机后四级盘为什么采用长螺栓连接？

19. 简述АЛ-31Ф发动机的环形燕尾槽的优缺点。

20. АЛ-31Ф发动机的主传动齿轮的定位连接有何特点？

21. 简述АЛ-31Ф发动机的石墨封严的优缺点。

22. 分析压气机机匣轴向分段、纵向分半结构的优缺点。

23. 简述WP7和АЛ-31Ф发动机高压压气机静子结构的形式和特点。

24. 试对比分析WP7和АЛ-31Ф发动机的轮盘和轴是如何定位、连接、传力的？

25. 试对比分析WP7和АЛ-31Ф发动机转子的装配和平衡有何特点？

26. 以WP7和АЛ-31Ф发动机为例，说明现代发动机采用了哪些结构和措施来减小压气机的径向间隙？

第4章　燃烧室结构

4.1　概　述

燃烧室，又称主燃烧室，是发动机的重要部件之一，负责完成燃气涡轮发动机的热力循环中的加热过程。其功能是将燃油中的化学能转变为热能，将压气机增压后的高压空气加热到涡轮前允许的温度，以便进入涡轮和排气装置内膨胀作功。

完成上述功能，要求燃烧室必须以最小的压力损失，在有限的可用空间里释放出最大的热量。为此，燃烧室应具备以下工作条件：

① 高速气流及贫油混合气；

② 大负荷及高温，承受气动力、惯性力产生的静载荷和振动载荷，以及热应力和热腐蚀的作用；

③ 由于发动机会在各种不同的飞行条件和转速下工作，所以燃烧室的工作状态变化很大；

④ 燃烧室内燃烧过程是一个复杂的物理化学过程；

⑤ 出口温度受涡轮许用温度限制。

在上述复杂的工作条件下，为了设计出性能良好的燃烧室，应满足以下要求：

① 启动点火迅速可靠；

② 在各种工作状态下，稳定燃烧；

③ 高的完全燃烧度和小的散热损失；

④ 最小的流体损失；

⑤ 最小的外廓尺寸与质量；

⑥ 高的容热强度；

⑦ 出口燃气温度场沿圆周要均匀，沿叶高应满足按涡轮要求的温度分布规律；

⑧ 尽可能短的火焰，使之不接触导向器叶片；

⑨ 方便检查与维修。

本章主要介绍航空发动机燃烧室的组成、结构、类型、零件材料以及涂层等内容，同时对WP7和АЛ-31Φ发动机燃烧室的结构特点进行结构对比分析。

4.1.1 燃烧室的组成及结构

一般来说，燃烧室是由扩压器、机匣（壳体）、火焰筒、燃油喷嘴及点火器等基本构件组成的。图 4.1 是一种早期发动机的燃烧室结构。

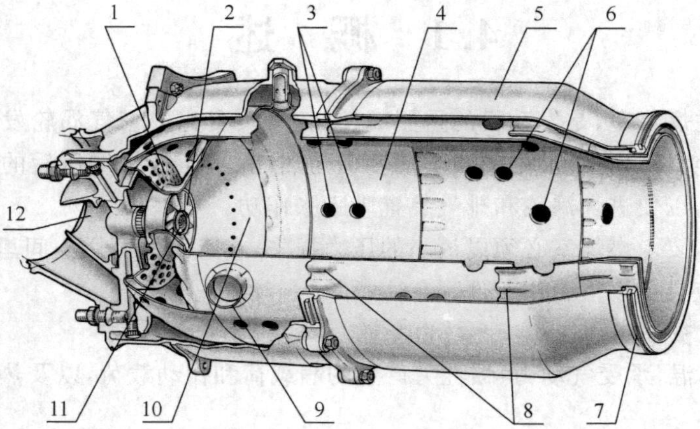

1—扩压器；2—漩涡叶片；3—二股空气孔；4—火焰筒；5—空气机匣；6—稀释空气孔；7—密封环；8—波纹形连接；9—联焰管；10—主燃区；11—燃油喷嘴；12—锥形进口。

图 4.1 早期发动机的燃烧室结构[2]

扩压器的功能是降低压气机出口气流的速度，以利于组织燃烧，气流在扩压器的扩张通道里减速增压。图 4.2 是斯贝发动机扩压器的形状及其在燃烧室中的位置。扩压器是燃烧室的主要部件，并且质量较大，它又是发动机的主要承力构件，一般情况下，压气机后轴承就安装在扩压器内壁机匣里面。WP7 发动机轴承的载荷，就是通过与扩压器内壳相连的压气机末级整流叶片，然后传到发动机的主安装节。

根据扩压器气流通道型面的不同，目前常见的扩压器主要有一级扩压式、二级扩压式和突然扩张式三种基本形式。20 世纪 50～60 年代的燃气涡轮发动机，扩压器大都采用一级扩压，如 WP6、WP7、WP8、斯贝等。一级扩压的气流通道截面积按一定规律变化，使压力较均匀增加，流速均匀下降，即等压力梯度的扩压器。当扩压器进、出口面积相差很大时，为了缩短扩压器长度，可采用二级扩压器（一级扩压器＋突然扩张式扩压器），图 4.3 为 J57 发动机的二级扩压器结构图。目前最短的扩压器是突然扩张式扩压器，压气机出口气流经过很短的略微扩张的环形通道，使气流速度略微下降后就突然扩张，RB199（见图 4.4）和 F100 等发动机均采用此类扩压器。

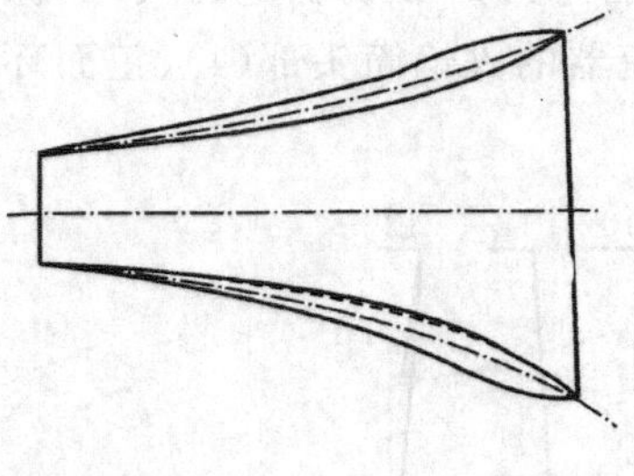
(a) 斯贝发动机扩压器

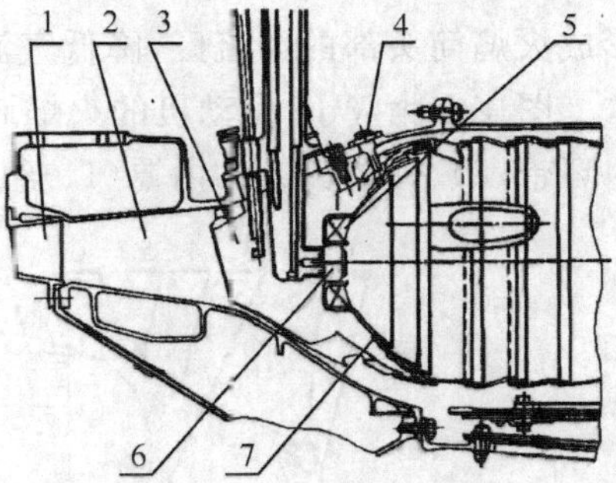

(b) 扩压器在燃烧室中的位置

1—整流叶片；2—扩压器；3—鱼嘴形进气口；4—火焰筒固定销；
5—涡流器；6—燃油喷嘴；7—火焰筒头部锥体。

图 4.2　斯贝发动机扩压器及其在燃烧室中的位置[6]

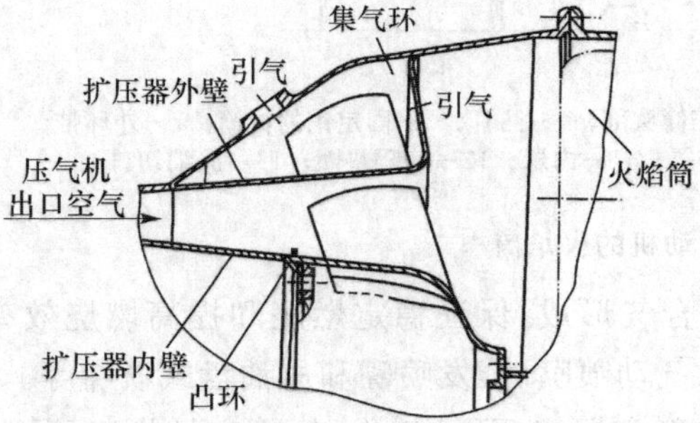

图 4.3　J57 发动机的二级扩压器结构图[6]

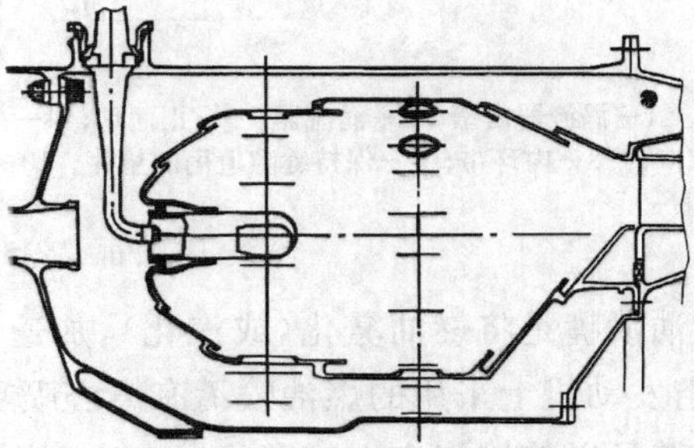
图 4.4　RB199 发动机燃烧室简图[6]

燃烧室壳体(机匣)包括燃烧室内、外套和扩压器内、外壁,用来构成二股气流通道,是发动机的主要承力构件。由于受力情况比较复杂,同时,薄的内机匣容易受压失稳,因此,通常会采取一些加强刚度的措施。图 4.5 是一些发动机燃烧室内机匣的径向加强肋实例。

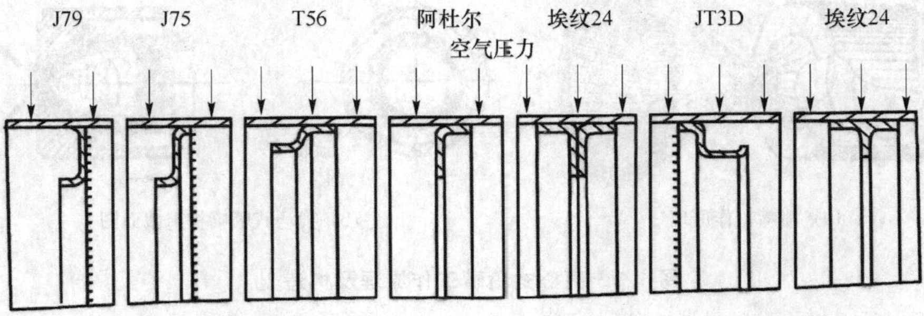

图 4.5　不同发动机燃烧室壳体的径向加强肋[4]

火焰筒是组织燃烧的场所，它由涡流器和火焰筒筒体等部分组成。涡流器在火焰筒前端，其功能是形成火焰筒头部的回流区，降低气流速度，在火焰筒头部形成稳定的火源，保证燃烧室稳定工作。图 4.6 为 WJ5 发动机的火焰筒，由装有涡流器的火焰筒头部(4)、正面环(3)、外环带(7)、内环带(8)、外罩(10)和内罩(11)组成。

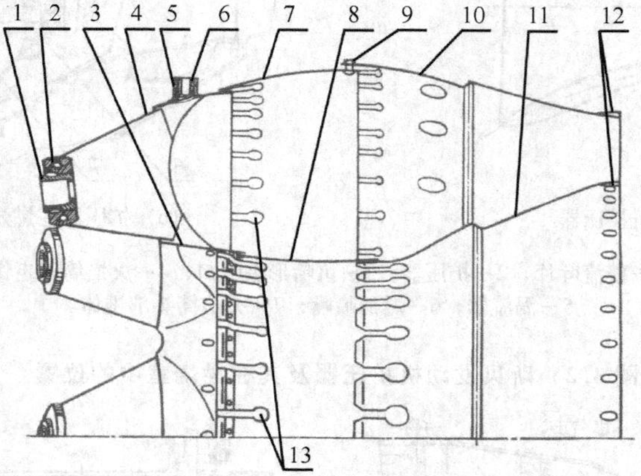

1—涡流器内壁；2—涡流器；3—正面环；4—火焰筒头部；5—凸耳；6—固定销的衬筒；7—外环带；8—内环带；9—保持缝隙值用的垫片；10—外罩；11—内罩；12—间隔垫圈；13—胀缩切口。

图 4.6 WJ5 发动机的火焰筒[4]

燃油喷嘴是将燃油雾化(或汽化)，加速混合气形成，保证稳定燃烧和提高燃烧效率。目前，航空发动机上采用的燃油喷嘴有离心喷嘴、气动喷嘴、蒸发喷嘴和甩油盘式喷嘴等。其中，离心喷嘴可以使燃烧室在较宽的混合比范围内稳定燃烧、可靠工作，加之它结构坚固、调试方便，所以得到广泛使用。其工作原理是：燃油在油压作用下沿切线方向孔进入喷嘴内腔，在旋流室内高速旋转，从喷口喷出时，在离心力作用下雾化，形成旋转的圆锥油雾层(见图 4.7)，与来自涡流器的旋转气流相撞、混合，形成油气混合气。

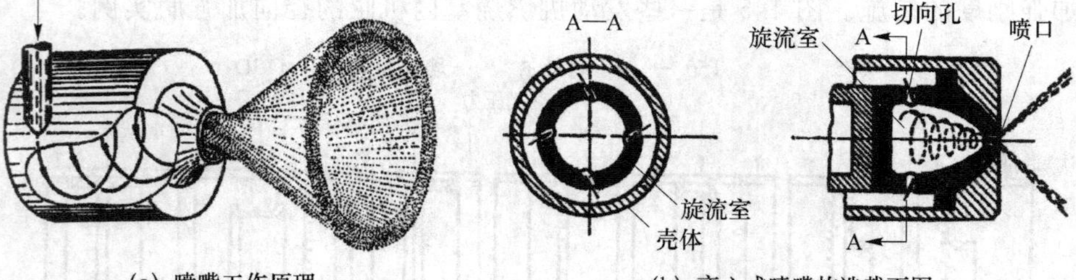

(a) 喷嘴工作原理　　(b) 离心式喷嘴构造截面图

图 4.7 离心式喷嘴工作原理及构造[6]

仅靠上述单油路的离心喷嘴一般不能满足航空发动机不同工作状态的要求，因此在航空发动机上广泛采用了双油路离心喷嘴。双油路离心喷嘴的工作原理如图 4.8 所示。喷嘴内有主、副两条油路及相应的环形主喷嘴和中心副喷嘴。当供油量较小时，供油压力较低，仅副油路供油，燃油从面积较小的中心喷嘴喷出；当供油量较大时，供油压力升高，主副油路同时供油，燃油从主副喷嘴同时喷出。由于离心喷嘴要求供油压力高，存在高温富油区，容易造成发烟污染，而且在不同的飞行条件下，燃烧室出口温度场变化较大，环形燃烧室的环形通道与喷嘴的圆锥形油雾也不匹配。因此，离心喷嘴有被蒸发喷嘴和气动喷嘴取代的趋势[6]。

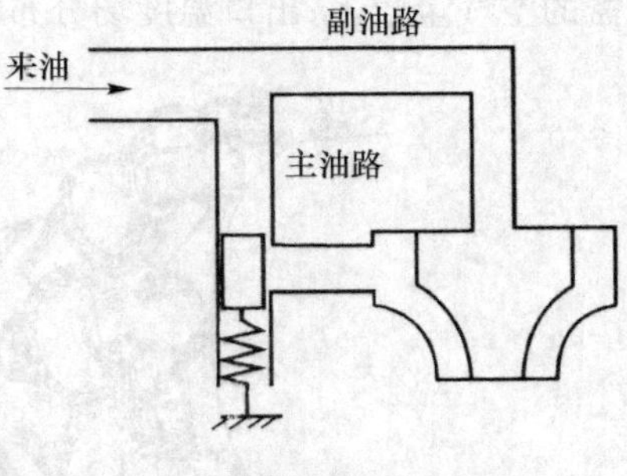

图 4.8　双油路离心喷嘴工作原理[6]

点火装置的作用是在启动或高空熄火后形成点火源，可以分为直接点火和间接点火两种。直接点火是用电嘴直接点燃火焰筒头部的油气混合气。间接点火是先点燃气动喷嘴的燃油，形成小股火焰，然后用小股火焰去点燃工作喷嘴的燃油，例如 WP6、WP7、WP8 等发动机均采用间接点火。图 4.9 所示为 WP8 发动机电嘴结构。

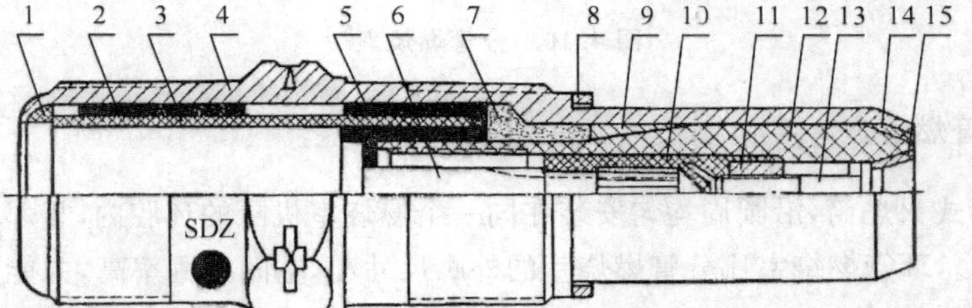

1、8－垫圈；2－垫片；3－绝缘管；4－壳体；5－耐热水泥；6－接触帽盖；7－滑石封严胶；
9－衬套；10－导电封严胶；11－螺母；12－绝缘体；13－芯杆；14－侧电极；15－中心电极。

图 4.9　WP8 发动机电嘴结构[6]

4.1.2　燃烧室的类型

根据主要构件的结构形式，可以将燃烧室分为分管燃烧室、环(联)管燃烧室和环形燃烧室三种。

1. 分管燃烧室

燃烧室由若干个单管燃烧室组成，每个单管燃烧室由一个管形火焰筒及其外围单独的燃烧室机匣组成，沿发动机圆周均匀地分布，各个单管燃烧室之间用传焰管连通，传播火焰和并均衡压力，如图 4.10 所示。

分管燃烧室的主要优点：试验和修正比较容易，不需要庞大的试验设备，维护、检查、更换都比较方便，从发动机总体结构安排上与离心压气机的配合比较协调，因而在早期发动机上得到广泛使用。其缺点是:空间利用率低(仅 70%~80%),因而燃烧室内气流平均速度大,不利于稳定燃烧,总压损失也比较大;在高空依靠传焰管传递启动火焰,启动性能差;火焰筒壁面气膜冷却所需的空气量较多;出口温度场分布不均匀;燃烧室较重;从发动机承力系统看,只能内传力。

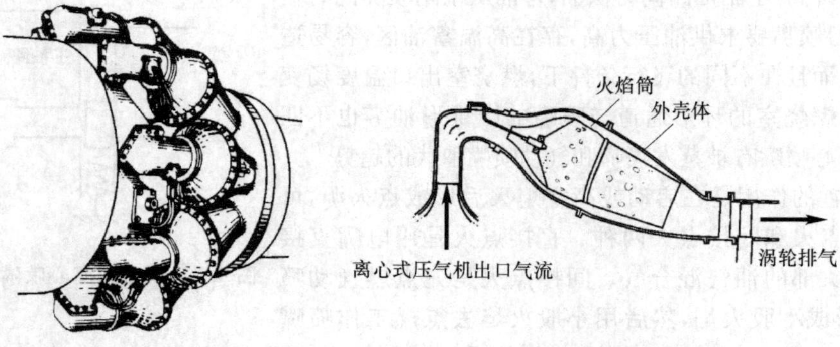

(a) 分管燃烧室立体图　　(b) 分管燃烧室原理图

图 4.10 分管燃烧室[6]

2. 环(联)管燃烧室

将若干个管式火焰筒,沿圆周均匀安装在同一个燃烧室机匣的环腔内,相邻火焰筒燃烧区之间用联焰管联通。环管燃烧室比分管燃烧室的外廓尺寸小,空间利用率高,并能与轴流压气机和涡轮通道平滑衔接,流体压力损失较小,20 世纪 50~60 年代的燃气涡轮发动机上得到广泛应用。WP6、WP7、WP13、斯贝等发动机均采用环管燃烧室。图 4.11 为斯贝发动机的环管燃烧室。

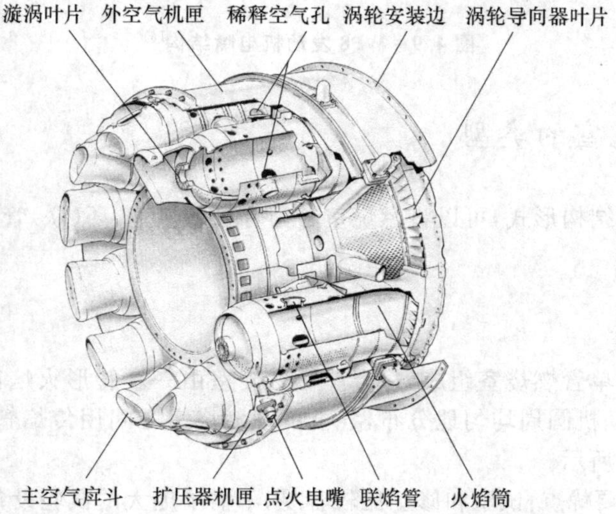

图 4.11 斯贝发动机的环管燃烧室[6]

3. 环形燃烧室

燃烧室的内、外机匣构成环形气流通道，通道内安装的是一个由内、外壁构成的环形火焰筒，因而燃烧是在环形的燃烧区和掺混区内进行，如图 4.12 所示。其优点有：总压损失小，燃烧好，出口流场及温度场分布均匀，结构简单，重量轻，耐用性好，需要的冷却空气量少，轴向尺寸短，空间利用率高。目前，先进发动机如 JT9D、F100、RB211、АЛ－31Ф 等均采用环形燃烧室。

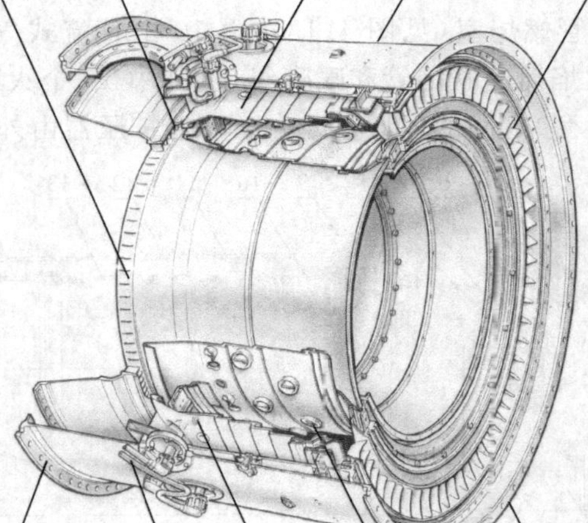

图 4.12　典型环形燃烧室的结构[8]

4.1.3　燃烧室的材料及涂层

燃烧室零件的材料应根据作用在不同构件上的载荷、零件的工作温度及其制造工艺特点等因素来选择。一般来说，扩压器和外壳等零、构件工作温度较低，多采用碳钢（10 号钢）、结构钢（30CrMnSiA）以及不锈钢（1Cr18Ni9Ti）等材料。而工作温度很高的零件，如火焰筒、传焰管、燃气导管，则采用热强度高、耐腐蚀能力强、热塑性好的镍基高温合金，如 GH3030、GH3039、GH3044、Hastelloy X、C263、Inconel625、Reney 等。

燃烧室零、构件表面的防护层是减少零件变形和裂纹故障比较简便而有效的方法。按涂层的工艺种类，主要有：

① 高温珐琅涂层，可以用来提高材料的抗氧化能力，高温持久强度和蠕变性能；

② 热扩散涂层，防止高温氧化等；

③ 热喷涂涂层:提高材料抗腐蚀;

④ 烘烤涂层,抗高温腐蚀。

4.2　WP7 发动机燃烧室

4.2.1　概　述

WP7 乙发动机采用环管燃烧室(见图 4.13),由 10 个直流式气膜冷却火焰筒、燃烧室机匣、环形扩压器、隔热屏、火焰筒的联焰管和喷嘴组成,其中 10 个火焰筒装在燃烧室机匣外套和内套(包括前套、中套、后套)之间的环形空腔内。环形扩压器由外套、前套和中套组成。

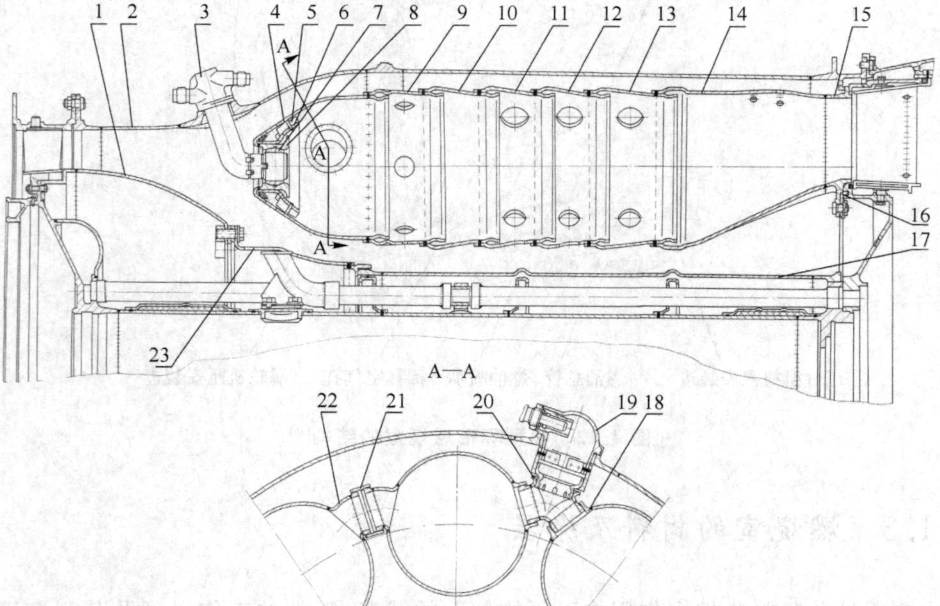

1—内套; 2—外套; 3—喷嘴; 4—头部; 5—叶片; 6—导流罩; 7—球形衬套; 8—球头座;
9~13—火焰筒第一至五段; 14—燃气导管; 15—安装边; 16—圆环; 17—隔热屏;
18—引燃管衬套; 19—点火器; 20—引燃管; 21—挡气圈; 22—联焰管; 23—中套。

图 4.13　WP7 乙发动机环管燃烧室

进入燃烧室的空气经扩压后分为两股,第一股气流供燃烧用,经火焰筒头部上的涡流器以及火焰筒第一段上的孔流入火焰筒内。第二股气流(约占气流的 70%)经过火焰筒第一到第五段上的进气孔流入火焰筒同时在火焰筒壁与外套和内套之间形成隔热层,并与炽热燃气流掺混,以达到给定的出口温度场。另有一小部分空气用来冷却涡轮部件。外套的前部固定有 10 个工作喷嘴和两个点火器。工作喷嘴的作用是使煤油成雾状地喷入火焰筒,以便与空气良好地混合燃烧。

联焰管衬套焊在火焰筒头部上。利用联焰管等组件将 10 个火焰筒连接成一个整体。发动机启动时,先由点火器点燃火焰筒头部的燃油混合气,火焰通过联焰管从一个火焰筒向另一个火焰筒传播,引燃各火焰筒内的混合气,同时均衡各火焰筒内的压力。

4.2.2 结构分析

1. 扩压器

扩压器的通道形状如图 4.13 所示,环形扩压器的作用是使进入燃烧室的空气流速降低,以提高静压,合理组织燃烧,其型面是按等压力梯度规律设计。

WP7 发动机的压气机没有放气装置,而是在扩压器的外壁上左右两边装有两个放气活门,主要是为了改善发动机的启动性能:发动机在启动过程中,放气活门是打开的,当高压转子转速达到 48%最大转速时,放气活门便自动关闭.停止放气。

2. 燃烧室机匣

在发动机上,燃烧室机匣往往是管路及各种安装座最集中的地方。图 4.14 为 WP7 发动机燃烧室扩压器的外壳,图中标出了各种安装座的位置。

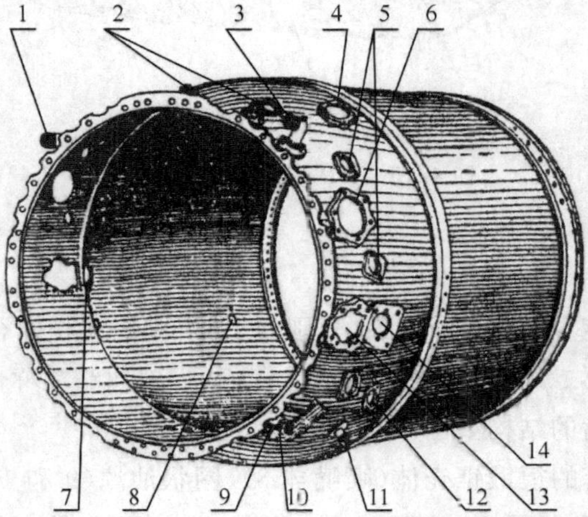

1—通往主泵、加力泵;2—P2测量接头;3—通往整流罩加温;4—启动点火器安装座;
5—工作喷嘴安装座;6—放气活门安装座;7—涡轮散热通气;8—通往加力燃烧室;9—通往座舱增压;
10—通往滑油箱;11—通往油箱增压;12—加力预燃喷嘴;3—减荷腔;14—滑油通气。

图 4.14 WP7 发动机燃烧室机匣[8]

3. 火焰筒

如图 4.13 和图 4.15 所示，火焰筒由头部、涡流器、外衬套、导流罩、五段筒体、燃气导管、安装边、引燃管及联焰管等零件组成。

火焰筒头部有涡流器，涡流器是精密铸造成的，有 5 个弯曲的叶片，使通过的气流产生漩涡。火焰筒的所有零件的材料都为耐热材料，并且其内外表面涂有高温珐琅涂层。WP7 的火焰筒采用气膜式冷却。火焰筒头部、三段筒体及燃气导管彼此之间用滚焊焊接，在各段筒体及燃气导管的焊接处，开有沿圆周均匀分布的 2 mm 宽的纵向切槽(见图 4.13)，其作用是减小火焰筒工作时在焊缝处产生的热应力。

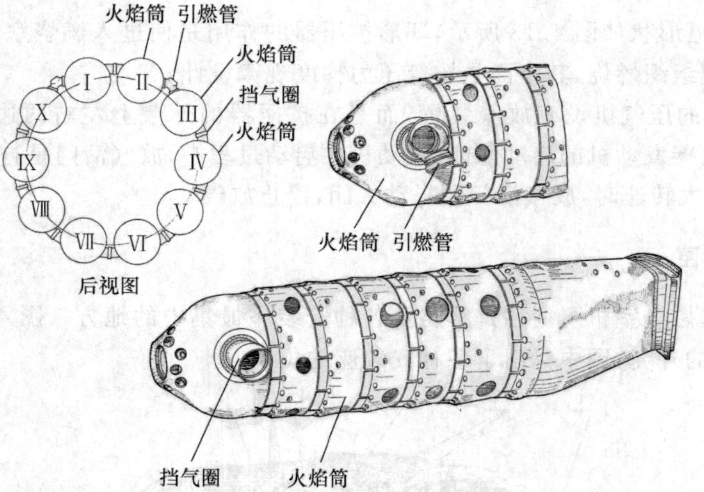

图 4.15 WP7 乙发动机火焰筒

4. 燃油喷嘴

WP7 发动机主燃烧室共有 10 个喷嘴，分别与 10 个火焰筒相配合。喷嘴采用二级双喷口离心式结构，其主油路(第二级喷口)与主燃油总管相连，副油路又称慢车油路(第一级喷口)与辅助燃油总管相连。喷嘴的结构如图 4.16 所示。

喷嘴由带有分油衬套的模锻钢壳体(喷嘴体 8)、网状油滤(9 和 10)、两个喷口(5 和 6)、锁圈(2)、螺母(1)、垫圈(3)和封严圈(4)等组成。两个喷口分别由第一级(慢车)副油路和第二级油路(主油路)供油。发动机启动时，燃油只沿喷嘴的第一级油路进入燃烧室，随着发动机转速的增加，经过第二级油路(主油路)的燃油量所占比例也增大。

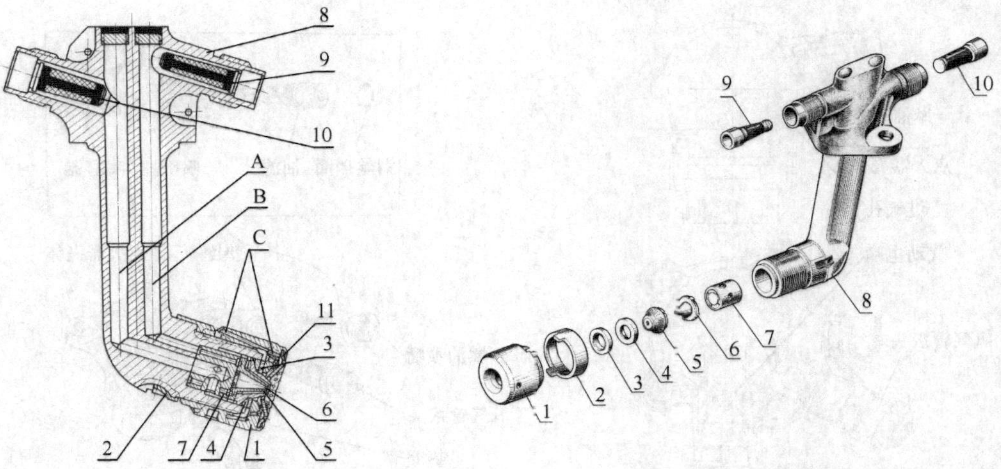

(a) 剖视图　　(b) 立体分解图

A、B－油路；C－气路；1－螺母；2－锁圈；3－垫圈；4－封严圈；5－主喷口；6－副喷口；7－分油衬套；8－喷嘴本；9、10－油滤；11－屏板。

图 4.16　WP7 发动机主燃烧室喷嘴

5. 点火装置

WP7 发动机采用间接点火，在第 1、2 号和第 9、10 号火焰筒之间的联焰管内，装有两个点火装置。在点火装置上装有启动燃油喷嘴、气动电嘴和氧气管接头。点火装置的结构如图 4.17 所示。由于在点火系统中设置了氧气补给装置，从而保证发动机在 12 km 的高度内可靠地点火启动。

4.2.3　主要零件的材料及涂层

WP7 发动机燃烧室主要零件的材料如表 4.1 所列。燃烧室火焰筒内、外表面采用高温珐琅涂层(耐热磁漆)。

表 4.1　WP7 发动机燃烧室主要零件的材料

零件名称	材料牌号	零件名称	材料牌号
燃烧室机匣	1Cr18Ni9Ti	火焰筒头部、导气锥	GH3039
火焰筒三段筒体、燃气导管	GH3044	燃气导管安装边	GH3030
联焰管、引燃管	GH3030	涡流器	K12

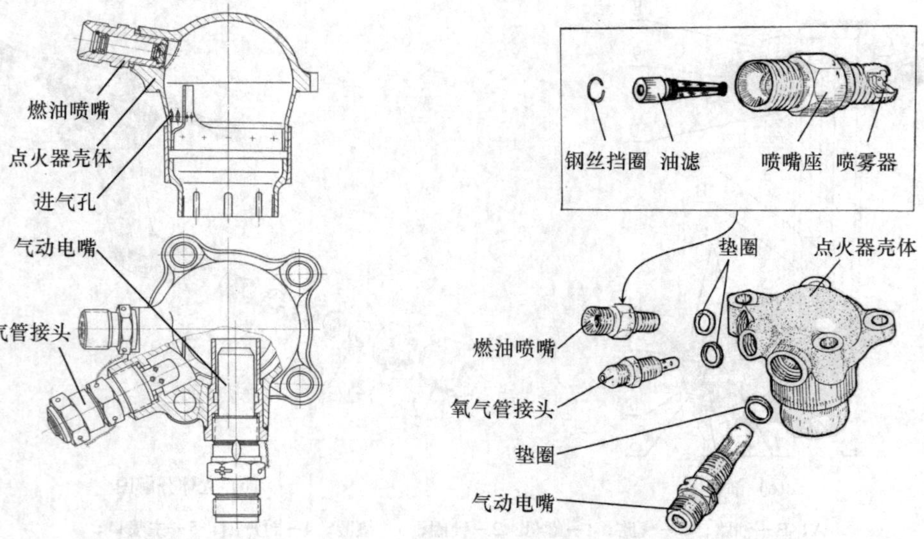

(a) 剖视图　　(b) 立体分解图

图 4.17　WP7 发动机点火器结构

4.3　АЛ－31Ф 发动机燃烧室

4.3.1　概　　述

АЛ－31Ф 发动机燃烧室为全环形燃烧室，如图 4.18 所示，由燃烧室机匣的外壳体、内壳体(9)、火焰筒(5)、扩压器、涡流器(2)、输油圈(11)、喷嘴、点火装置和连接件等组成。

外壳体由前段(1)和后段(7)两部分组成，两段通过安装边和螺栓连在一起。外壳体前段的前安装边固定在高压压气机后安装边上，外壳体后段又起到空气-空气热交换器的作用。在燃烧室壳体的前部利用内外壳体形成两段环形扩压器，使得流入燃烧室的气流在此进一步减速增压。此外，在外壳体上还安装有用于加力燃烧室启动的燃油射流喷嘴，发动机气动电嘴安装座，用于燃油调节引气口、燃烧室孔探仪孔，固定附件和管路的安装凸耳。

内壳体(9)的前安装边固定有压气机后卸荷腔封气篦齿盖，内壳体后安装边与高压涡轮导向器机匣相连。内壳体的内表面焊有 4 个环形加强肋。空心支板(14)是燃烧室内、外壳体的承力连接件。在 7 个空心支板上，装有火焰筒和输油圈的固定支架，支架利用专门的销钉固定在燃烧室机匣上，并用螺母定位保险，以防脱落。

为了便于维护燃烧室，在外涵道和燃烧室壳体上有 4 个孔探仪孔，见图 4.19。

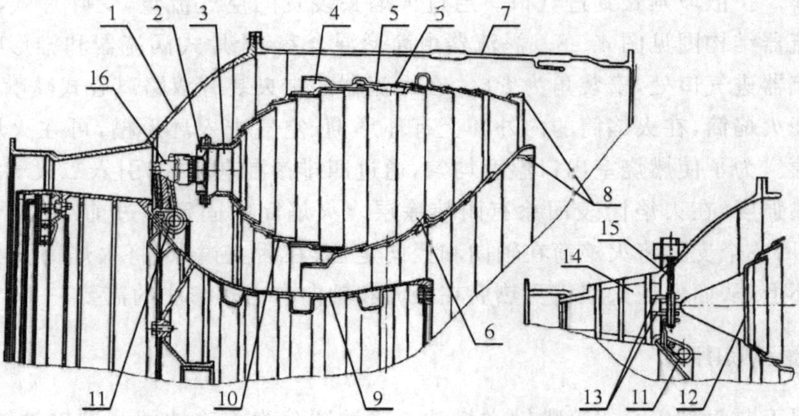

1—外壳体前段；2—涡流器；3—混合室；4—进气口；5—火焰筒；6—掺混孔；
7—外壳体后段；8—安装边；9—内壳体；10—环形槽；11—输油圈；12—环形套；
13—支架；14—支板；15—拉杆；16—双路离心喷嘴。

图 4.18　АЛ-31Ф 发动机燃烧室[5]

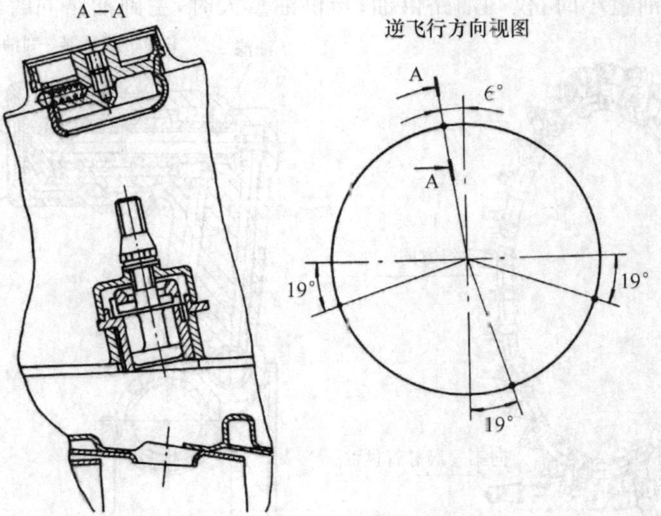

图 4.19　燃烧室孔探仪孔位置图[6]

4.3.2　结构分析

1. 火焰筒

火焰筒由内外两个同心的壳体组成，其前端有 28 个叶片式涡流器，内外壳通过涡流器将它们组成一体。扩散段延长到进气口。通过火焰头装置的空气流量,受叶片式涡流器和进气口限制。涡流器结构图见图 4.18。涡流器由筒形混合室、叶片式涡流器和锥形喷口组成。叶片安装在涡流器进气口处,安装角为 60°。在涡流器的中央装有双路离心式喷嘴。

为了冷却火焰筒,在火焰筒的内外环上有环形槽,空气进入环形槽,可在火焰筒内表面上形成冷却气膜。为了使燃烧室出口温度均匀,通过四排掺混进气孔,引入二股气流。为了提高火焰筒的耐热强度,在火焰筒表面涂有耐热涂层。火焰筒的固定通过前后两个支撑面实现。在前支撑点,用 7 个支架将火焰筒在轴向和径向定位;在后支撑点,将火焰筒套在高压涡轮导向器的支撑环上,从而保证火焰筒受热后在径向和轴向自由热膨胀的需要。

2. 输油圈和喷嘴

输油圈用于向双路离心式喷嘴输送燃油。输油圈分为主输油圈和副输油圈,见图 4.20。输油圈上安装有 28 个双路离心喷嘴。

喷嘴为双路离心喷嘴,如图 4.21 所示,它由壳体、副油路旋流器、主油路旋流器、主油路喷嘴、副油路喷嘴、防积炭外罩和油滤组成。喷嘴壳体内有两条独立的主副油路,都有各自的旋流器和喷嘴。当供油量小时,仅副油路供油;当供油量大时,主副油路同时供油。

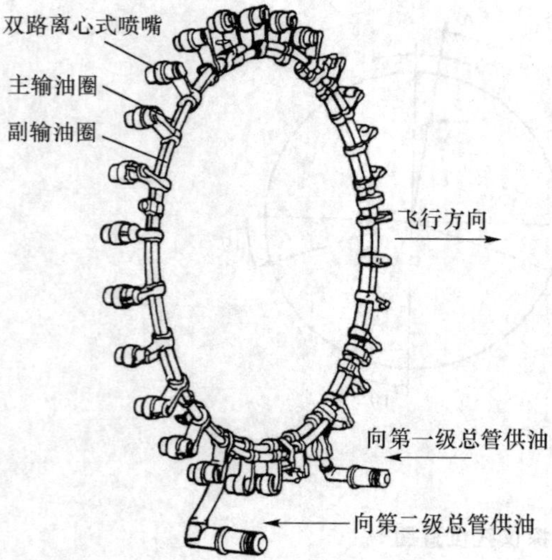

图 4.20 输油圈[6]

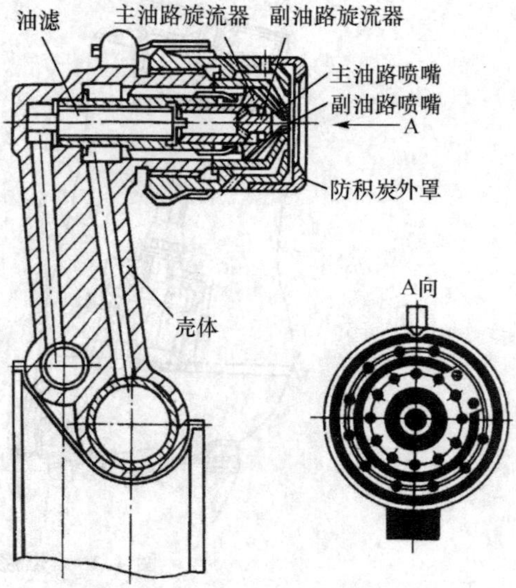

图 4.21 双路离心式喷嘴[6]

3. 点火装置

АЛ-31Ф 发动机燃烧室点火装置用于发动机在地面和空中启动时点燃燃烧室内的油气混合气,由壳体、半导体电嘴、输氧接头组成,如图 4.22 所示。每个点火电嘴用 4 颗螺钉固定,头部有外罩，外罩上有冷却空气孔，空气经过小孔给电嘴散热。发动机在空中启动时，通过输氧接头输出氧气。

点火电嘴的工作过程：当发动机自动启动时，飞机电气系统的 27 V 直流电输送到点火器，点火器的同位素放电器向点火电嘴输送高压电荷，经点火电嘴间隙产生电火花，点燃油气混合气。

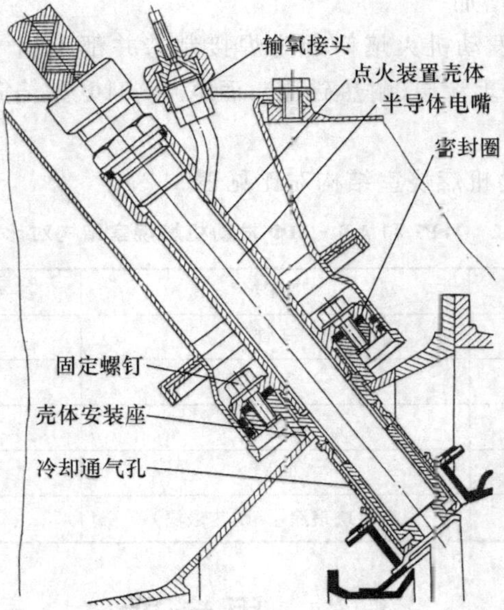

图 4.22　点火装置[5]

4.3.3　主要零件的材料及涂层

АЛ－31Ф 发动机燃烧室主要零件的材料：燃烧室机匣为耐热合金 ЭП718，火焰筒筒体为 ЭЛ648 合金，火焰筒头部为 ЭП99 合金。火焰筒内壁采用 ВКНП－5 隔热涂层。

4.4　燃烧室结构对比分析

本章对 WP7、АЛ－31Ф 发动机燃烧室的结构进行了分析，可以看出，АЛ－31Ф 发动机的燃烧室在技术上比 WP7 更先进些，具体对比分析如下：

① АЛ－31Ф 发动机为环形燃烧室，而 WP7 发动机则为环管燃烧室。

② WP7 发动机的扩压器采用了一级扩压，而 АЛ－31Ф 则采用了两级扩压。为了改善发动机的气动性能，WP7 在扩压器的外壁上装有两个放气活门。

③ 二者的喷嘴都是双路离心式喷嘴，稍有区别的是，在两个油路中，WP7 采用了两个油滤，而 АЛ－31Ф 则共用一个油滤。WP7 发动机燃烧室采用了 10 个双路离心式喷嘴，АЛ－31Ф 采用了 28 个。

④ WP7 采用启动点火器间接点火，而 АЛ－31Ф 采用点火电嘴直接点火。间接点火的点火器对于在主燃区的安装位置不太敏感，点火能量大，高空点火较容易实现；但启动点火系统的存在使得结构复杂，质量增加。

⑤ WP7 和 АЛ－31Ф 发动机火焰筒都为焊接制造并都采用气膜冷却，但二者的涂层不同，WP7 火焰筒采用高温珐琅涂层（耐热磁漆），而 АЛ－31Ф 火焰筒内壁采用 ВКНП－5 隔热涂层。

WP7 和 АЛ－31Ф 发动机燃烧室结构对比见表 4.2。

表 4.2　WP7 和 АЛ－31Ф 发动机燃烧室结构对比列表

对比项目	WP7	АЛ－31Ф
燃烧室类型	环管	环形
扩压器	一级扩压	两级扩压
电嘴类型	电蚀式	半导体
点火方式	间接	直接
火焰筒涂层	高温珐琅涂层（耐热磁漆）	ВКНП－5 隔热涂层

4.5　思考题

1. 简述燃烧室的工作条件及燃烧室的结构设计，应注意的问题有哪些？
2. 燃烧室主要由哪些部分组成？其功能和结构特点各是什么？
3. 比较 АЛ－31Ф 发动机和 WP7 发动机在燃烧室结构设计上的异同点。

第5章 涡轮结构

5.1 概 述

燃气涡轮是将高温燃气中部分热能和压力转换成机械功的部件。现代航空发动机一般采用轴流式涡轮。其结构一般由涡轮转子、静子、冷却系统等部件组成。按照转子的数目，也可以分为单转子、双转子和三转子，如图5.1所示。图5.2为单转子发动机WP6发动机的涡轮结构。

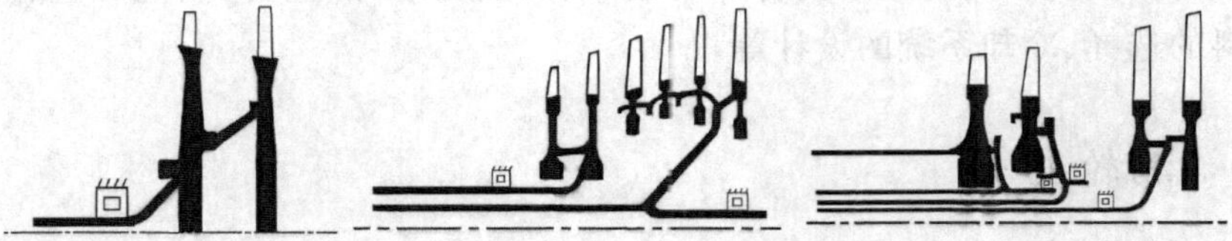

图5.1 单转子、双转子、三转子涡轮转子示意图[4]

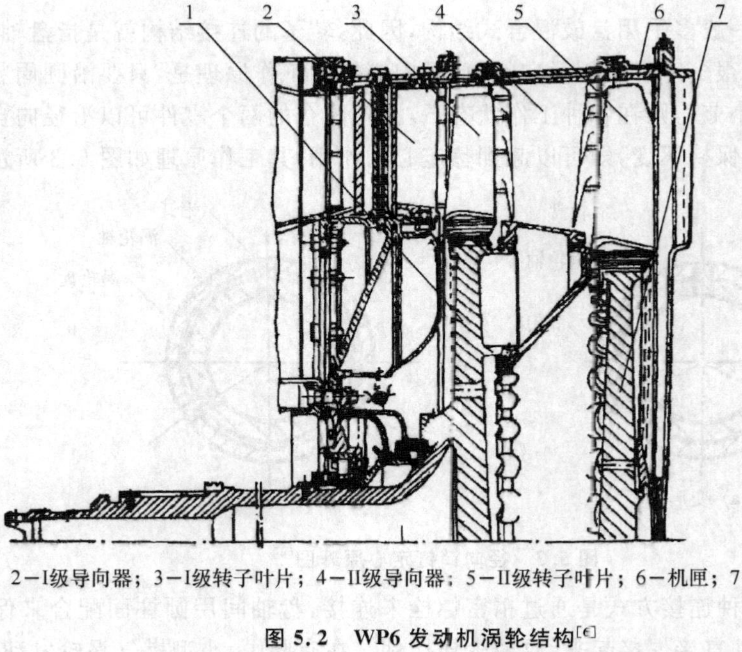

1—I级盘；2—I级导向器；3—I级转子叶片；4—II级导向器；5—II级转子叶片；6—机匣；7—II级盘。

图5.2 WP6发动机涡轮结构[6]

为了使航空发动机在尺寸小、质量轻的情况下提高性能，主要的措施之一是提高燃气温度，目前歼击机的发动机涡轮进口燃气温度已达 1 811～2 144 K[6]。此外，为了提高涡轮的输出功率，转子零件承受了很大的机械负荷；因此，涡轮部件在高温度、高转速下工作，是发动机中热载荷和机械载荷最大的部件，工作环境非常恶劣。与压气机结构相比，涡轮有以下特点：

① 低压一般由多级组成，高压一般由单级或双级组成；但相对于压气机来说，级数少。

② 叶片和轮盘，轮盘和轴等连接方式，由于高温和大载荷特点，和压气机有所不同。

③ 由于材料承受的温度有限，涡轮部件需要采取冷却措施。

④ 为了提高涡轮效率，保证叶尖间隙，需要采取多种结构措施。

⑤ 叶片采取的减振方式和压气机有所不同。

因此，在设计涡轮部件时，除了要妥善处理类似压气机部件中的各种问题外，还要注意解决好高温、高载荷、温度不均所带来的特殊问题，例如热变形、热应力、热定心、热疲劳、热腐蚀以及高温材料的选择、冷却系统的设计等。

5.1.1 涡轮转子

涡轮转子由涡轮盘、涡轮轴、工作叶片及连接零件等组成。从结构设计角度考虑，为了减小零件本身的载荷，降低应力水平，涡轮转子在连接结构、工作叶片和轮盘的连接方面要有特殊的措施。

在多级涡轮中，一般多采用盘鼓混合式结构，因此，转子的连接结构就是指盘轴、盘盘的连接。盘轴的连接方式很多时候采用径向销钉，径向销钉的工作原理是：只要沿圆周装三个以上的销钉（参考 5.2.1 小节），则在各种工作状态下，相互配合的两个零件可以沿径向自由变形而它们的中心位置始终保持不变，即可以起到热定心的作用，其工作原理如图 5.3 所示。

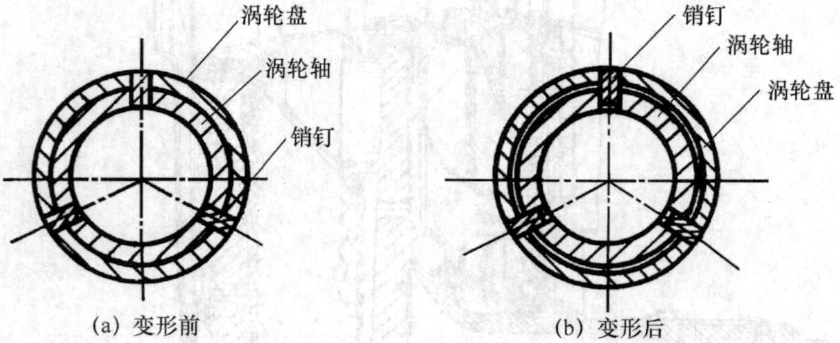

图 5.3 径向销钉定心原理图[4]

盘轴间的另外一种连接方式是通过精密螺栓来连接，盘轴间用圆柱面配合来保证装配时定心；也可以将盘和轴直接焊接起来，以减少连接件。在有些中、小型燃气涡轮发动机中，有时还会用中心长螺栓，或者沿圆周用几个长螺栓将几级涡轮盘和涡轮前后轴一起连接起来。

图 5.4 所示为盘轴用短螺栓连接。

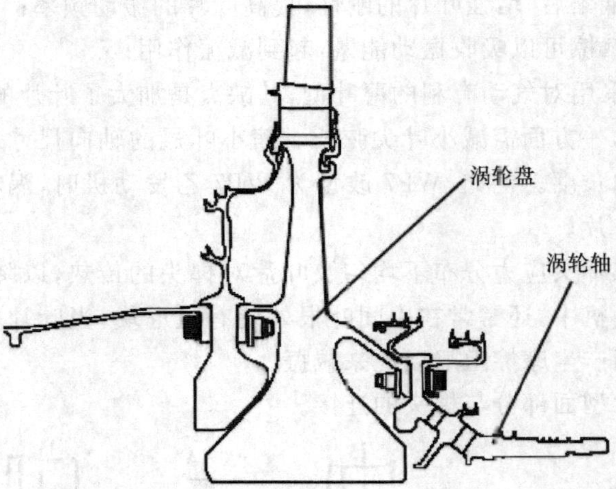

图 5.4　盘轴用短螺栓连接

工作叶片一般由叶身、中间叶根及榫头三部分组成，中间叶根又称伸根，在一些老式的发动机中，无中间叶根。为了减小叶片的振动，可以在叶片上部距叶尖约 1/4 叶高处加环形箍圈，如 WP7。由于箍圈位于气流通道内，会降低涡轮效率，并加大叶根处的离心负荷，所以较少采用。先进的展弦比较大的涡轮叶片多采用在叶片顶部带冠的形式，如图 5.5 所示。

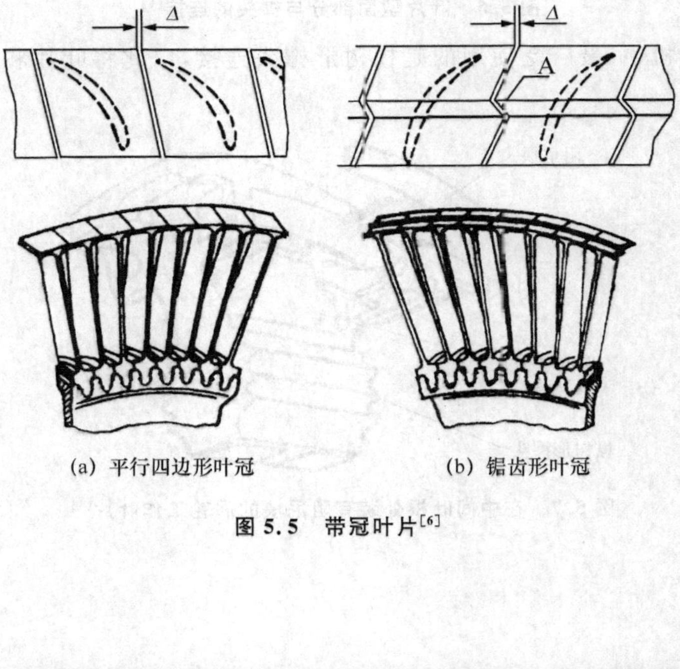

(a) 平行四边形叶冠　　(b) 锯齿形叶冠

图 5.5　带冠叶片[6]

叶冠的作用如下：

① 减小叶片尖部由叶盆向叶背的漏气，降低二次损失，提高涡轮效率；

② 相邻叶冠互相抵紧后，增强叶片的刚性，提高叶片的振动频率；

③ 相邻叶冠通过摩擦可以吸收振动能量，起到减振作用；

④ 带冠叶片可以采用对气动有利的薄叶型，其缺点是加大了叶片的离心载荷。

为此，采用叶冠时，一方面需减小叶尖弦长以缩小叶冠的轴向尺寸，另一方面需增加叶片数目以缩短叶冠的周向长度。例如，WP7 改型为 WP7 乙发动机时，涡轮叶片带冠，此时的叶片数目由 61 片变为 94 片。

中间叶根可以减小榫头应力分布不均匀及叶片对榫头的传热，以降低轮缘温度。在某些未采用带冠叶片的发动机中，还常常在中间叶根处装有阻尼块，当叶片受到激励后产生振动，阻尼块与中间叶根之间产生摩擦阻尼以此来减振。

图 5.6 所示为叶片型面部分与榫头的连接。

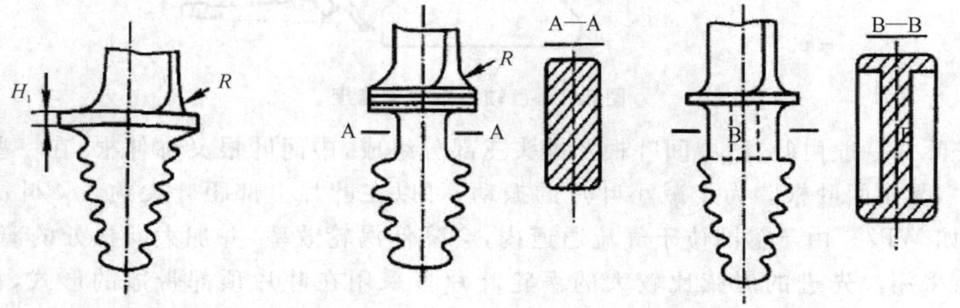

(a) 无中间叶根　　　　(b) 带中间叶根

图 5.6　叶片型面部分与榫头的连接[6]

现代航空发动机中，最广泛使用的是枞树形榫头连接，以此将叶片和轮盘连接起来，如图 5.7 所示。

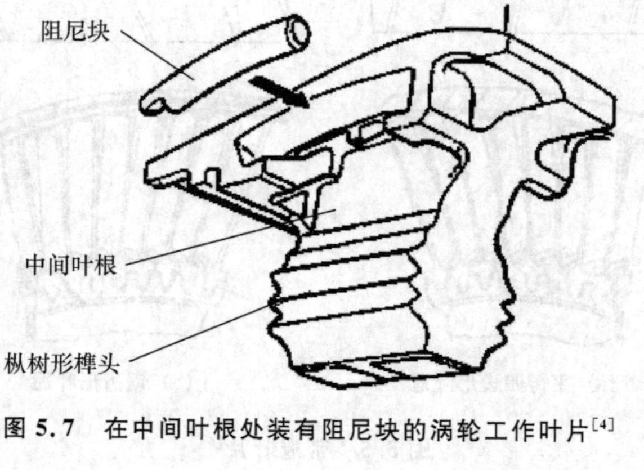

图 5.7　在中间叶根处装有阻尼块的涡轮工作叶片[4]

目前,为了提高叶片的冷却效果,涡轮叶片往往做成空心叶片,采用空气对叶片进行冲击、对流和气膜冷却。

5.1.2　涡轮静子

涡轮静子由涡轮机匣和导向器等部分组成,是涡轮部分的主要传力件。

由于涡轮机匣的工作环境为高温燃气,并且冷热变化急骤,工作中容易出现变形、翘曲等问题,因此涡轮机匣多做成整体式的。为了装配方便,采用轴向分段,见图 5.8。

涡轮机匣和工作叶片叶尖之间的径向间隙对涡轮的效率有很大的影响。为了尽量减小最大和循环状态的径向间隙,并且在过渡状态不发生严重的摩擦,通常采取的结构措施有:

① 尽量减小装配间隙。

② 采用双层机匣,双层机匣中间通以燃烧室二股气流或某级压气机引来的气体,控制涡轮内罩环的变形,以适应涡轮转子的变形;另一个作用是内罩环不做传力件,传力通过双层机匣的外环。

③ 采用低线膨胀系数的合金做涡轮机匣。

④ 采用主动间隙控制技术。在涡轮中,目前常用的是采用对涡轮机匣膨胀量的控制,通常的做法是在涡轮机匣外面加上数圈的冷气管,按预定的调节规律改变冷却空气的供气温度或供气量。由于主动控制间隙要增加冷却空气的消耗量,造成发动机推力下降。目前,军用发动机一般不采用这种技术。

⑤ 其他的被动控制技术,例如对机匣壁进行空气冷却,机匣做得较厚并使其尽量保持圆度等。

导向器由导向器内、外环和导向器叶片(见图 5.9)组成。导向器的功能是使气流通过它之后,将气体的部分热能转化为动能,并满足工作涡轮所要求的进口气流方向。导向器的排气面积(特别是Ⅰ级导向器的面积)直接关系到发动机的空气流量;对于双转子发动机来说,排气面积还关系到高、低压转子的转速差,因此,需要对排气面积进行调整。

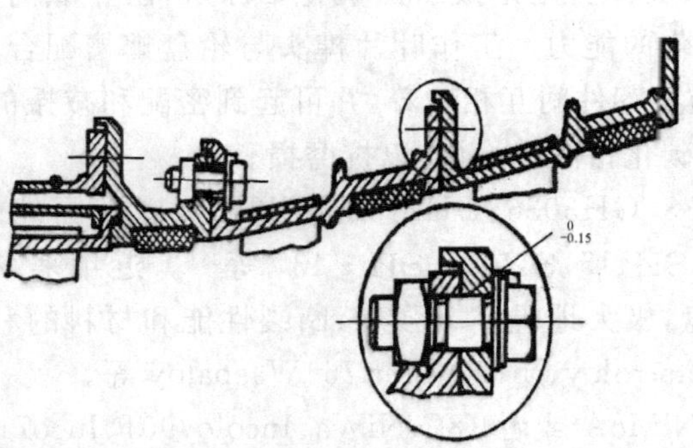

图 5.8　分段式涡轮机匣用精密螺栓定心[4]

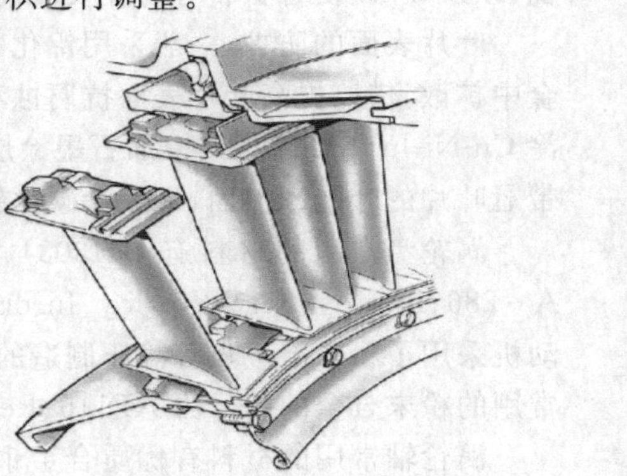

图 5.9　典型的导向器叶片[2]

5.1.3 涡轮部件的冷却

对涡轮部件进行冷却可以显著降低涡轮零部件的工作温度，从而降低其工作应力，提高零部件的工作可靠性，同时，还可以尽量将燃气和零件表面隔离，避免燃气对零件的腐蚀。

冷却气体引自燃烧室的二股气流、压气机中间级或风扇的出口。不同发动机的冷却气量占发动机总空气流量的比例不同。显然，冷却空气消耗量会影响发动机的性能。

5.1.4 涡轮部件主要零件的材料

涡轮部件的工作条件非常恶劣，因此，其对材料的要求也是非常高的。不同的涡轮部件，对材料的要求也不相同。

涡轮转子叶片和导向叶片。20 世纪 50 年代的航空燃气涡轮发动机，由于涡轮前燃气温度较低(低于 900 ℃)，工作叶片多采用镍基合金，锻造后经机械加工而成，如 GH33、GH37、GH39、Waspaloy、Nimonic80A 等[4]。随着材料耐热程度的提高，合金的塑性降低，锻造加工越来越困难，因而，20 世纪 60 年代以后的发动机多采用精密铸造叶片。高温铸造合金不仅耐温程度进一步提高，而且容易满足各种冷却通路的要求。一般的铸造合金如 K3、K5、K17、B1900、Rene80、ЖС 6 等材料，可以用于 900～950 ℃工作的工作叶片，而 K19、K20、MarM002、Rene125、ЖС 6Φ 等则可以用到 950～1000 ℃[4]。

以上材料若用于制造导向器叶片，则可提高温度 50 ℃左右。目前，很多先进航空发动机均使用了定向铸造成形的柱状晶叶片或是单晶叶片，其工艺最大的特点就是将叶片制成强度最大的方向与叶片受力最大方向(纵向，即径向)相平行，从而具有更高的断裂强度，更好的热疲劳强度以及更长的寿命。我国自行研制的定向凝固材料有 DZ-4、DZ22B、DD6(单晶)等。图 5.10 是涡轮叶片材料的一个使用趋势[4]，可以看出，金属基复合材料、陶瓷基复合材料和陶瓷，以及碳/碳复合材料等将在发展高性能涡轮部件中占有重要地位。

叶片表面的防护，一般采用铝化物涂层，在叶身上形成一层氧化铝涂层，阻止氧向基体合金中扩散，借以提高叶片表面抗腐蚀和抗氧化的能力。工作叶片榫头与轮盘榫槽配合面一般涂 Cu-Ni-In 陶瓷涂层或镍加石墨涂层，可防止零件间互相胶着，并可起到密配和减振的作用。带冠叶片的叶冠摩擦面，一般涂碳化钨或者碳化铬陶瓷涂层，以抗磨损。

涡轮盘常用的材料有 GH3034、GH3033、GH3036、GH2132、GH2135，以及国外的材料 A-286、Incoloy901、Waspaloy、Inconel718、ЭИ415、ЭИ481、ЭИ-437 等[4]。近年来，很多发动机采用了粉末冶金热等静压制造的涡轮盘，极大地提高了强度、断裂性能和材料的利用率。常用的粉末合金的牌号为 AF115、Rene95、Astroloy、In100、Merl76、Waspaloy 等。

涡轮轴常用的材料有优质合金钢 40CrNiMoA 或者 18CrNiWa、Incoloy901、Inco718 等材料，通常是锻造而成。

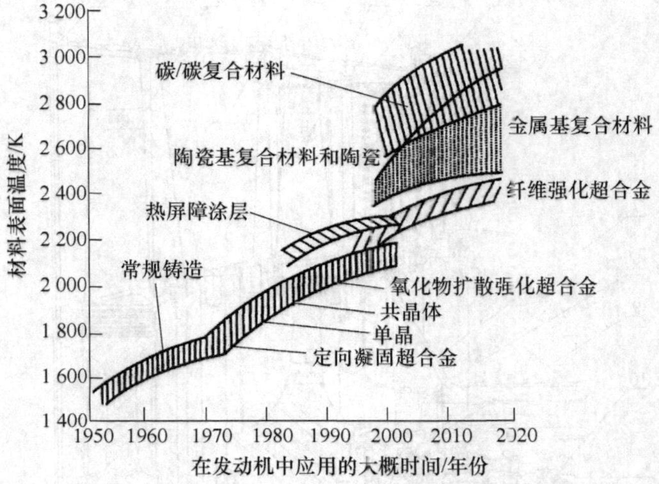

图 5.10　涡轮叶片材料趋势图[6]

涡轮机匣常用的合金牌号是 GH34、GH2132、Incoloy901、Inco718 等。

5.2　WP7 发动机的涡轮

WP7 发动机涡轮部件的主要性能数据如下：

- 燃气流量 63.2 kg/s；
- 涡轮前温度 1 188 K；
- 涡轮功率 20 947.5 kW；
- 高压涡轮转速 11 440 r/min；
- 低压涡轮转速 11 150 r/min；
- 涡轮总质量 241 kg；
- 涡轮最大外径 772 mm。

WP7 发动机的涡轮是两级轴流反力式，由高、低压涡轮转子，Ⅰ、Ⅱ级涡轮导向器，涡轮机匣，Ⅰ级导向器壳体，Ⅰ级导向器内支点及后轴承封严装置等组成，整个涡轮部分的结构如图 5.11 所示。

每级涡轮都由导向器和转子组成，导向器用来将燃气的内能转化为动能，并使燃气按一定方向流向工作叶片。导向器是一个静止的叶栅，叶片径向地安装在两个同心环之间。每级转子均由盘、轴、叶片组成。叶片安装在盘外缘的枞树形榫槽内。高压涡轮转子与高压压气机转子刚性连接在一起，构成发动机的高压转子；低压涡轮转子借球头联轴器与低压压气机连在一起，构成发动机的低压转子。

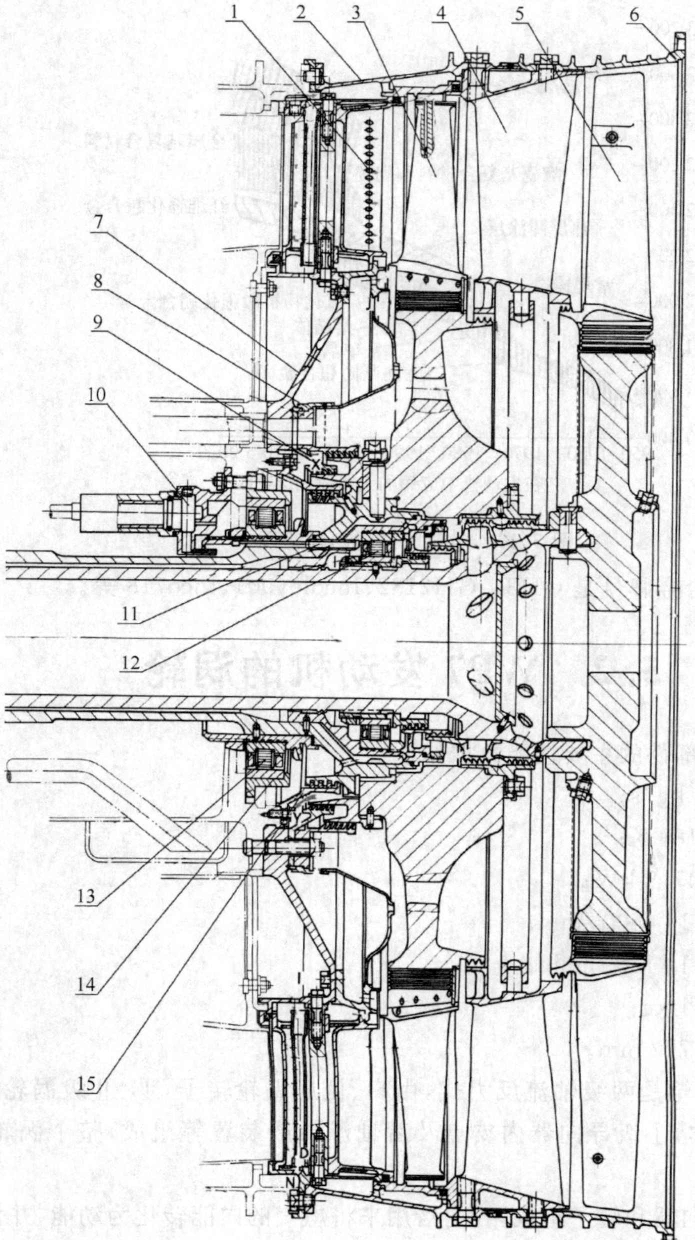

1－I级涡轮导向器；2－涡轮机匣前段；3－I级涡轮转子；4－II级涡轮导向器；
5－II级涡轮转子；6－涡轮机匣后段；7－内支承；8－封严壳体；9－封严套；10、11－喷油嘴；
12－后中介轴承；13－后轴承；14－后轴承座；15－衬套。

图 5.11　WP7 乙发动机涡轮部件

5.2.1　WP7 涡轮转子

1. Ⅰ级涡轮转子(高压涡轮转子)

如图 5.12 所示,Ⅰ级涡轮转子,即高压涡轮转子前方支承在前方通过高压压气机后轴支承在一对径向止推滚珠轴承上,后方支承在滚棒轴承上。Ⅰ级涡轮转子由外轴(5)、Ⅰ级涡轮盘(10)及工作叶片(6)等零件组成。在外轴后端,还固定有封油涨圈座和后中介轴承座。在盘前、后端面上装有封严圈(19)。

轮盘用耐热变形合金锻制而成。轮盘压装在轴上至顶靠。轮盘和轴用 16 个径向销钉连接。封严衬套(12)压入轮盘中心后段的配合圆环面内,并用销钉固定。在封严衬套的安装边上加工有 30 个装平衡螺钉(7)用的螺纹孔。高压涡轮盘的中心处为了要安装低压涡轮转子,所以开了一个大孔,为了防止孔边应力过大(实际上孔边应力已经超过了材料的屈服极限),轮盘的中心部分厚度增加很多,并且形状很不对称。这种轮盘的工作条件比较恶劣,对轮盘强度十分不利。轮盘前方以圆柱表面和轴定心,配合表面紧度为 0.003～0.063 mm,装配时将轮盘加热到 150 ℃后,将轴压入。用 16 个ϕ10 的径向销钉把盘轴连成一体。轮盘前后端面上有环形凸边,用来安装平衡螺钉。

涡轮工作叶片由铸造镍基合金制成。转子叶片以五对齿的枞树形榫头安装在涡轮盘上,并且用锁片(1,2,3,4)锁紧。叶片顶端有平行四边形的叶冠(WP7 原型不带冠),在叶身内有 9 个通冷却空气的孔。冷却空气从叶片伸根段两侧的孔进入叶片内腔,冷却叶身后从叶冠顶部的孔排入涡轮气流通道,叶片根部为 5 齿枞树形榫头,榫头带间隙地插入轮盘的相应榫槽内,其间隙用来保证工作时自动定心并允许榫头的热膨胀,同时,间隙通冷气可以减少向轮盘传热。锁片(由于装配需要,一台转子中用 4 种类型的锁片)嵌入相应的叶片和盘的槽内,组成一个圆环面,用来防止叶片的轴向移动和冷却空气的流失。工作叶片叶冠的外表面与涡轮外环上的封严篦齿组成封严装置,减小漏气损失,其径向间隙为 2.3～2.75 mm。

外轴用结构钢制成。在外轴后端的两个外圆环面上,压入并各用 3 个销钉固定轴承衬套(24)和涨圈座(20)。封严圈(19)压装在涨圈座的定心圆环面上,并顶靠至盘的前端面,用 16 个销钉固定。在销钉孔之间有装平衡螺钉(7)用的 16 个螺纹孔。在轴承衬套的配合表面上,压入带保持架和滚棒的轴承内圈(29)至顶靠,内圈用螺母(22)压紧,螺母用锁片(23)锁住。

在外轴后端的内圆环面上,压入并用 3 个销钉固定着低压涡转子的轴承座(11)。在轴承座上钻有两个穿过轴的通孔,以安装两个喷油嘴(9),在轴承座的配合表面上,压入带保持架和滚棒的轴承外圈(18)至顶靠。外圈用螺母(17)固紧,螺母由壳体盖(13)上的凸块锁住。壳体盖用螺母(14)压紧,并用锁片(15)锁住螺母。工作时,轴承衬套左侧自身形成油槽,滑油由该槽进入喷油嘴,对后中介轴承进行润滑和冷却。

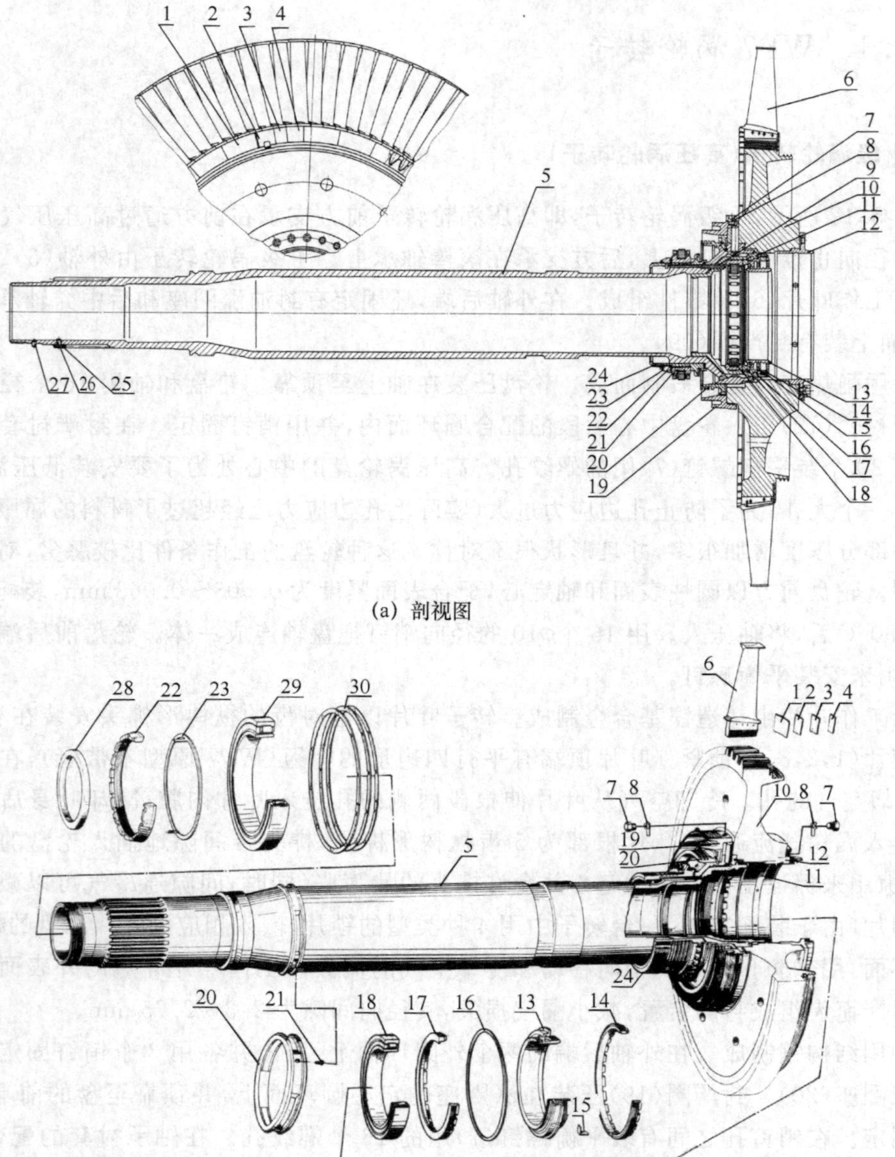

1、2、3、4、8、15、23－锁片；5－外轴；6－工作叶片；7－平衡螺钉；9－喷油嘴；10－涡轮盘；11－轴承座；12－封严衬套；13－壳体盖；14、17、22－螺母；16－垫圈；18－轴承外圈；19、30－封严圈；20－涨圈座；21－轴承内圈套；24－轴承衬套；25－定位板片；26－螺钉；27－定位销；28－调整垫圈；29－轴承内圈。

图 5.12　WP7 乙发动机 I 级涡轮转子

2. Ⅱ级涡轮转子(低压涡轮转子)

Ⅱ级涡轮转子即低压涡轮转子，由内轴(3)、Ⅱ级涡轮盘(11)和带护圈的转子叶片(7)等组成(见图 5.13)，在内轴后端上面装有篦齿封严圈(14)。Ⅱ级涡轮转子有两个支点：前支点是通过联轴器支承于高压压气机内的径向止推滚珠轴承，后支点是滚棒轴承。

转子叶片通过五对齿的枞树形榫头安装在轮盘上，并且用锁片(8)锁紧。叶片榫头的前侧有三道封严篦齿，叶片装到盘上后，与Ⅱ级导向叶片的下安装板后段构成篦齿封气装置。Ⅱ级转子叶片较长，其叶身长 156 mm，为了防止叶片振动，在叶片上部距叶尖约 1/4 叶高处开孔，其中穿了 32 个护段和护棒组成一个环形护圈，把所有的叶片都连接起来。它的作用原理是：当叶片受到的激振力较小时，护段和护棒之间不相对移动。这时所有的叶片通过护圈连成一个整环，叶片之间相互牵制，以消除切向弯曲振动，达到整环减振的目的。当激振力很大时，护段和护棒之间将产生相互移动，形成两叶片组成的叶片组振动，而护段与护棒之间的摩擦阻尼吸收了叶片组的振动能量，起到抑制振动的作用。这种结构的减振效果比较好，但是它对涡轮的效率有一定的影响，估计约降低 1%，同时也使Ⅱ级叶片的离心力载荷加大，因此这种结构在现代航空发动机上很少采用。

Ⅱ级涡轮盘中心开有冷却气孔。轮盘前后端面有凸边，供安装平衡螺钉用。由于轮盘中心孔比较小，盘身温度比Ⅰ级盘低，所以轮盘厚度比Ⅰ级盘薄很多。在轮盘轮毂两端的凸耳上制有装平衡螺钉(9)的螺纹孔。

低压涡轮轴和轮盘之间采用叉式连接，涡轮轴的后端嵌入盘上两个车制的凸边中间，其配合面是轴的外圆柱面与轮盘的外凸边的内圆柱面，装配时的紧度是 0.04～0.11 mm。装配时将盘加热到 190 ℃，把轴压入，用 20 个ϕ10 的径向销钉(6)穿过盘上两个凸边和轴，使盘、轴在热态时能较好地定心、传扭。

在内轴的后端压入并各用 3 个销子固定着内轴衬套(15)和封严圈(14)。为了减少内轴向滚棒轴承内圈的传热，轴的配合环带上制有左螺旋槽和回油用的环形槽。滚棒轴承内圈压装在衬套上直至顶靠，并用螺母(4)固定，螺母用锁紧垫圈锁紧。衬套的右端制有三道滑油封严涨圈槽。在封严圈上制有 10 道篦齿，它与Ⅰ级涡轮转子上的相应圆环面组成封严结构。堵盖(16)压入轴内腔，并用 3 个销子固定。

涡轮的内轴用结构钢制成，在内轴的前端制有渐开线花键。该花键将涡轮转子的扭矩传递给低压压气机转子。在花键前端还制有装球形螺母的左旋螺纹。此螺母保证转子的轴向定位并将轴向力传递给前中介滚珠轴承。装配转子时，使用专用工具推锁套，同时压紧弹簧，然后将球形螺母拧到内轴上。当拿出专用工具时，锁套借助于弹簧的弹力回复到原来的位置，用锁套上的花链锁住球形螺母。

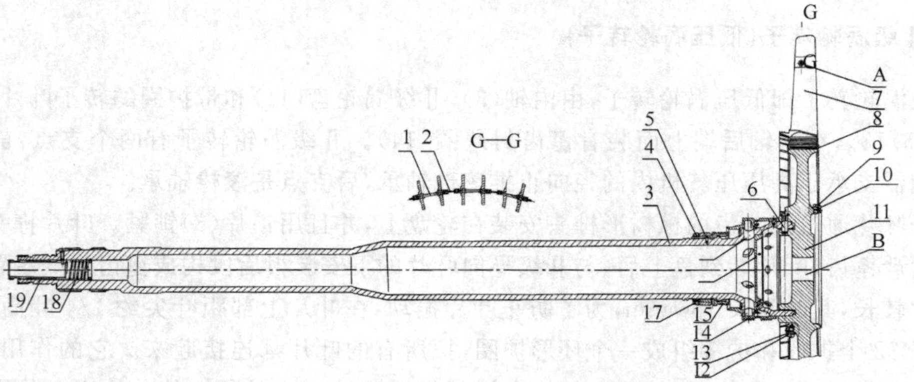

(a) 剖视图

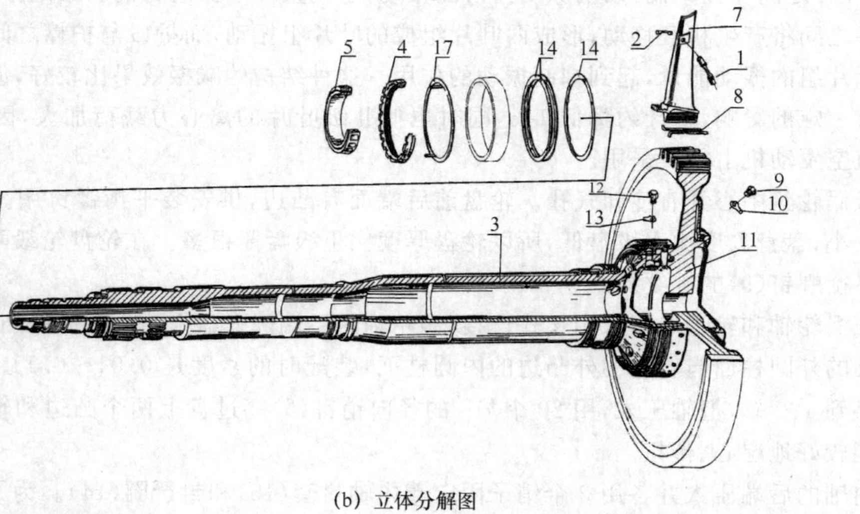

(b) 立体分解图

A、B、C－孔；1－箍段；2－箍套；3－内轴；4－螺母；5－轴承内圈；6－径向销钉；7－工作叶片；8－锁片；9－平衡螺钉；10、13－垫片；11－涡轮盘；12－平衡螺钉；14－封严圈；15－内轴衬套；16－堵盖；17－锁紧垫圈；18－弹簧；19－锁套。

图 5.13 WP7 乙发动机Ⅱ级涡轮转子

5.2.2 WP7 涡轮静子

1. Ⅰ级涡轮导向器(高压涡轮导向器)

WP7 乙发动机Ⅰ级涡轮导向器如图 5.14 所示，主要由 40 个导向叶片(8)、内支承(1)、外环(11)和辐条(7)组成。

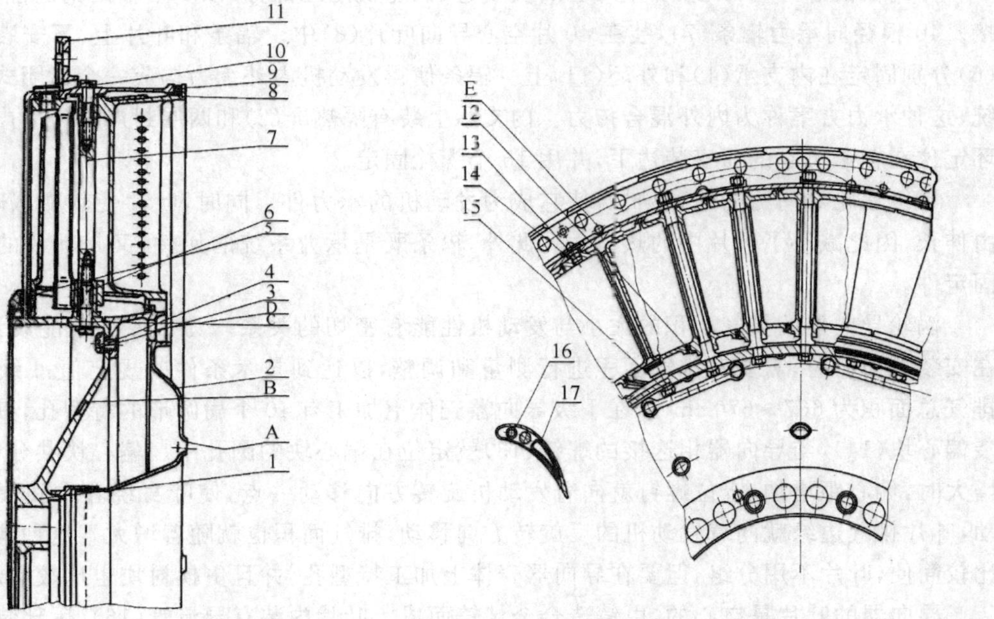

(a) 剖视图

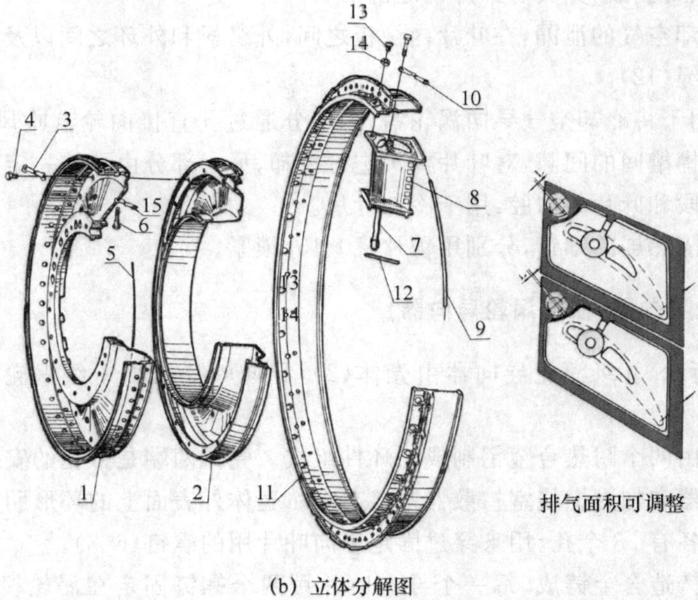

(b) 立体分解图

A、B、C、D、E—孔；1—内支承；2—隔热屏；3、10、15—锁片；4、13—螺钉；5、9、12—封严绳；6—螺栓；7—辐条；8—导向叶片；11—外环；14—偏心块；16—导流管；17—导流片。

图 5.14　WP7 乙发动机 I 级涡轮导向器

导向器的外环(11)、燃烧室外套后安装边、涡轮机匣三部分,以9个轴向销定位,用螺栓连接。40根径向承力辐条(7),装在40片空心导向叶片(8)中。辐条和叶片上、下安装边用螺栓(6)分别固定在内支承(1)和外环(11)上。辐条使得发动机内外承力构成一个封闭式的传力系统,这种承力方案称为内外混合传力。内支承上装有隔热屏(2)和两层封严篦齿。内支承的内环定位在轴承机匣的后安装边下,并用15个螺栓固定。

Ⅰ级涡轮导向器的这种结构,使它成为发动机的承力件。同时,叶片受热膨胀时,可以自由伸长,因此减小了叶片中的热应力。此外,辐条既是承力系统的元件,又是叶片的定位件和固定件。

涡轮导向器的排气面积的大小与发动机性能有密切的关系。为了保证性能设计的要求,在安装导向器时,需要对排气面积进行测量和调整,以达到技术条件的规定值:Ⅰ级导向器的排气总面积为667～670 cm^2。在Ⅰ级导向器壳体上加工有40个扁圆形的特型孔,其中可以安装偏心块(14),与导向器相连接的螺钉(13)就定位在偏心块的圆孔中。偏心块共分5组,当L增大时,偏心距增加,定位螺钉就向着发动机旋转方向移动一点,使叶身绕着中间辐条稍稍转动,叶片排气边缘就向着发动机的反旋转方向移动,排气面积也就随着增大。这种调整的方法比较简便,叶片不用分组,但要在导向器壳体上加工特型孔,并且更换衬块也比较麻烦。

导向器的叶片是空心的,由铸造合金精铸而成。叶片内装有导流管(16),后部装有导流片(17),导流片由板材制成,并具有叶片内腔的形状。

为了防止冷却空气的泄漏,在叶片内缘板之间,外缘板和外环之间以及内缘板和内支承之间分别装有封严绳(12)。

隔热屏(2)用于将冷却空气导向涡轮盘,一部分通过孔直接向轮盘吹风,然后流向涡轮叶片榫头与涡轮盘榫槽间的间隙,对叶片榫头进行冷却;另一部分由孔按一定方向流向Ⅰ级涡轮叶片榫头的伸根段和叶片的内腔,用于冷却叶片。

固紧辐条和隔热屏的螺钉,分别用锁片(10、15)锁紧。

2. Ⅱ级涡轮导向器(低压涡轮导向器)

如图5.15所示,Ⅱ级涡轮导向器由壳体(2),导向叶片(9),Ⅰ级涡轮外环(3)和结合环(12)组成。

导向器壳体由两个耐热合金钢制成的环件组成。壳体两端是带孔的安装边。借这些孔将壳体与Ⅰ级导向器和加力燃烧室扩散器连接起来。壳体外表面上的环形肋用来增加刚性。在两个圆柱端面上各有38个孔,用来穿过固定导向叶片用的螺钉(6、8)。

导向叶片由铸造合金铸成,每一个导向叶片用两个螺钉固定在涡轮机匣上,螺钉用锁片(5、7)锁紧,导向器流通截面的调整用绕螺钉转动叶片的方法来实现,叶片的内、外缘板形成导向器的通道部分。导向叶片的外安装板向前伸出,构成Ⅰ级涡轮转子的通道外环。内安装板的两端凸座构成封严装置的两个圆柱形表面。内安装板中还带有圆柱销,它插入结合环上的圆柱形孔中，使各叶片内端连接在一起，以提高Ⅱ级导向器的刚性，并且这种连接结构仍然可以允许叶片受热以后自由伸长。

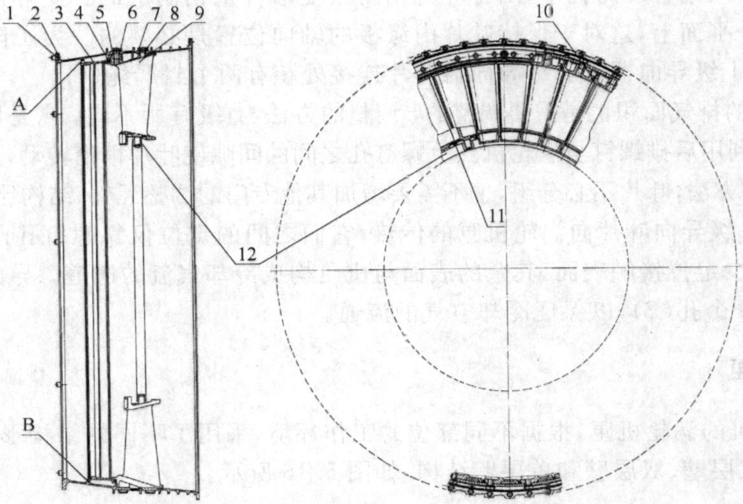

(a) 剖视图

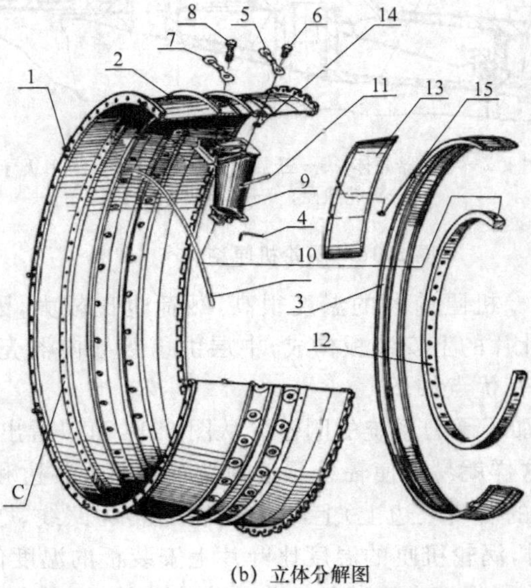

(b) 立体分解图

A—槽；B—孔；C—内凸环；1—销子；2—导向器壳体；3—Ⅰ级涡轮外环；
4、10、11—封严绳；5、7—锁片；6、8—螺钉；9—Ⅱ级导向叶片；12—结合环；
13—扇形件；14—Ⅱ级偏心衬块；15—方头销子。

图 5.15　WP7 乙Ⅱ级涡轮导向器

为了防止冷却空气从叶片中泄漏，叶片上、下缘板间各装有 38 个封严绳(10、11)。叶片内缘板的凸缘与Ⅰ、Ⅱ级涡轮转子上的封严篦齿组成封严结构，防止燃气泄漏。每一个叶片的轴颈以间隙配合装入结合环的孔中，结合环是用耐热变形合金钢制成的。此环保证所有叶片的轴颈位于同一个平面上，这对于保持叶片内缘板的轴向位置是必要的。为了防止冷却空气的泄漏，在外环与Ⅰ级导向器和Ⅱ级导向器叶片连接处装有两个封严绳(4)。

Ⅱ级导向器的排气面积也是需要调整的，调整的方法与Ⅰ级有所不同。它是以前排固定螺钉的轴线为转轴，利用后排螺钉与涡轮机匣上螺钉孔之间的间隙使叶片稍稍转动，从而使排气面积变化。这种调整方法，叶片不必分组，也不需要增加其他专门的调整元件，结构比较简单。

为了减少Ⅱ级导向叶片向涡轮机匣的传热，它们之间的定位仅靠螺钉孔凸台和加强肋来保证，以尽量减少定位接触表面，其余的表面与机匣构成冷却气流的通道。导向器壳体内凸环(C)上制有的 98 个孔(B)，以保证冷却空气的流通。

3. 涡轮机匣

WP7 发动机的涡轮机匣，根据不同部位的工作环境，采用了不同的结构形式，从前段到后段分别采用了三层壁、双层壁和单层壁结构，如图 5.16 所示。

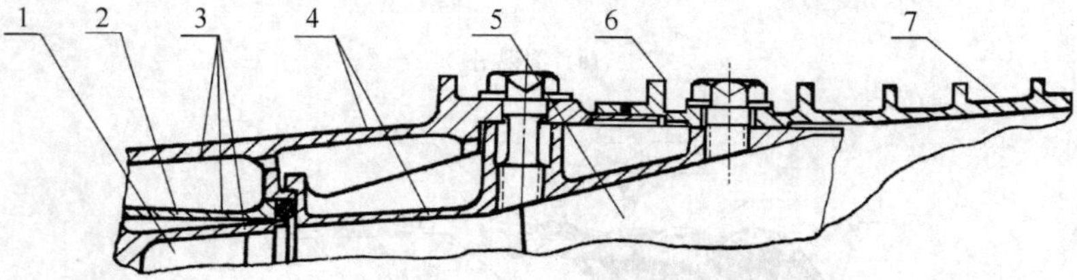

1—I级导向叶片；2—导向器壳体；3—三层壁；4—双层壁；5—II级导向叶片；
6—涡轮机匣；7—单层壁。

图 5.16 涡轮机匣结构[6]

前段采用了三层壁结构。机匣前段的温度很高，载荷也比较大，因此采用了三层壁的结构。其中，内层由Ⅰ级导向叶片的上安装板构成，中层由Ⅰ级导向器壳体构成，外层由涡轮机匣前段构成。采用这种结构其优点如下：

① 缩短了传力路线，增加了承力系统的刚性。从图 5.14 可以看出，40 根承力辐条的外端是固定在导向器壳体上的，这样就易于使辐条靠近刚性较好的安装边和发动机的安装节(这个安装节是固定在燃烧室外套的后安装边上)上，由此缩短了传力路线，增加了承力系统的刚性。

② 避免漏气。在工作时，涡轮机匣的温度比叶片上安装板的温度低 20 ℃左右，而且外环的线膨胀系数比叶片的小，为了保证上安装板工作时自由膨胀，在相邻两个叶片的上安装板之间都留有较大的间隙。如果只采用双层壁，那么冷却空气和少量的燃气就会经过这一间隙泄漏，而采用三层壁结构就解决了这个问题。

机匣中段温度较高，采用双层壁结构。其中，外层是由涡轮机匣构成，内层是由Ⅱ级导向叶片的上安装板构成。这种结构在一般发动机上经常采用(例如 WP6 发动机),其优点主要是可以改善涡轮机匣的工作条件,减少机匣受热变形和裂纹等故障,以及减小涡轮叶片尖部的径向间隙。

机匣后段采用单层壁结构。这部分机匣,由于气流温度较低,就采用单层壁结构。当发动机工作状态变化时,因为这段机匣没有隔热的内层壁,所以它的温度变化较大,由此而产生的变形也就越大。为了保证停车时叶片不与机匣相碰,势必要增大工作时的径向间隙,这样气流的损失就会增加,导致涡轮效率降低。为了克服这一缺点,涡轮机匣除了采用线膨胀系数比较小的材料以外,在机匣的外表面上还加工出四条环形加强肋,可以加强机匣的刚性;同时还利用Ⅱ级导向叶片上安装板同机匣构造的间隙中流出的冷却空气,对机匣进行隔热和冷却。

5.2.3　WP7 涡轮部件的冷却

为了保障涡轮在高温下进行高可靠性地工作,在涡轮部件的设计中,需要采用冷气对部件进行冷却。在 WP7 发动机的设计中,共引入了三方面的气体来实现涡轮部件的冷却,如图 5.17 所示。

第一,从火焰筒与燃烧室外套之间引来的燃烧室第二股气流(Ⅰ),对涡轮第Ⅰ、Ⅱ级导向

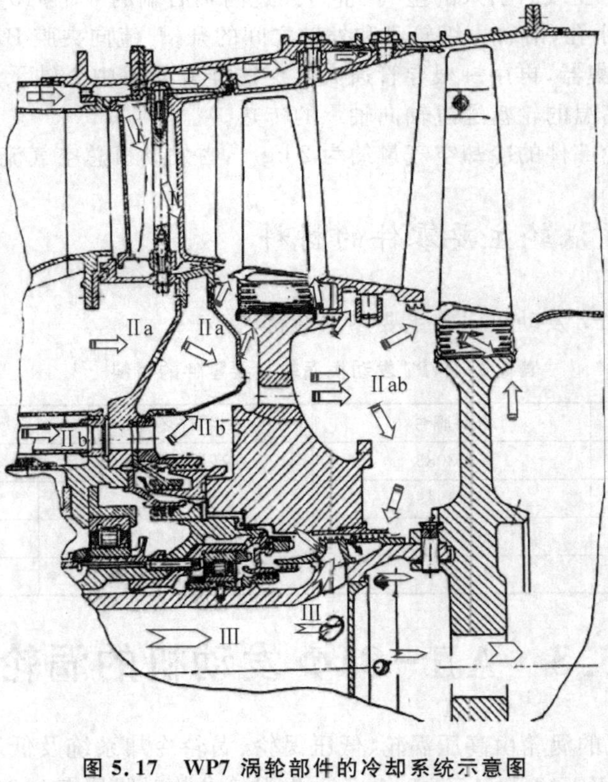

图 5.17　WP7 涡轮部件的冷却系统示意图

器进行冷却,冷却后的气流,流入涡轮通道,与燃气会合。Ⅰ级导向叶片是空心的,冷却气流经Ⅰ级导向器壳体上的40个孔,分别流入空心叶片中,以冷却叶片、承力辐条和内支承。

第二,从火焰筒与燃烧室内套之间流来的燃烧室第二股气流(Ⅱa),通过Ⅰ级导向器内支承上的6个ϕ7.2的孔及隔热屏上的30个ϕ6的孔,流向Ⅰ级涡轮盘的前面,这股气流与用两根ϕ16的管子引来的压气机第六级后的空气(Ⅱb)会合,会合后的空气(Ⅱab)对以下部分进行冷却:

① 冷却Ⅰ级涡轮盘前侧和转子叶片根部前侧后流入燃气通道,并冷却叶片根部。

② 对Ⅰ级转子叶片榫头装配间隙吹风冷却后流入燃气通道。

③ 穿过Ⅰ级盘上的8个ϕ12的孔,然后,其中一部分冷却Ⅰ级轮盘背面,再穿过Ⅰ级轮盘的篦齿封严圈的间隙,流入燃气通道。另一部分空气冷却了Ⅱ级轮盘前侧,然后对Ⅱ级转子叶片榫头间隙吹风冷却,以及从Ⅱ级转子叶片的篦齿封严圈流入燃气通道,这一部分空气还可以经过装在内轴上的五道后封严篦齿、20个ϕ5.5的孔和内轴上的6个ϕ10的孔、第二轮盘中心ϕ36的孔,冷却Ⅱ级轮盘的背面,再流入燃气通道。

④ 为了防止这一股高温高压的冷却空气Ⅱab通过后轴承的密封装置漏入后轴承腔,对轴承工作不利,在Ⅰ级轮盘前端安装了一个外篦齿封严圈,从外篦齿封严圈漏入的冷却空气,流入内、外篦齿封严圈之间的空腔C中,然后用8根ϕ16的管子通过后卸荷腔排出发动机外。

第三,从压气机第三级后引来的空气(Ⅲ),经过内轴后端的6个ϕ15的孔和篦齿封严圈前斜面上的20个ϕ8的小孔,沿着Ⅰ级轮盘和外轴之间的开槽,流向夹腔B,然后用4根ϕ16的管子通向前面的空气收集器,再用一根导管通大气。这样就使后中介轴承的四周处于冷却空气的包围中,减少了从高温的轮盘通过轴向轴承的传热。

据粗略估计,涡轮部件的冷却空气量约为2 kg/s,占发动机总空气流量的3.2%。

5.2.4 WP7涡轮主要零件的材料

表5.1给出了WP7发动机涡轮主要零件的材料。

表5.1 WP7发动机涡轮主要零件的材料[5,7]

零件名称	材料牌号	零件名称	材料牌号
Ⅰ、Ⅱ级涡轮盘	GH3033	高压涡轮轴	40CrNiWA
Ⅰ级涡轮转子叶片	GH3049	涡轮机匣	GH34
Ⅱ级涡轮转子叶片	GH3037	Ⅰ级涡轮导向器壳体	GH34
低压涡轮轴	18CrNiWA	Ⅰ、Ⅱ级导向器叶片	K403

5.3 АЛ-31Ф发动机的涡轮

АЛ-31Ф发动机的涡轮由高压涡轮、低压涡轮、涡轮冷却系统及低压转子后轴承座等组成,如图5.18所示。WP7乙和АЛ-31Ф发动机涡轮参数对照如表5.3所列。

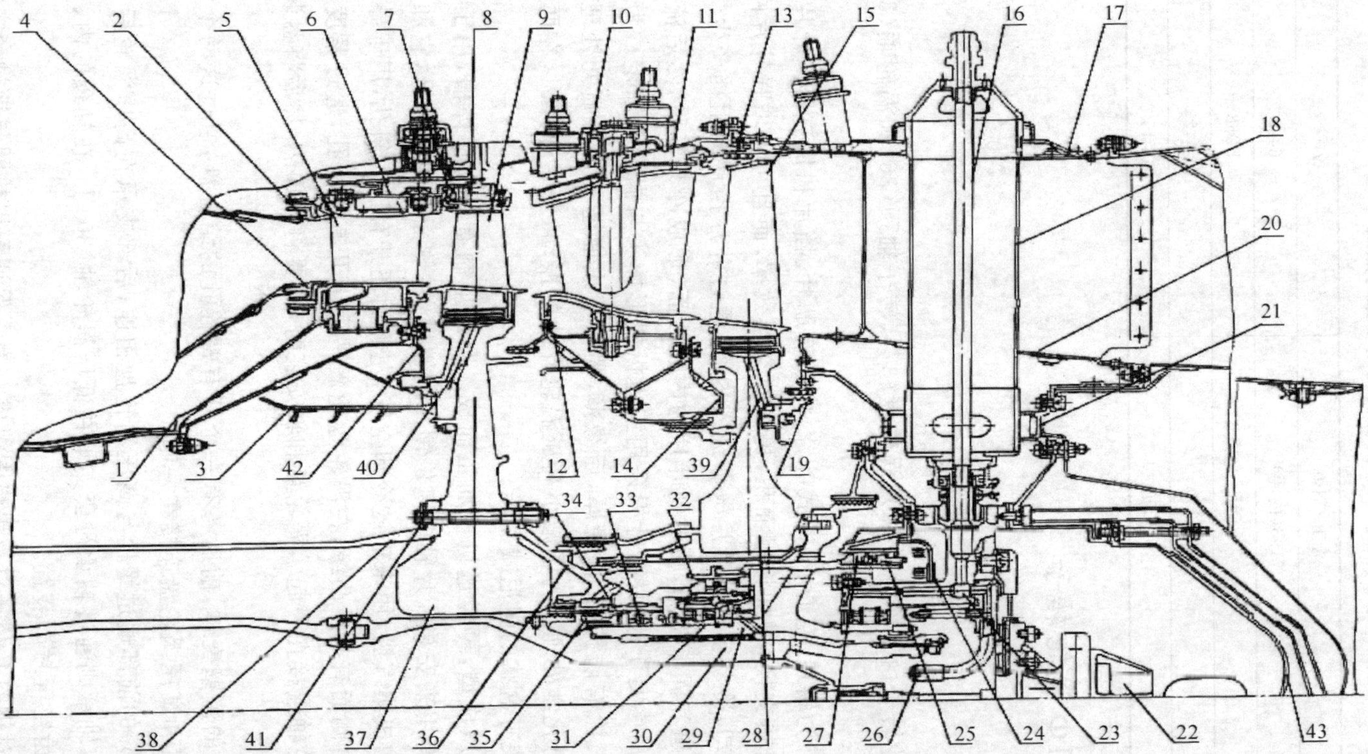

1—高压导向器内环；2—外环；3—集气罩；4、21—内环；5—高压涡轮导向器叶片；6—高压涡轮导向器外环；7—隔板；8—高压蜂窝状嵌入块；9—高压涡轮工作叶片；10—低压涡轮导向器外环；11—低压涡轮导向器；12—低压导向器内环；13—低压蜂窝状嵌入块；14、20、42—隔热屏；15—低压涡轮工作叶片；16—滑油导管；17—轴承座外壳体；18—承力支板；19—增压盘；22—回油泵；23—轴承壳体；24—泡沫板；25、32、34—挡圈；26—滑油管；27、31、33—封严组合；28—低压涡轮盘；29—低压涡轮转子轴颈；30—低压涡轮轴；35—篦齿；36—高压涡轮转子轴颈；37—高压涡轮盘；38—高压涡轮轴；39—低压进气口；40—高压进气口；41—拉紧螺栓；43—轴承座盖。

图 5.18　AJI－31Φ涡轮结构图[6]

表 5.3 WP7 乙和 АЛ－31Ф 发动机涡轮参数对照表

参数名称	АЛ－31Ф	WP7 乙
燃气流量/($kg \cdot s^{-1}$)	71.3(内涵)	64.5
涡轮前燃气温度/K	1 665	1 288
高压涡轮转速/($r \cdot min^{-1}$)	13 300	11 425
低压涡轮转速/($r \cdot min^{-1}$)	10 200	11 150

5.3.1 АЛ－31Ф 涡轮转子

1. 高压涡轮转子

АЛ－31Ф 的高压涡轮转子由工作叶片(9)、涡轮盘(37)、转子轴颈(36)和涡轮轴(38)组成，如图 5.18 所示。

高压涡轮工作叶片(9)为铸造、空心、气冷式叶片，内腔有肋片、挡片和扰流器。叶片内的肋片、挡片，不仅可以加速热交换，增加接触面积，提高热交换效率，而且可以增强叶片刚度。为了有效地对叶片进行冷却，冷却空气从叶片根部进入内腔，通过叶片挡片的阻挡产生气旋，使气流流向叶片前缘的气道和涡流阵栅，喷射到叶片的内表凸面，形成冷却气膜，然后流出叶片会入燃气流，见图 5.19。叶尖开有凹槽，叶根采用三齿枞树形榫头与涡轮盘固定。为了提高叶片的耐热性，在表面喷涂有防护层，前缘厚，后缘薄，喷涂后表面还要进行喷丸处理。此外，叶片内腔表面也要进行化学处理。为了减小高压涡轮叶片的振动，安装叶片时，在两个叶片的下缘板下面的位置，装有盒状的阻尼减振器。

高压涡轮盘(37)为锻压成型，再经过机械加工而成。圆周上制有枞树形榫槽，用于固定 90 个工作叶片，同时还制有用来安装叶片轴向定位锁片的锁槽；左侧面有两道凸缘，它和涡轮盘左侧面及集气罩一起，构成集气腔，用来输送冷却空气，左侧面还开有进气斜孔，用于导入冷却空气对叶片进行冷却；右侧面有封严凸缘，在涡轮盘轮毂平面上开有螺栓孔，通过紧度螺栓将涡轮轴颈、涡轮盘和涡轮轴连接在一起。涡轮盘和轴安装时，需要将轴加热，然后将盘装入，造成紧配合。

高压涡轮轴(38)为粗的薄壁壳体，前后各有一个开有螺栓孔的结合盘，通过这两个结合盘，将涡轮轴与高压压气机和高压涡轮盘连接在一起。

高压涡轮转子轴颈(36)的前部通过螺栓与高压涡轮盘相连；后部支承在高压涡轮后支承滚棒轴承的外环上，而滚棒轴承则通过轴承衬套支承在低压涡轮轴(30)上，在轴颈的内、外有接触式滑油封严装置和篦齿空气封严装置。

接触式封严装置由一对钢衬套和一对石墨垫圈组成。为了保证石墨垫圈与钢衬套之间紧密接触，石墨垫圈之间装有弹簧片。而在钢衬套之间，装有间隔衬筒，以防止接触封严装置压得太紧，见图 2.28。

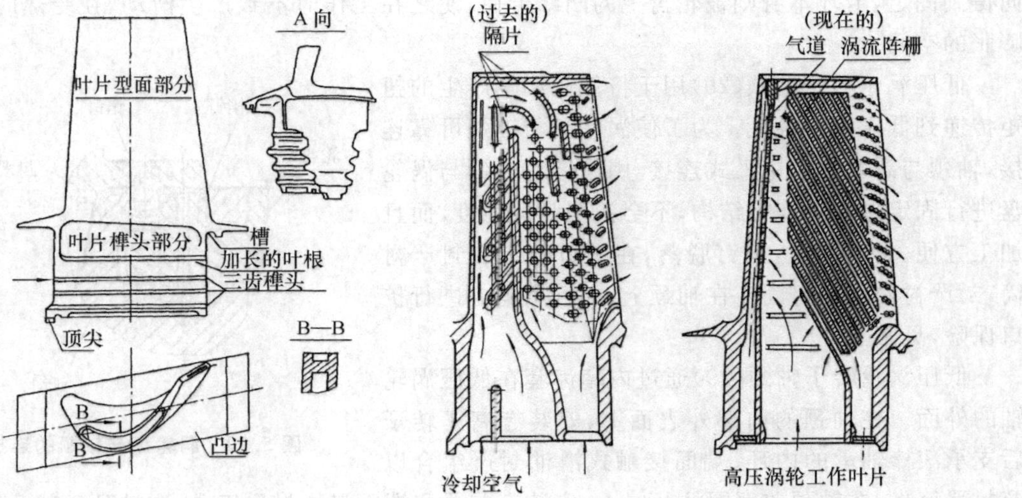

图 5.19　高压涡轮叶片外形及内部结构

2. 低压涡轮转子

低压涡轮转子由工作叶片(15)、涡轮盘(28)、转子轴颈(29)和涡轮轴(30)组成，如图 5.18 所示。

低压涡轮工作叶片(15)为铸造、气冷式叶片。叶冠上有封严篦齿，与其相对的静子机匣上的蜂窝状嵌入块(13)组成封气装置，以提高封气效果，减少轴向漏气，提高涡轮效率；叶身上有一系列冷却孔，在叶片表面形成冷却气膜；叶片根部带有枞树形榫头，在榫头上开有一个进气孔，冷却空气由此进入叶片进行冷却；叶片内腔有 11 排扰流片，对冷却空气的流动进行导引，扰流片将叶盆和叶背连在一起。冷却空气在叶片内腔中沿径向流动，通过扰流片使冷却作用加强。在叶片翼形与榫头之间有一凸边，凸边形成了燃气流的气动边界，减少了高温燃气流直接对涡轮盘的热量传递。叶片用熔模型铸造，表面用铝酸钴进行处理。为了提高耐热性，叶身、叶冠和叶根凸边表面都进行渗铝硅处理，但叶片内腔和叶根表面不进行这种处理。

低压涡轮盘(28)为经过机械加工的锻压件。在涡轮盘的圆周上开有枞树形榫槽；右侧开有冷却工作叶片的低压进气口(39)；在涡轮盘的两侧各装有一道环形凸缘，右侧的凸缘上除装有封严篦齿外，还在凸缘的内下方固定有一个增压盘(19)。增压盘实际上是带有叶片的旋流器，用于增大输往工作叶片的冷却空气压力。此外，在增压盘上用锁片固定有平衡低压涡轮转子的配重。凸缘本身通过销钉与轮盘固定，为防止销钉脱落，销钉孔还要扩口保险。

叶片用枞树形榫头固定在涡轮盘轮缘上的枞树形榫槽里,使叶片周向得到固定的同时还具有热膨胀的间隙,依靠叶片榫头凸边前部的卡槽和置入卡槽内的带嵌入件的卡环使叶片轴向得到固定,卡环本身则被轮盘上的凸缘卡住,使之在工作时不致产生滑动,在受热时还具有膨胀的空间。

低压涡轮转子轴颈(29)用于将低压涡轮产生的扭矩传递到低压涡轮轴上。为了使涡轮盘与轴颈可靠连接,轴颈与涡轮盘采用叉式连接,用销钉对轴颈与涡轮盘进行固定。这种连接结构,不会消弱盘的强度,而且加工方便。为了防止销钉脱落,在销钉外装有封严衬筒,封严衬筒用销钉固定在轴颈上,并且用销钉进行扩口保险,见图 5.20。

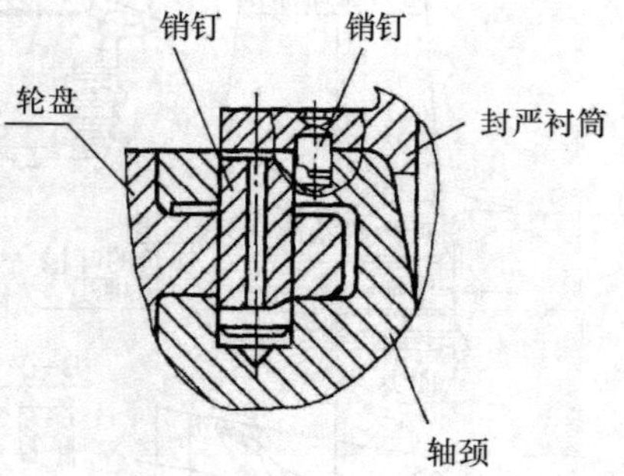

图 5.20 涡轮盘与轴颈的连接

低压涡轮转子轴颈(29)通过内套齿套在低压涡轮轴的外面。在轴颈的前部外表面上,安装有高压转子后支承滚棒轴承的内环、端面接触式滑油封严组合以及封严篦齿;在轴颈前部圆柱凸缘上,安装有前罩和端面滑油封严组合;在轴颈后部凸缘上,安装有后罩和端面滑油封严组合。端面滑油封严组合的结构见图 2.30。

低压涡轮轴(30)由三段组成,前后段由合金钢制成,中间段用钛合金制作以减轻质量,各段之间用径向销钉相互连接在一起。第三段涡轮轴的后部外套齿与轴颈上的对应的内套齿啮合在一起,传递轴颈的扭矩;轴向力则通过拧在轴尾端的螺母由轴颈传给涡轮轴。此外,在涡轮轴的后部内表面用径向销钉固定有套齿衬筒,用来传动低压涡轮后支承的滑油回油泵。

5.3.2 АЛ-31Ф 涡轮静子

1. 高压涡轮导向器

高压涡轮导向器由外环(6)、导向器叶片(5)组合和内环(4)组成,如图 5.18 所示。

高压涡轮导向器外环(6)为带有结合盘的筒状圈,结合盘位于带有空气热交换器的主燃烧室壳体与低压涡轮壳体之间。外环的前部用螺钉固定有固定环,固定环也是燃烧室火焰筒内、外环的支承点,火焰筒的外环套在固定环上,当火焰筒受热膨胀时,沿轴向有自由膨胀的间隙。冷却空气沿外环上部流入导向器叶片的前部。此外,在外环上还固定有涡轮冷却系统的断流活门。

高压涡轮导向器叶片(5)为空心气冷式,由叶身、内缘板和外缘板组成,如图 5.21 所示。

叶身开有一系列冷却气流孔,内腔有导流片和扰流片。为了提高导向叶片的整体刚性和抗热疲劳的能力,以及改善维护性能,将每 3 个叶片做成一个扇形组件,因此,在高压涡轮外环圆周的 42 块叶片实际上有 14 个扇形件,每个扇形件下面焊有轴颈。扇形件内腔分为两个腔,前腔通未经调节的二股冷却气流;后腔通经断流活门调节的二股冷却气流。冷却气流通入叶片空腔,经导流片和扰流片从叶片前腔和后腔的冷却孔流出,在叶片表面形成冷却气膜。另外,由于导向叶片不承力,它仅承受燃气的气动负荷,因此允许导向器叶片在外环中自由膨胀,以减小热应力。

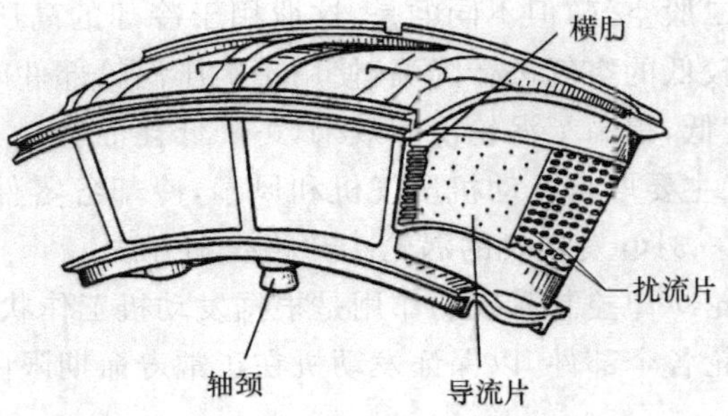

图 5.21　高压涡轮导向器叶片组合[5]

高压涡轮导向器内环(4)的前下部用螺钉相连燃烧室内壳体;前部则固定着中介环,火焰筒的内环套接在中介环上。此外,中介环还引导部分冷却空气对导向叶片的内缘板进行冷却。内环后面用螺钉固定着集气罩。集气罩为焊接结构,为了提高其刚性,在集气罩内腔壁焊有一个加强型材。在集气罩内腹板上开有小孔,通过这些小孔,将冷却导向器叶片内腔的一部分冷却空气引导到集气罩后(低压涡轮盘前部),使冷却工作叶片的空气在集气罩收敛段加速和扭转。

2. 低压涡轮导向器

低压涡轮导向器由外环(10)、低压涡轮导向器(11)和内环(12)组成,参见图 5.18。

低压涡轮导向器外环(10)呈锥形体,为焊接结构。前部与高压涡轮导向器外环(6)相连;后部与低压涡轮轴承座外壳体相连。外环外部焊有隔热屏,与外环形成冷却空气通道,将冷却高压涡轮盘后表面和低压涡轮盘前表面的冷却空气引导过来。

低压涡轮导向器(11)叶片共有 33 片,每 3 个叶片组成一个扇形组合,共 11 块扇形组合,由叶片、外缘板和内缘板组成。叶片都是铸造的、空心气冷叶片。叶片外缘板上有凸缘,通过该凸缘在涡轮导向器外环上定位。作用在导向器叶片上的气动载荷,通过外缘板传到外环上去。每个扇形组合有球形轴颈,轴颈内置导管,将冷却空气引导到内环内腔。

低压涡轮导向器内环(12)则通过导向器叶片组合上的球形轴颈与导向器叶片的内缘板定位。导向器叶片组合和内环一起悬在高压涡轮盘和低压涡轮盘之间,形成一种悬臂结构。内环前腹板开有孔,将冷却空气引导到高压涡轮盘与低压涡轮盘之间的空腔;内环前下部和后下部分别制有封严篦齿,分别和高压涡轮盘后部凸缘以及低压涡轮盘前部凸缘上的篦齿形成封气装置。

5.3.3 АЛ-31Ф涡轮部件的冷却

АЛ-31Ф发动机采用了独特的冷却系统，对高压涡轮部件进行冷却的空气与常规发动机类似，采用了燃烧室中的二股空气，但不同的是，这股用于冷却的高压空气经过一特制的热交换器，用风扇流来的温度较低的空气进行降温，使用于高压涡轮部件冷却的空气具有比常规发动机用于冷却的空气温度低，提高了涡轮冷却效果，可降低耗油率。

涡轮部件的冷却空气主要取自发动机压气机和风扇，冷却各零件之后排入大气或主燃气流中。下面具体介绍АЛ-31Ф发动机的涡轮冷却路线和方法。

АЛ-31Ф发动机涡轮冷却控制系统的作用是根据发动机工作状态的需要，调节冷却空气量的大小，有效地冷却涡轮各个部件，以保证发动机在正常寿命期限内可靠工作。

1. 涡轮冷却路线

涡轮冷却系统通过四条气路对涡轮进行冷却，其中第二条气路的冷却空气流量根据发动机工作状态不同，可以对冷却空气流量进行调节，见图5.22。

第一路是不参与燃烧的燃烧室二股气流，用来冷却高压涡轮导向器内环、导向器叶片的内外缘板以及导向器叶片的前半部。具体的流动路线是：燃烧室火焰筒内、外侧的二股气流分别冷却导向器叶片的内、外缘板后从上、下两个方向流入导向器叶片的前腔，对导向器叶片内壁进行强迫冷却后，从导向器叶片前腔的冷却孔流出来在叶片表面形成冷却气膜，最后汇入燃气流。

第二路是燃烧室二股气流经热交换器冷却后的高压空气，用来冷却高压涡轮外环、高压涡轮导向器叶片的后部、高压涡轮盘和工作叶片、低压涡轮导向器和低压涡轮盘前表面高压涡轮轴颈。具体的流动路线是：从空气热交换器来的冷却空气，经过断流活门后，一部分进入高压涡轮导向器后部。一方面冷却高压涡轮导向器叶片后腔，从导向器叶片后部的小孔流出来在叶片表面形成冷却气膜，汇入燃气流；另一方面从高压涡轮导向器后腔下部流出来，经集气罩对高压涡轮盘前表面、工作叶片榫头和工作叶片进行冷却。从断流活门出来的另一部分空气，对高压涡轮外环进行冷却后也分成两路。一路进入低压涡轮导向器，对其内、外环和导向器叶片进行冷却后，汇入燃气流；另一路经低压涡轮导向器外部的集气环，低压涡轮导向器叶片中的通气管、低压涡轮内环，对高压涡轮盘的后表面、低压涡轮盘前表面和高压涡轮轴颈进行冷却。

第三路冷却空气来自外涵道，对低压涡轮盘后表面和低压涡轮后轴承座冷却。具体的冷却路线是：外涵道的空气，经过低压涡轮后轴承座的承力支板和低压涡轮后轴承座，一方面冷却低压涡轮盘后表面；另一方面经过增压盘、低压涡轮盘上的斜孔对工作叶片榫头和工作叶片进行冷却。

第四路冷却空气来自高压压气机第七级或外涵道，对高、低压涡轮轴和轴承座进行冷却。前来冷却的空气根据发动机转速的大小，由滑油支点增压系统的增压空气转换活门进行切换。当转速较低时，采用高压压气机第七级空气进行冷却；当转速较高时，采用外涵道的空气进行冷却。流出增压空气转换活门的冷却空气经高、低压涡轮轴之间的空腔，一方面对高、低压涡轮轴进行冷却，另一方面在向后流动过程中，对高压转子后支承衬套和低压涡轮后支承衬套进行冷却，冷却后的空气经低压涡轮后轴承座承力支板排入大气。

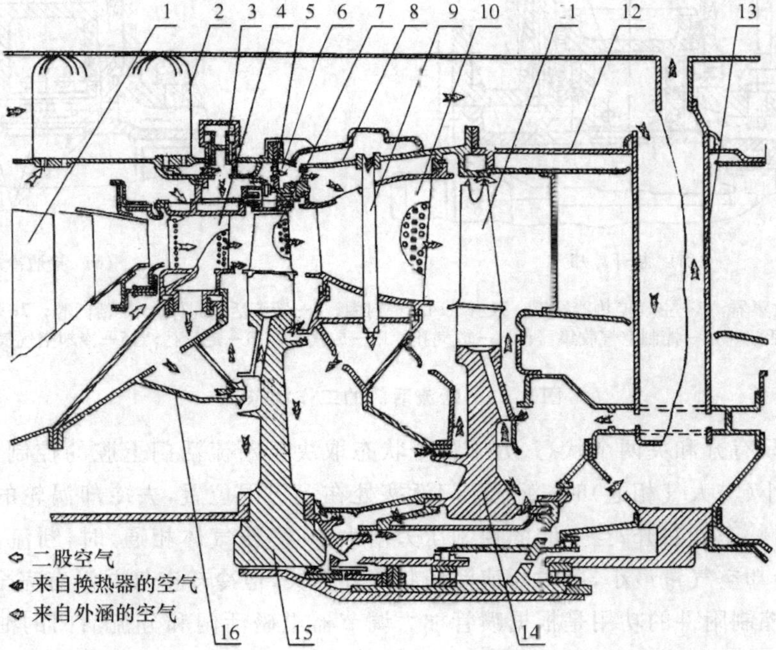

1－燃烧室；2－空气热交换器；3－冷却活门；4－高压涡轮导向器叶片；5－外环；
6－蜂窝状嵌块；7－高压涡轮工作叶片；8－外壳体；9－通气管；10－低压涡轮导向器叶片；
11－低压涡轮工作叶片；12－涡轮轴承座壳体；13－承力支板；14－低压涡轮盘；
15－高压涡轮盘；16－集气罩。

图 5.22　涡轮冷却路线[5]

2. 涡轮冷却控制系统

涡轮冷却控制系统的功用是根据发动机的工作状态，调节发动机的冷却空气流量，保证涡轮的正常工作。系统由断流活门、冷却控制附件、气滤、电磁活门和分流活门组成。

断流活门的功用是根据控制气压力的大小，控制断流活门的开关，从而控制冷却空气量的大小。它由壳体、活塞等组成，见图 5.23。

断流活门和空气热交换器一起装在高压涡轮外环上。空气热交换器是分布在高压涡轮外环外的64片弯曲状导管，导管内是燃烧室出来的二股气流，导管外是外涵道的空气。每二片热交换器共用一个断流活门，因此，在外环的一周有32个断流活门。空气热交换器就是利用外部流过的外涵道气流对内部流过的主燃烧室二股气流进行冷却降温。

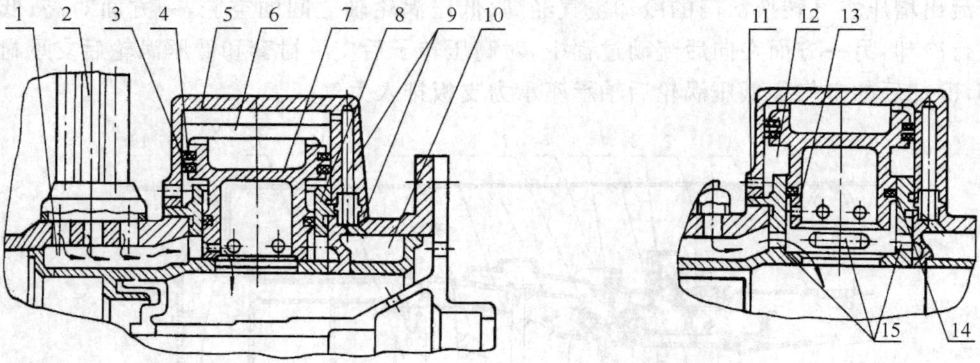

(a) 断开冷却　　(b) 接通冷却

1—空气换热器收集器；2—空气换热器导管；3、4、14—密封圈；5—断流活门壳体；6—活门腔；7—活塞；8—衬套；9—活门；10—控制空气收集器；11—放气孔；12—放气腔；13—定量孔；15—冷却空气气路。

图 5.23 断流活门的工作状态[5]

断流活门只有开和关两个状态，处于哪个状态取决于断流活门上腔的控制压力大小。当上腔控制压力小(与大气相通)时，断流活门活塞处在上极限位置，去冷却涡轮的空气量最大，此时，断流活门状态处在开；当上腔的控制压力增大(与高压气体相通)时，断流活门活塞处在下极限位置，冷却空气量最小，此时断流活门状态处在关，但冷却空气并没有完全切断。

涡轮冷却控制附件的功用是根据喷管加力调节器电磁活门和分流活门的油压力指令，控制断流活门活塞上腔气压力的大小，控制断流活门的开关。它装在发动机上部、燃油分配器旁边，由壳体、活塞、弹簧、限流嘴、微动电门等组成，见图5.24。

当发动机工作状态增大，满足一定条件时，涡轮冷却控制附件活塞上部来油，油压力增大，使活塞下移，关小由空气热交换器输往控制空气集气室的气路，打开断流活门活塞上腔通大气的管路，断流活门活塞上腔气压力减小，断流活门活塞上移，去涡轮冷却的空气流量增大。另外，随着涡轮冷却控制附件的活塞向下移动，使微动电门接通，向发动机综合调节器输送涡轮冷却系统已工作信号。

当上述条件都不满足时，涡轮冷却控制附件上部的高压油来油路被切断，在弹簧和空气热交换器气体压力作用下，活塞上移，一方面使活塞上部的油液通过限流嘴回到低压腔；另一方面，从空气热交换器来的空气输往控制空气集气室，使作用在断流活门活塞的上腔的控制压力增大，活塞下移而关闭，减小输往涡轮的冷却空气流量。

电磁活门的作用：根据发动机综合调节器的指令控制涡轮冷却控制附件活塞上部的油压

力。电磁活门由壳体、活门、电磁铁芯组成。空气滤是用来过滤输往涡轮冷却控制附件和喷管气压作动筒高压气体中的杂质，由弯管、壳体和气滤组成。它安装在发动机的上部、后方，在燃油分配器旁边。

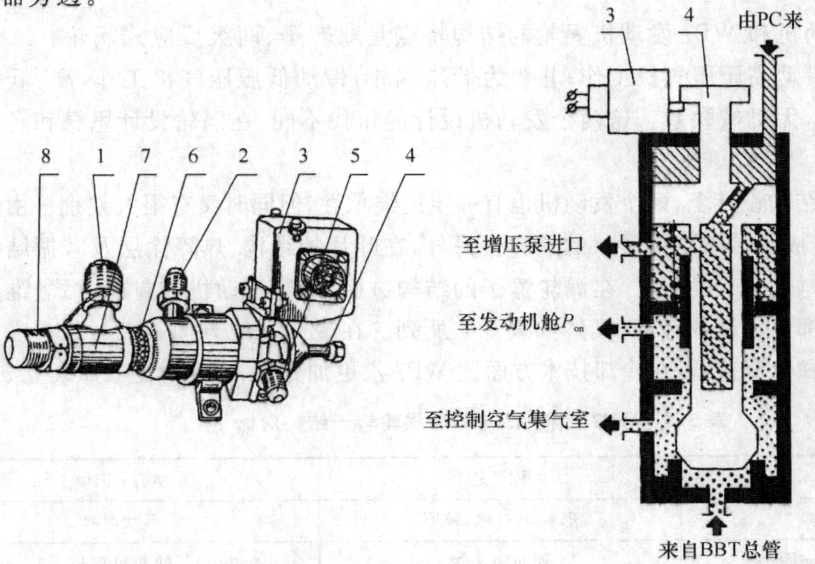

增压泵进口燃油；　由空气空气热交换器来的被控压力的空气；

压力为$P_{КОМ}$的燃油；　压力为$P_{ОД}$的空气。

1－通控制空气集气室；2－回油接头；3－微动电门；4－活塞杆；
5－喷管加力调节器来油接头；6－气网；7－壳体；8－来自空气热交换器控制力输气接头。

图 5.24　涡轮冷却控制附件[5]

5.3.4　АЛ－31Ф 涡轮主要零件的材料

АЛ－31Ф 发动机涡轮部件主要零件的材料如表 5.2 所列。

表 5.2　АЛ－31Ф 涡轮部件主要零件材料

零件名称	材料牌号	
	高压涡轮	低压涡轮
工作叶片	ЖС－26	ЖС－6У
导向叶片	ЖС－6У	ЖС－6У
涡轮盘	ЭП－742－ИД	ЭП－742－ИД
轴	ЭП－868－ВТ－Ш	ЭП－868－ВТ－Ш
壳体	9 ЭП－708－ВД	9 ЭП－708－ВД

5.4 涡轮结构对比分析

АЛ－31Ф发动机和WP7发动机涡轮的结构特点是双转子、两级反应式涡轮。二者的Ⅰ级均为高压涡轮，带动高压压气机工作；Ⅱ级为低压涡轮，带动低压压气机工作，高、低压涡轮之间只有气动联系，无机械联系。这两个发动机设计的年代不同，在涡轮设计思想和具体结构上也存在差异。

在涡轮转子的结构设计上，两个发动机也有一定的继承性，但同时又有很大差别。由于总体支承结构的差异，造成了转子零件形状的差异。另外，在叶片的结构、热障涂层及减振结构上二者也存在一定差异，如表5.3所列。在涡轮静子的结构方面，两台发动机在封严方式、维修性及叶尖间隙控制方面都有自己的考虑，具体如表5.4所列。在冷却系统方面，АЛ－31Ф增加了冷却空气量调节装置和热交换器，在冷却技术方面比WP7乙更加先进，详细对比参照表5.5。

表5.3 WP7乙和АЛ－31Ф涡轮转子结构对比

对比项目	WP7乙	АЛ－31Ф
涡轮盘结构	形状不对称，较厚	形状对称
高低压涡轮盘轴向距离	轴向距离短	轴向距离长
叶片结构	简单空心气冷叶片	有复杂高效的冷却结构
热障涂层	无热障涂层	采用了先进的热障涂层技术
减振设计	Ⅰ级带冠结构 Ⅱ级采用环形保护圈	Ⅰ级采用盒形阻尼减振器 Ⅱ级采用带冠结构

表5.4 WP7乙和АЛ－31Ф涡轮静子结构对比

对比项目	WP7乙	АЛ－31Ф
封严方式	非接触式篦齿封严	非接触及接触式封严
叶片损伤检查孔	无	在涡轮机匣上开有孔探仪观察孔
叶尖间隙漏气控制	无	采用蜂窝状嵌入块来减少径向间隙漏气

表5.5 WP7乙和АЛ－31Ф冷却系统对比

对比项目	WP7乙	АЛ－31Ф
冷却气流来源	二股气流及压气机Ⅲ级和Ⅵ级后引来的气流	二股气流、外涵道及高压压气机Ⅶ级后引来的气流
冷却气量调节	冷却气量不可调	冷却气量可调节
冷却气量大小	占总气量的3.2%	占总气量的8.5%
是否采用热交换器	未采用	采用空气/空气热交换器

5.5　思考题

1. 航空发动机的涡轮通道一般采取什么形式？

2. 简述 WP7 发动机两级工作叶片的结构形式。请和 АЛ－31Ф 发动机的叶片结构进行对比。

3. 简述 WP7 和 АЛ－31Ф 发动机静子结构的形式和特点。

4. 试对比分析 WP7 和 АЛ－31Ф 发动机的轮盘和轴是如何定位、连接、传力的？

5. 试对比分析 WP7 和 АЛ－31Ф 发动机转子的装配和平衡有何特点？

6. 简述枞树形榫头连接的优、缺点。为什么涡轮工作叶片多采用枞树形榫头和轮盘连接？

7. 以 WP7 和 АЛ－31Ф 发动机为例，说明现代发动机采用了哪些结构和措施来减小涡轮的径向间隙？

8. 在发动机设计中对导向器的排气面积有什么要求？WP7 发动机两级导向器是如何保证上述的排气面积要求的？采取的结构形式有何区别？

9. 气冷叶片的结构形式主要有哪几种？WP7 和 АЛ－31Ф 各采取的是哪一种？

10. 试叙述 WP7 发动机冷却系统和 АЛ－31Ф 发动机的冷却系统。

11. 以 WP7 和 АЛ－31Ф 发动机为例，说明在涡轮部件中采用了哪些措施来减小热应力？

第 6 章　加力燃烧室和尾喷管

6.1　概　　述

飞机在起飞、爬升及机动飞行时，需要更大的推力，发动机在达到最大状态后继续增加推力，称为发动机加力，是短时间内增加推力的最好方法。目前，被广泛采用的加力方法是在涡轮和尾喷管之间安装加力燃烧室，进行复燃加力。在高速的军用飞机上，加力燃烧室已经成为发动机不可缺少的基本部件。

发动机的排气装置是指涡轮或加力燃烧室后组织排气的构件，其组成和结构方案取决于发动机和飞机的类别及用途。排气装置包括尾喷管、反推力装置及消音装置等。其中，尾喷管是排气装置的主要组成部分，是发动机必不可少的部件之一。

本章以 WP7 和 АЛ－31Ф 发动机为例，着重介绍加力燃烧室和尾喷管的功能、结构和零部件材料，并对两种发动机加力燃烧室和尾喷管进行对比分析。

6.1.1　加力燃烧室

在发动机进气量和涡轮前燃气温度不变的条件下，为了增大推力，改善飞机的性能，军用发动机会在发动机涡轮部件后面装有加力燃烧室。加力燃烧室的功能是在保持发动机最大转速和涡轮前燃气温度不变的情况下，将燃油喷入涡轮后的燃气流中，利用燃气中剩余的氧气再次燃烧（在内外涵发动机中，还可以从外涵道引入新鲜空气），进一步提高燃气温度，增大喷气速度，达到增加推力的目的。当使用加力时，为了保持涡轮前各部件的最大工作状态不变，就必须同时加大尾喷口的排气面积，以适应燃气比容的增加。因此凡是带有加力燃烧室的发动机其尾喷口都必须可调。

如图 6.1 所示为加力燃烧室的原理图。

如图 6.2 所示，加力燃烧室通常由环形扩压器、预燃室、火焰稳定器、喷嘴和燃油总管及加力燃烧室壳体组成。

扩压器的作用是通过扩张型的通道，降低进入加力燃烧室的气流速度，为点火燃烧创造条件，一般由外壁、整流锥、整流支板和隔热罩等组成。根据扩压比（扩压器出口截面积和进口截面积之比）和当量扩张角的不同，扩压器的外壳可以设计成如图 6.3 所示的几种形式。

在加力涡扇发动机中，还有一个组件叫混合器，混合器的功能是将涡扇发动机外涵道空气平稳引入内涵道，保证两股气流混合后压力、温度和速度比较均匀。

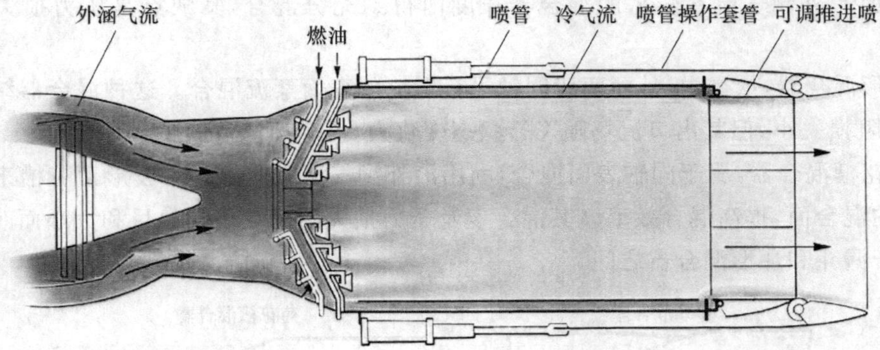

图 6.1　加力燃烧室的原理图[2]

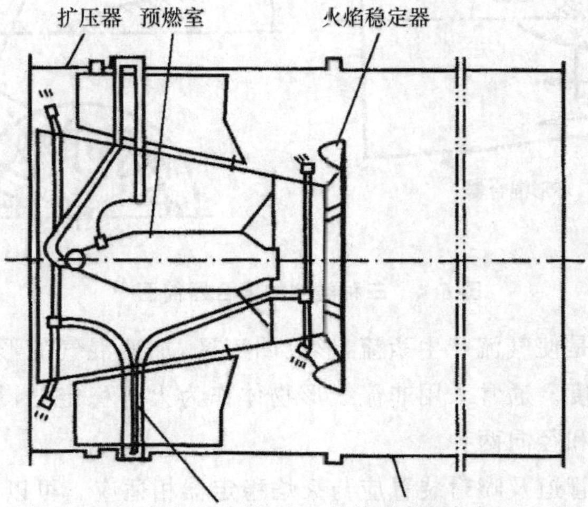

图 6.2　WP6 发动机加力燃烧室的组成[4]

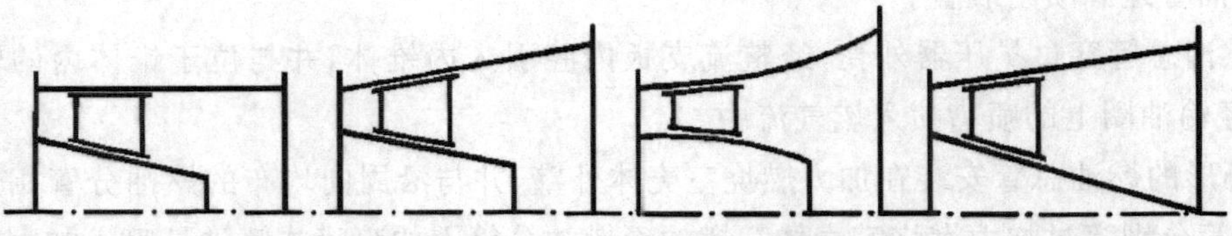

图 6.3　扩压器的几种形式[4]

目前，有以下三种类型的混合器：

① 漏斗混合器，由许多插入内涵的漏斗组成，外涵气流通过漏斗以一定的角度射入内涵。

该混合器使内、外涵气流在较短的混合器长度内得到充分混合，其缺点是压力损失大，结构复杂。

② 环形混合器，依靠内、外涵两股同轴平行射流的表面紊流混合。这种混合器结构简单、重量轻、流阻损失小，但其出口流场随飞行状态变化大，对燃油调节器要求高。

③ 菊花槽混合器，属于同轴表面混合，利用沿外涵气流方向越大的波形菊花槽来增大内、外涵气流的混合面，提高混合效率。其混合度及压力损失随菊花槽的数目和大小而改变，一般情况下介于漏斗和环形混合器之间。

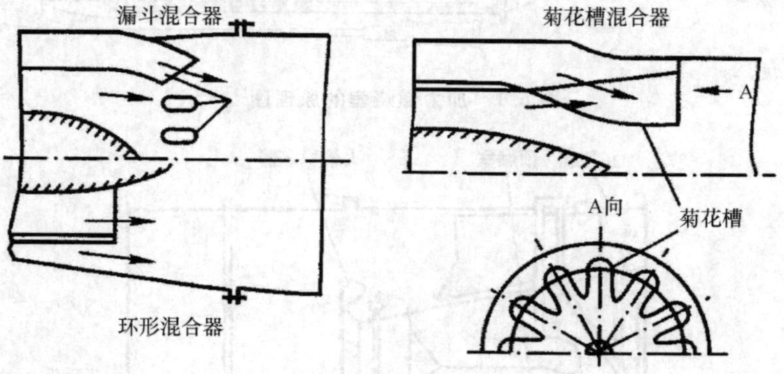

图 6.4 三种类型的混合器简图[4]

火焰稳定器的功能是使气流产生紊流，形成回流区，加速混气的形成和加强燃烧过程，稳定火焰和提高完全燃烧度。通常采用非流线形物体作为火焰稳定器，最常见的是 V 形槽。V 形槽稳定器又分为环形和径向两种。

加力燃烧室的燃油管道及喷射装置应与火焰稳定器相适应。可以采取如下三种方式：

① 燃油通过燃油总管，进入处在燃气流中与环形稳定器同心安装的环形输油管，从环形输油管上周向均布的喷嘴逆燃气流方向喷出。环形输油管位于环形稳定器之前，如 WP7 发动机的燃油管道和喷射装置。

② 燃油总管穿过扩压器外壳，经整流支板内腔引入内锥体，并与位于锥体内的输油管连接，燃油经输油圈上的喷嘴喷入燃气流中。

③ 环形的燃油总管安装在加力燃烧室壳体外壁，并与沿周向均布的燃油分管相连接。这些燃油分管分别穿过加力燃烧室壳体。燃油经燃油分管上的喷嘴或喷油杆喷入加力燃烧室。

加力燃油喷嘴通常用离心式喷嘴和射流喷嘴来喷油。工作喷嘴和气动喷嘴常采用单油路离心式喷嘴。通常采用双排或多排喷嘴来供油，喷嘴沿圆周均匀排列，应有足够数量。

加力燃烧室壳体是由几段薄壁筒体滚焊而成，由于内部燃气温度很高，所以其冷却和隔热十分重要。可以引涡轮后的燃气流过波纹形衬筒与壳体间的空隙对壳体进行冷却，也可以引压气机某一级的空气冷却壳体内壁，利用流动空气冷却壳体外壁。这一段多孔的波纹板，造成乱反射和气体阻尼，可以有效防止加力燃烧室的振荡燃烧，因此称为“防振屏”，如图6.5所示。

加力燃烧室预燃系统的功用是在发动机启动加力燃烧室时，迅速、安全、可靠地点燃加力燃烧室的油气混合气，点火方式一般有电嘴点火(如WP7)、催化点火和热射流点火(如АЛ-31Ф)。

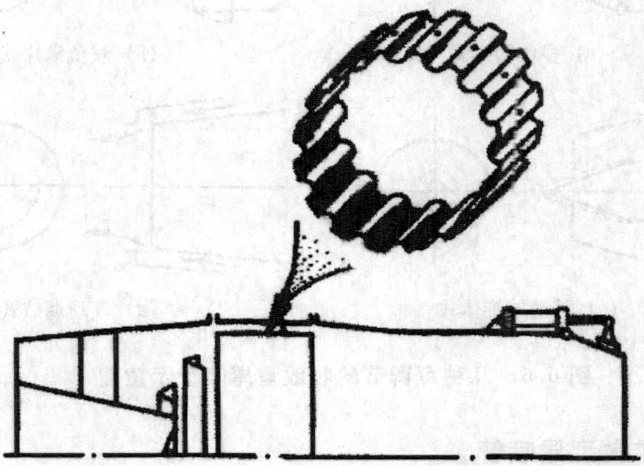

图6.5 防振屏示意图[6]

6.1.2 尾喷管

尾喷管的功用是使涡轮后的燃气继续膨胀，将燃气的部分热焓变为动能，使燃气以很高的速度从喷口喷出。根据使用条件的不同，发动机尾喷管根据通道形状可以分为收敛型和收敛扩散型两种类型，喷口面积可做成可调或不可调的。

1. 不可调节的收敛型尾喷管

不可调节的收敛型尾喷管结构简单，质量最小，用于亚声速和低超声速飞机的不带加力燃烧室的涡喷发动机，以及涡轮后燃气的焓降较小的涡桨发动机和涡扇发动机，如WP5甲、WP8、WJ6、CFM56、PW4000、RB211、GE90等。

2. 可调节的收敛型尾喷管

可调节的收敛型尾喷管能使发动机在各种状态下都获得良好的性能。带加力燃烧室的发动机必须采用可调节的尾喷管，以保证在加力状态相应地加大喷口。由于超声速喷管结构及操纵机构复杂，质量大，技术难度大，许多二代以前的高速歼击机(马赫数小于2)的涡喷发动机仍采用喷口面积可调的收敛型尾喷管，如 WP6 和 WP7 等。可调节的收敛型尾喷管的几种形式如图 6.6 所示。

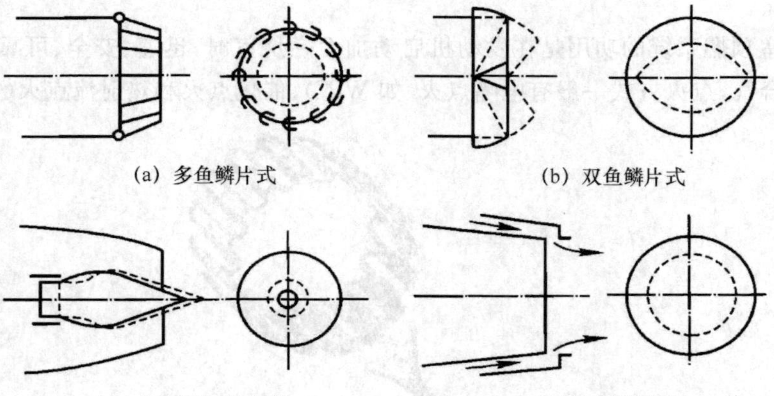

(a) 多鱼鳞片式　(b) 双鱼鳞片式

(c) 移动尾锥体式　(d) 气动调节式

图 6.6　几种可调节的收敛型尾喷管示意图[4]

3. 可调节的收敛扩散型尾喷管

可调节的收敛扩散型尾喷管当飞行马赫数大于 1.5 时，为了保证燃气能够充分膨胀，以减少推力损失，不论有无加力燃烧室，发动机都应采用收敛扩散型的可调节的超声速尾喷管。АЛ－31Ф 和 F100 发动机都采用此类型的喷管，其中 АЛ－31Ф 为鱼鳞式收敛扩散型尾喷管。

6.1.3　加力燃烧室的材料

加力燃烧室的零部件都在高温下工作，根据不同的工作温度和受力情况，扩压器和加力燃烧室的外壳可用耐热不锈钢制成。扩压器的内锥体、整流支板、预燃室和火焰稳定器等构件所承受的温度更高，可以采用 GH3030 和 GH3039 等高温合金制造。在目前先进的涡扇发动机上，由于采用了先进的冷却技术，壳体的壁温一般不超过 400 ℃，因此可以采用钛合金。为了减少零件表面的受热和腐蚀，常在与燃气接触的零件表面涂耐高温陶瓷材料。

6.2　WP7 发动机加力燃烧室和尾喷管

WP7 发动机的加力燃烧室由扩压器、火焰稳定器、输油圈、加力燃油喷嘴及预燃室和带可调喷口的加力筒体组成。图 6.7 是 WP7 乙发动机的加力燃烧室。WP7 发动机加力燃烧室的基本参数如表 6.1 所列，下面对几个重要组成部分的结构进行详细介绍。

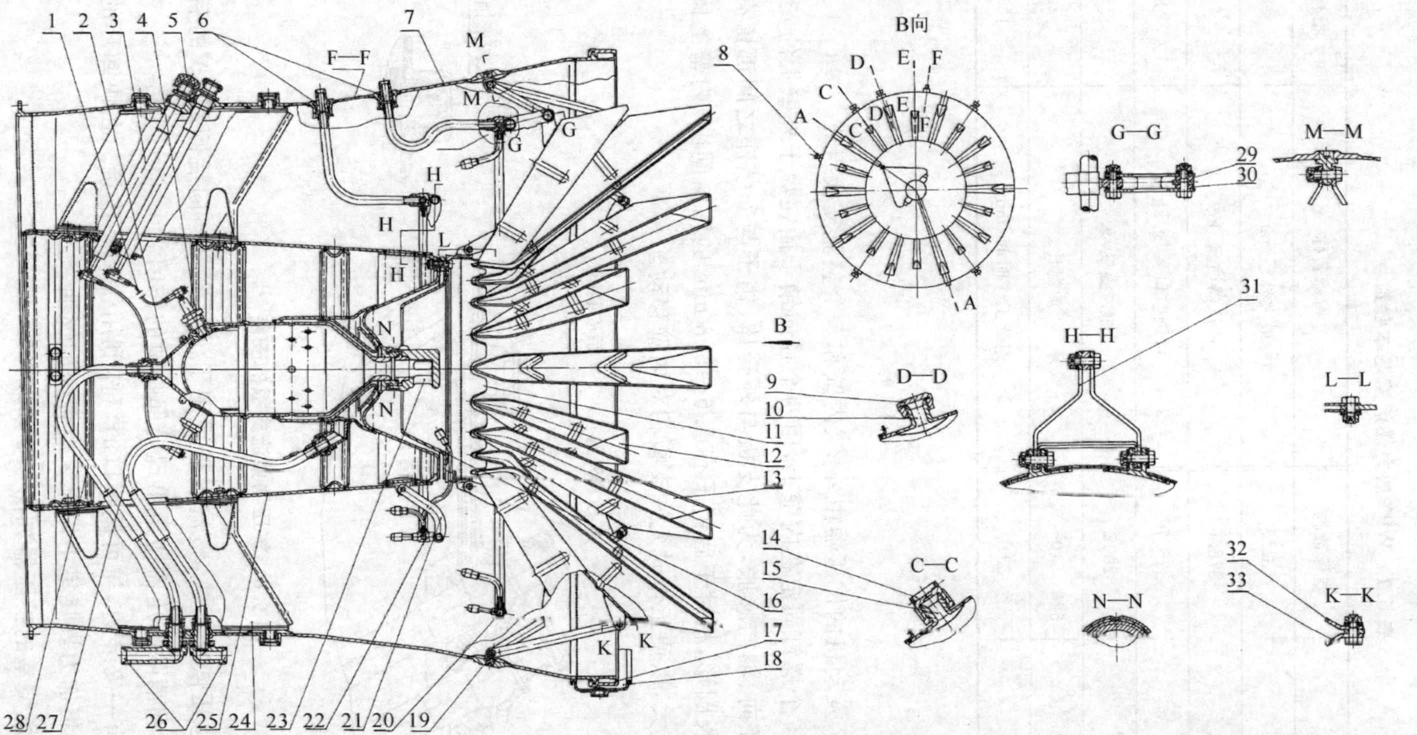

1—导电片；2—点火器；3—导电杆；4—加力电嘴；5—堵盖；6—球形衬套；7—扩压器外壁；8—引燃气静压到加力调节器的管接嘴；9—钢堵盖；10—涡轮后燃气总压测量管接嘴；11—稳定器壳体；12—小稳定器；13—大稳定器；14—堵盖；15—涡轮后排气温度热电偶测量管接嘴；16—隔热屏；17—套管结合环；18—燃油收集器；19—耳环；20—外圈总管；21—吊挂；22—内圈总管；23—喷口；24—整流支板；25—内壁；26—接管嘴；27—空气进气管；28—混合进气管；29—短右支臂；30—短左支臂；31—双吊挂；32—长右支臂；33—长左支臂。

图 6.7 WP7 乙加力燃烧室

表 6.1 WP7 加力燃烧室基本参数

指标名称	指标数据	指标名称	指标数据
扩压器进口直径/mm	731.5	最大外径/mm	906
扩压器出口直径/mm	878.6	扩压器质量/kg	73.4
扩压器长度/mm	825.7	可调喷口质量/kg	183
加力筒体总长度/mm	2002	加力温度/K	1850
喷口直径变化范围/mm	526，610～675	加温比	2.05
加力燃烧室总长/mm	2819	连续工作时间/min	10～20

1. 扩压器

如图 6.7 所示，WP7 发动机的扩压器由外壁、内壁和 5 个整流支板组成。

全部整流支板都用 4 个螺钉固定在内壁上，用两个径向销子插在焊于外壁上的安装座中，考虑受热后，支板可能径向、轴向膨胀，为此支板与外壳体、销子与安装座之间都留有径向间隙。后安装座的孔做成长圆形，相对于后销子有 3.6～5.6 mm 的轴向间隙，内壁上固定支板的后螺钉孔，直径做得较大，以便工作时允许支板相对内壁移动。

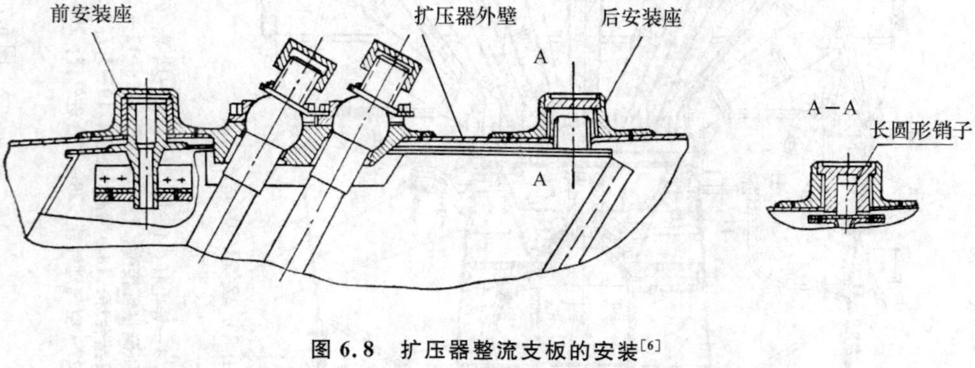

图 6.8 扩压器整流支板的安装[6]

为了提高扩压器的总压恢复系数，整流支板采用了沿气流方向向后倾斜 30°的后掠气动翼形，这样可以起到整流和消除扩压器通道出现局部收敛的作用。

扩压器的外壁出口有一安装边，与可调喷口的筒体利用快卸环连接。在快卸环的下方安装有燃油收集器，用于收集加力燃烧室中停车未燃烧完的燃油。

WP7 甲发动机加力燃烧室的扩压器如图 6.9 所示。

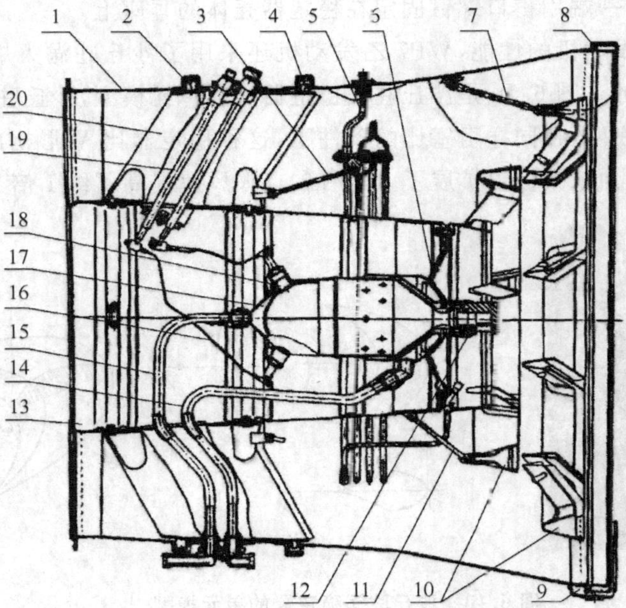

1—外壁；2—前销；3、7、11—拉杆；4—后销；5—加力燃油总管；6—隔热屏；8—套管快卸环；9—燃油收集器；10—火焰稳定器；12—预燃室喷口；13—内壁；14—二股进气管；15—混合气管；16—导电片；17—涡流器；18—点火电嘴；19—导电杆；20—整流支板。

图 6.9 WP7 甲发动机加力燃烧室的扩压器[6]

2. 火焰稳定器

WP7 发动机采用了常见的 V 形槽作为火焰稳定器，它具有结构简单、质量小、损失小、发展较成熟、性能较好等优点。在 WP7 发动机的发展过程中，先后采用过环形和径向两种 V 形槽稳定器。

WP7 甲发动机采用了双排环形稳定器，前排用 5 根拉杆连接在内锥壁上，后排用 10 根拉杆铰接在扩压器的外壁上。这些铰接结构可以使稳定器的温度变形得到补偿。

为了提高加力温度，WP7 乙发动机的加力燃烧室去掉了原来的两排环形稳定器，改为由两种形状相同、尺寸大小不同的径向 V 形槽稳定器组成，见图 6.7 中的 12 和 13。20 个径向稳定器错开成前后两排，与发动机轴线成不同角度，安装于扩压器通道内。径向稳定器沿径向是变出口截面的（由中心向外稳定器的槽宽由小变大），错开排列和变截面的目的是适应流路通道的需要。由于多槽的回流区缩小而总体回流区扩大，传焰能力增强且均匀，使燃烧效率提高，并能减轻燃烧时的压力脉动，改善了燃烧的稳定性。单个径向稳定器是由主体与盖板和耳环用氩弧焊组成。每个径向稳定器通过其上的耳环，用一对拉片、扩口螺钉连接于焊接在扩压器外壁的安装座上，另一端用扩口螺钉固定在稳定器壳体的耳座上。

为了进一步提高发动机的性能，WP7 乙发动机还采用了沙丘驻涡火焰稳定器，它是我国科学家高歌教授发明的。图 6.10 是沙丘驻涡稳定器及其单元模型，沙丘驻涡稳定器是由若干单元组成。实验结果表明，在同样阻塞比的条件下，这种稳定器比 V 形槽的阻力下降 75%～80%，涡流内燃烧的贫油熄火极限扩展了 4～5 倍，点火风速提高了约 1 倍[4]。

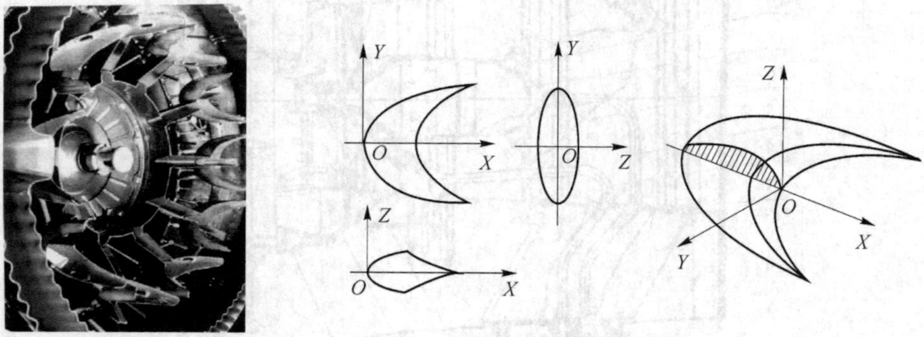

图 6.10 沙丘驻涡稳定器的单元模型[4]

3. 供油点火装置

供油点火装置包括供油系统、输油圈和加力燃油喷嘴等部件。

WP7 发动机的燃油经过加力燃烧室壳体的燃油总管，进入处在燃气流中并与环形稳定器同心安装的环形输油管，从环形输油管周向均布的喷嘴逆燃气流方向喷出，环形输油管位于环形稳定器之前，如图 6.7 所示。

WP7 甲发动机加力燃烧室的供油为分圈分压式供油，有四道输油圈，由前向后（顺气流方向）分别是内圈副油路 1，外圈副油路 2、内圈主油路 3，外圈主油路 4，如图 6.11 所示。内圈有 20 对输油杆，外圈有 25 对输油杆。

WP7 乙发动机的加力喷嘴共有 102 个，分装在两个总管上。外圈总管上有 60 个（在外圈沿径向分成两排，第一排 40 个，第二排 20 个）；内圈总管上有 42 个，其中 2 个是加力气动喷嘴，由管子引导到稳定器的壳体内，其余喷嘴沿径向也是分为两排，第一排为 30 个喷嘴，第二排为 10 个喷嘴。这样，在扩压器通道内，共有 4 排喷嘴供油，形成合适的燃油浓度场。

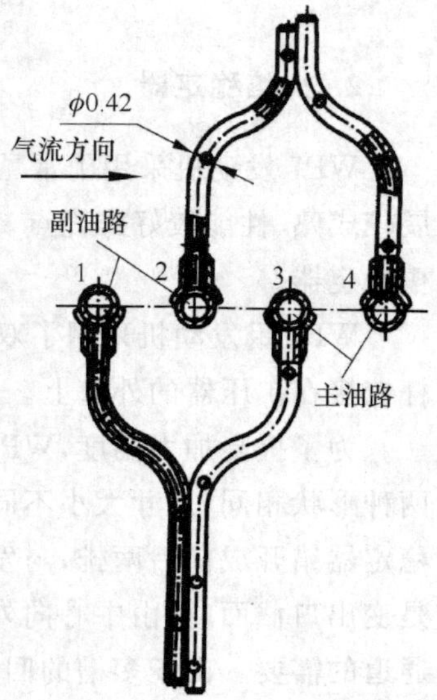

图 6.11 WP7 甲加力输油[6]

4. 预燃室

预燃室装在扩压器的中心部分，供加力点火用。预燃室由带点火电嘴的壳体和用耐热合金制成的可拆卸喷口等组成。

预燃室燃烧的是从汽化器供应来的油气混合气。进入预燃室的混合气经过电嘴点燃后，形成火舌，从喷口的三个窗口径向射出，与两个加力气动喷嘴喷出的燃油相遇并点燃，从而使整个加力燃烧室中喷出的燃油都燃烧起来。从压气机后抽出的补充空气沿着输气导管穿过一个整流支板的内腔，输气导管利用球面衬套固定在外壁安装座内。这种连接固定方式，既可以保证接触处的密封，又可以避免导管在装配时和工作时所受到的附加应力。

5. 加力筒体与可调尾喷口

图 6.12 为 WP7 乙发动机的加力筒体及可调尾喷口。

可调喷口的作用：将燃气势能转变为动能；为发动机的每个工作状态获得恰当的出口截面尺寸。可调喷口由壳体、调节环、24 片调节片、24 片密封片及操纵调节片的液压操纵系统等组成。可调喷口壳体由前安装边，五段不同厚度（1～2 mm）的壁和调节片安装边组成。调节片安装边上，焊有 18 对铰链和 6 个支架。调节片被分别固定在铰链或支架上，密封片前端依靠搭架搭在调节片上，后端依靠挂钩挂在调节片上。承力环借助 6 根拉杆(31)悬臂地固定在支架(28)上，拉杆经过球体(30)用销子固定，销子(27)用开口销(29)锁紧。为了防止高温燃气作用在壳体壁和调节片安装边上，在壳体的第 3、4、5 段内壁上，焊接了三段具有 72 条纵向隔热屏。为了消除振荡燃烧，在壳体的第一段安装了防振屏。

加力筒体为加力燃烧室中的主要部分，点燃的混合气在其中继续燃烧。由于加力燃烧室工作条件恶劣，燃烧过程要在较长的筒体中完成（实际上，燃烧过程在筒体出口仍不能完全完成）。

可调喷口液压操作系统是电气-液压式系统，其作用是随发动机的工作状态改变而改变喷口截面积，使发动机获得不同的推力。它由三个承力的液压作动筒(21)、液压油管(32)、承力环(13)、调节环(19)、6 个同步活门和电气附件等组成。液压作动筒是主要的执行元件，而同步活门保证了液压作动筒活塞行程的一致性。

6. 加力燃烧室材料

根据加力燃烧室的不同部位的工作温度不同，WP7 发动机的加力燃烧室采用了 GH3030、GH3039、GH3044 三种不同的材料。筒体后段均用了 GH3044，但选用了不同的厚度，充分发挥了材料的潜力，减轻了零件的质量。为了提高高温零件的抗氧化能力，在一些零件上还喷涂了耐高温的磁漆。WP7 加力燃烧室主要零件的材料如表 6.2 所列。

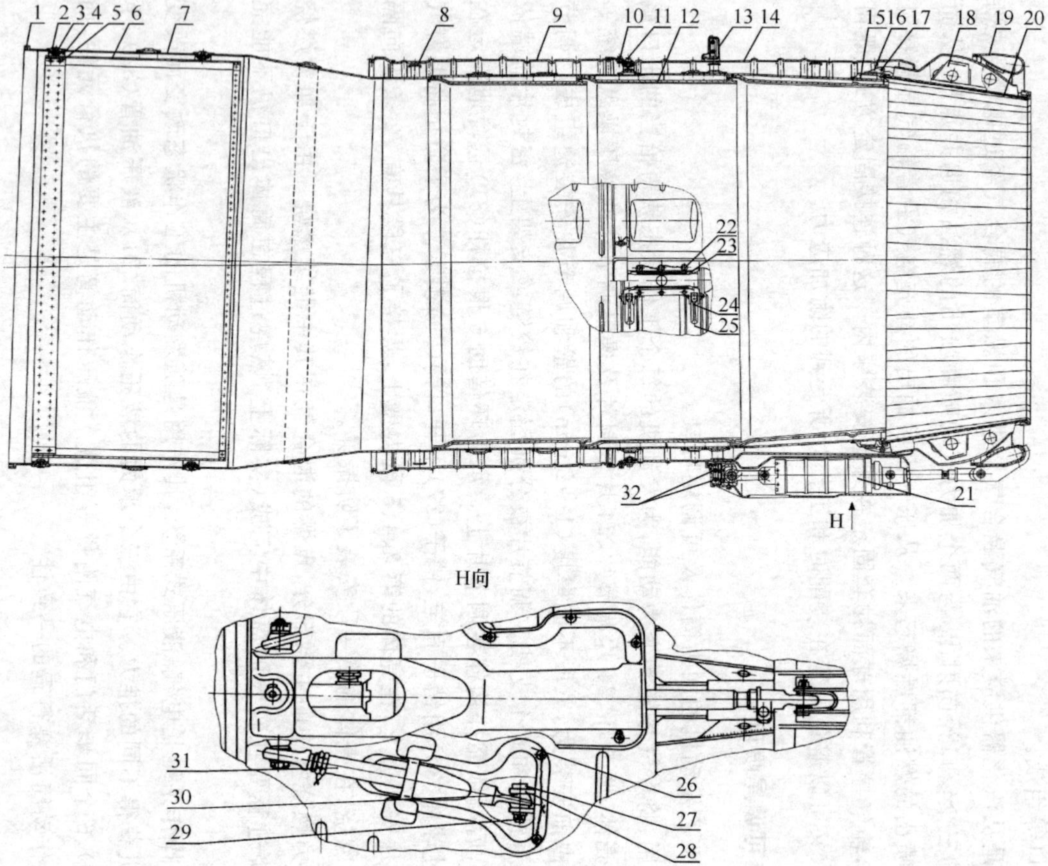

1—前安装边；2—安装座；3、17、27—销子；4—弓架；5—铆钉；6—防振屏；7—壳体；8、24、28—支架；9—前罩；10、11—螺栓；12—隔热屏；13—承力环；14—后罩；15—调节片安装边；16—铰链；18—调节片；19—调节环；20—密封片；21—液压作动筒；22—螺钉；23—吊挂；25—环形轮箍；26—盖子；29—开口销；30—球体；31—拉杆；32—液压油管。

图 6.12　WP7乙发动机加力筒体及可调喷口

表 6.2　WP7 加力燃烧室主要零件材料列表

零件名称	材料牌号	备　注
扩压器内、外壁	GH3030	
整流支板	GH3030	
火焰稳定器，传焰肋	GH3030	
加力筒体前段（两段）	GH3039	厚度 $\delta=1.0$ mm
加力筒体中段	GH3044	厚度 $\delta=1.2$ mm
加力筒体后段（两段）	GH3044	厚度 $\delta=1.5$ mm，2.0 mm
防振屏	GH3030	
前后外罩	1Cr18Ni9Ti	

6.3　АЛ－31Ф 发动机加力燃烧室和尾喷管

АЛ－31Ф 加力燃烧室由混合器、扩压器、火焰稳定装置、带隔热屏的加力燃烧室机匣和整流锥等组成，如图 6.13 所示。

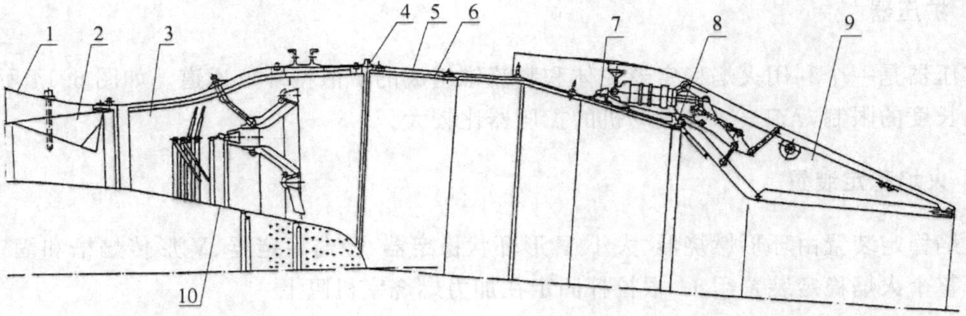

1－混合器机匣；2－混合器；3－扩压器；4－安装边；5－加力燃烧室机匣；
6－隔热屏；7－加强肋；8－安装边；9－尾喷管；10－整流锥。

图 6.13　АЛ－31Ф 加力燃烧室及尾喷管[5]

1. 混合器

和 WP7 发动机不同，АЛ－31Ф 发动机的加力燃烧室有混合器。如图 6.14 所示，混合器是发动机的承力元件之一，将发动机内外涵壳体连接起来；同时，它还将涡扇发动机外涵道空气平稳引入内涵道，保证两股气流混合后压力、温度和速度比较均匀。

该发动机采用了漏斗式混合器，由外壳体和漏斗组成。混合器前部与外涵道相连，后部与加力燃烧室扩散器壳体相连，共有 22 个插入内涵道的漏斗。漏斗的前部与发动机后承力机匣连接，将载荷传给涡轮机匣；后部圆环靠在混合器外壳体上，没有固定，其作用是补偿内涵道相对于外涵道的轴向位移。另外，在加强肋上还有8个测温热电偶、加力燃烧室点火系统的离心喷嘴和压力传感器等。在设计混合器时，其目标是使气流损失要小，气流稳定，出口流场均匀，同时结构简单，质量轻。

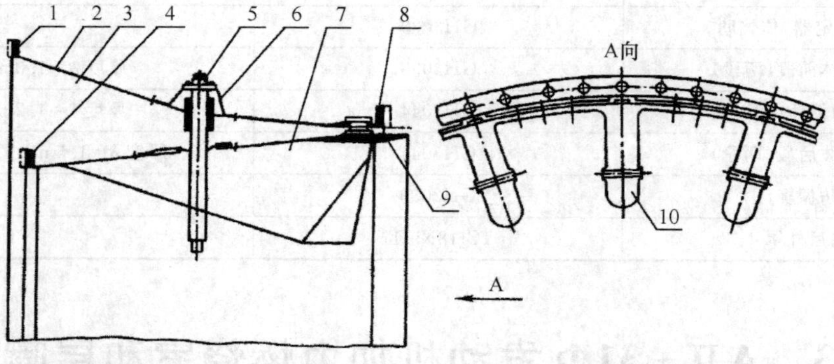

1—混合器外壳体前安装边；2—混合器壳体；3—混合器管道；4—混合器安装边；5—热电偶；6—加强肋；7—混合器；8—混合器外壳体后安装边；9—圆环；10—漏斗。

图 6.14 АЛ-31Ф 漏斗式混合器[5]

2. 扩压器

扩压器是一个利用火焰稳定器壳体和整流锥组成的扩散型环形通道。如图 6.14 所示，受发动机长度的限制，АЛ-31Ф 发动机的扩压器比较大。

3. 火焰稳定装置

火焰稳定装置由环形燃烧器、大小 V 形环状稳定器、径向稳定器、V 形传焰槽和固定拉杆组成。整个火焰稳定装置用 11 根拉杆固定在加力燃烧室机匣上。

4. 供油点火装置

加力燃油系统的输油圈共有 5 圈，按照一定的顺序来供油，最先供油的是启动输油圈。输油圈上有喷油杆，喷油杆上有喷嘴。输油圈之间用耳环固定在环形燃烧器上。

АЛ-31Ф 发动机采用了火舌点火系统，又称热射流点火。其原理如图 6.15 所示。当开动加力燃烧室时，由专门的附件将附加的燃油喷入主燃烧室的火焰筒内，这股附加燃油形成的火焰穿过涡轮，点燃加力燃烧室的混合气。

如图 6.16 所示，АЛ-31Ф 发动机的火舌点火系统主要由定量调节器、射流喷嘴、离心喷嘴、加力控制单元（在发动机综合调节器内）、最小加力电磁活门（在喷口加力调节器内）等组成。定量调节器根据发动机综合调节器的指令，向火舌点火系统喷射定量燃油。

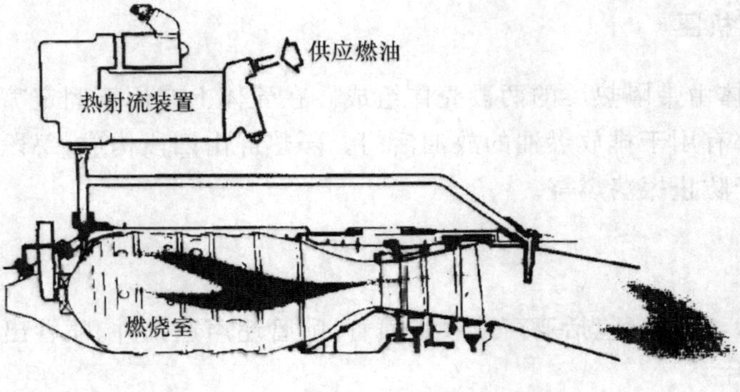

图 6.15　热射流点火的原理图[6]

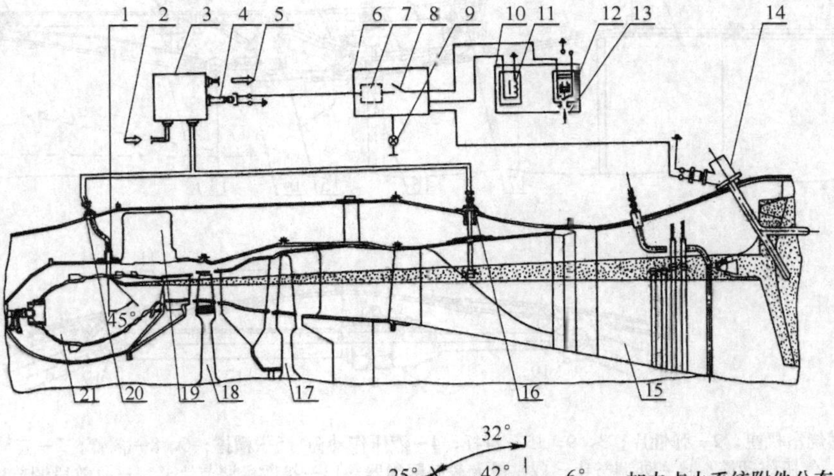

1－射流喷嘴；2－来自油泵调节器；3－定量调节器；4－电磁活门；5－回油；6－发动机综合调节器；7－加力控制单元；8－N_2连锁装置；9－加力信号灯；10－喷口加力调节器；11－最小加力电磁活门；12－燃油压力信号灯；13－接通加力燃油；14－电离火焰传感器；15－加力燃烧室；16－来自喷口加力调节器；17－低压涡轮；18－高压涡轮；19－空气热交换器；20－射流喷嘴接头；21－主燃烧室；22－离心喷嘴。

图 6.16　АЛ－31Ф 发动机的火舌点火系统[6]

5. 加力燃烧室机匣

加力燃烧室壳体由带隔热屏的两段壳体组成。在壳体上有用于固定喷管液压作动筒的加强肋,在壳体的下部有用于排放燃油的放油活门。隔热屏由四段构成,每段均有 44 个波纹,波纹上冲有小孔,用于防止振荡燃烧。

6. 尾喷管

如图 6.17 所示,尾喷管包括亚声速收敛喷管、喷管超声速部件、喷管出口面积调节机构及带弹性片的外调节片。

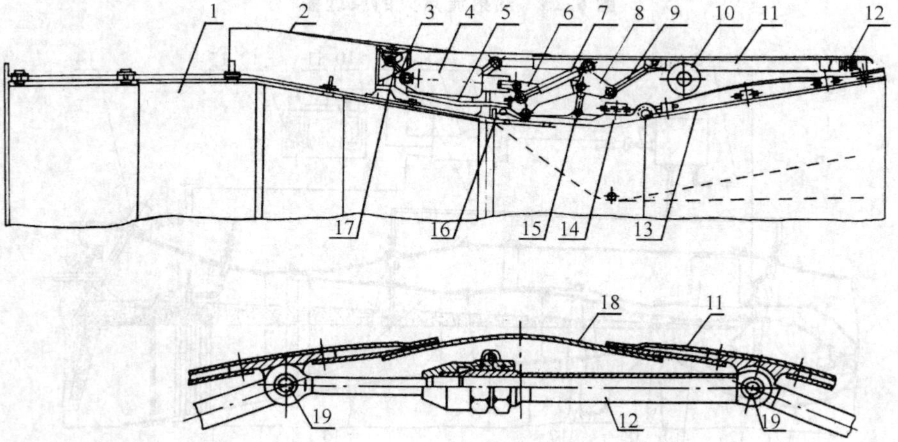

1—加力燃烧室机匣;2—弹性片;3、9、15—拉杆;4—液压作动筒;5—横撑;6、8—摇臂;7—套筒限制器;10—气压作动筒;11—外调节片;12—最大截面限制器;13—扩散段调节片;14—收敛段调节片;16—铰接壳体;17—活动承力环;18—扩散段外调节片密封片;19—限制器连接轴。

图 6.17 АЛ-31Ф 发动机尾喷管[5]

亚声速收敛喷管由 16 块收敛段调节片(14),16 块密封片、铰接壳体(16)及调节片同步协调传动机构组成。16 块调节片和 16 块密封片构成了收敛型的亚声速喷管。每块调节片用两个铰链接头固定在铰接壳体上,而铰接壳体又固定在加力燃烧室壳体安装边上。密封片用板材制造,其上焊有搭架,它和调节片间隔排列,利用销钉固定在相邻的两块调节片上。调节片同步协调传动机构由 16 个液压作动筒,16 根摇臂(6)和 32 根拉杆(15)组成。它们的传动关系是:16 个液压作动筒通过摇臂、拉杆传动 16 块调节片,而 16 块调节片通过与其间隔相连的 16 块密封片,带动亚声速收敛喷管动作,改变喷管临界截面积的大小。

喷管超声速部件包括 16 块扩散段调节片(13)、16 块密封片和超声速调节同步协调传动机构组成。16 块调节片与 16 块密封片间隔搭配,构成了扩散段超声速部分。扩散段调节片和密封片的前部分别与收敛段调节片和密封片相铰接，而调节片和密封片之间用三个销钉连接。在调节片后端的外侧有一条槽沟，外调节片上的凸耳在槽沟中移动，限制喷管超声速部分出口截面积。

外调节片(11)和弹性片(2)都是机身的延伸部分，它们保证机身和喷管的平滑过渡，使气流均匀流过机身尾部，降低飞机尾部阻力。

7. 加力燃烧室和尾喷管材料

АЛ－31Ф 发动机加力燃烧室和尾喷管各个零件所使用的材料如表 6.3 所列。

表 6.3　АЛ－31Ф 发动机加力燃烧室各个零件使用的材料[5]

部　件	零件名称	材　料
加力燃烧室	混合器和扩散器外壳	BT－20
	火焰稳定器	ВЖ1－98
	火焰筒外壳	BT－20
	火焰筒隔热板	ЖП－99
尾喷管	收敛段调节片	ВЖ－12У
	收敛段密封片	ВЖ－101
	扩散段调节片	ВЖ－12У
	外调节片	BT－20
	外密封片	BT－20
	承力环	ВЖ－101
	液压作动筒	ЭИ－961
	限动器	ВЖ－105

6.4　加力燃烧室和尾喷管结构对比分析

作为两个不同时期的发动机，WP7 发动机与 АЛ－31Ф 在加力燃烧室和尾喷管的主要结构方面对比如下：

① 由于 АЛ－31Ф 是涡扇发动机，因此采用了混合器来混合内、外涵道的气流，而 WP7 作为涡喷发动机，则不需要这样的结构。

② 两个发动机都采用了可调节的尾喷管。不同的是，WP7 采用了可调节的收敛型尾喷管——亚声速喷口，而 АЛ－31Ф 采用了可调节的收敛扩散型尾喷管——超声速喷口。由于 АЛ－31Ф 的飞行马赫数较高，且随着技术水平的提高，采用更先进的结构形式。

③ 两个发动机的加力预燃装置的点火方式不同。АЛ－31Ф 发动机采用了火舌点火系统，又称热射流点火；WP7 发动机采用了高能电嘴来点燃。

④ 在火焰稳定器方面，尽管都采用了 V 形槽的方式，但是 WP7 甲发动机采用了双排环形稳定器；而 WP7 乙发动机的加力燃烧室则采用了径向 V 形槽稳定器；АЛ－31Ф 发动机采用了环形与径向混用的 V 形稳定器。

6.5 思考题

1. 加力燃烧室由哪几部分组成？简述每部分的功能和结构特点。
2. 比较 WP7 发动机和 АЛ－31Ф 发动机在加力燃烧室结构上的异同。
3. 火焰稳定器有哪几种类型？
4. 加力燃烧室的点火方式有哪几种？
5. 比较 WP7 发动机和 АЛ－31Ф 发动机在尾喷管结构上的异同。

第 7 章　发动机的附件传动装置与工作系统

7.1　概　述

为了完成热力循环，输出功率，航空发动机不仅有压气机、燃烧室、涡轮、加力燃烧室、尾喷管等主要部件，还需要一些其他的附件与工作系统来保证发动机的正常工作，例如，发动机控制系统、启动系统、滑油系统、冷却系统等。同时，这些工作系统还有一些附件，例如，滑油泵、燃油泵、油气分离器等；此外，还有飞机各个系统的一些液压泵、发电机等也需要发动机的燃气涡轮带动，这就需要一些传动装置（包括齿轮，传动轴等）将发动机的功率按一定的转速和转向传给这些附件。发动机和飞机附件一般都安装在附件传动机匣上专门的安装座上，附件机匣则直接安装在发动机上。本章将介绍发动机的附件传动装置和工作系统，在此基础上，对 WP7 和 АЛ－31Ф 两型发动机的不同特点加以对比介绍。

7.1.1　附件传动装置

将发动机的功率和转速传输到附件上并驱动附件，并且以一定的转速和转向工作的齿轮轮系及传动小轴的组合体，称为发动机的附件传动装置。一般由中心传动装置和外部传动装置组成，如图 7.1 所示。中心传动装置主要是将发动机转子的转动变为与转子轴线垂直的转动，以便将发动机的功率输出到外部，一般是通过一对锥齿轮来完成的。外部传动装置安装在发动机外部的附件机匣内，将与发动机轴线垂直的转动转变为与发动机轴线平行的转动。这也是通过一对锥齿轮来完成的，然后再通过一系列的齿轮系列传动各种附件。由于中心从动锥齿和外部主动锥齿的轴线很难对准，同时考虑到功率传输过程中的不稳定性（发动机加减速时，惯性扭矩会很大），所以，将传动小轴设计为细长而具有较大弹性的弹性小轴，在大扭矩时，小轴产生一定的扭转变形，起到缓冲作用，而不会损坏传动装置。此外，传动小轴两端均通过套齿与中心及外部锥齿的内套齿互相啮合，啮合齿隙较大，以适应两锥形齿轮的不同轴线。

在现代燃气涡轮发动机上，传动发动机附件的功率约占高压涡轮功率的 0.2%～0.5%，传动飞机附件的功率约占涡轮功率的 0.3%～0.6%，附件及其传动部分的质量约占发动机质量的 15%～20%[4]。

当采用启动-发电机的发动机中，一般要有双速传动装置。该装置是用来将启动-发电机和发动机转子连接起来的机构。现代航空发动机为了减小质量，有的发动机将启动-发电机一物二用，既当启动机，又当发电机，因此，它与发动机转子之间的传动比就有不同的要求。当发动机启动时，为了使带动转子的扭矩尽可能大一些，从启动机到发动机转子必须是减速，即启动机的转子转速大于发动机转子转速；当发动机启动后，发动机转子带动发电机，这时，启动-发电机的转速应低于发动机转子的转速。这样，在发动机转子与启动-发电机之间就需要一种双传动比的装置，这种装置就是双速传动装置。

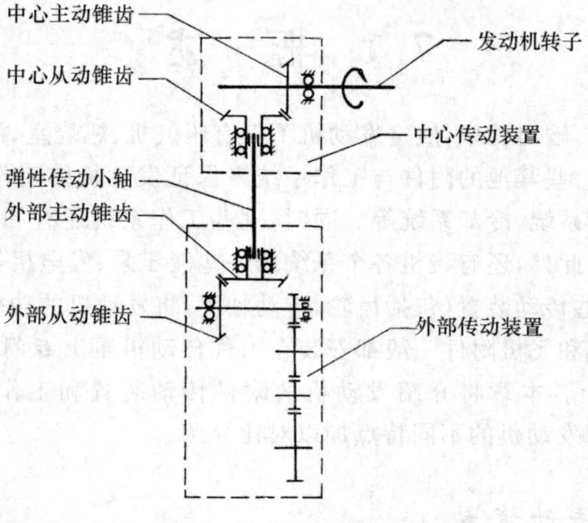

图 7.1 发动机附件传动装置简图[4]

7.1.2 控制系统

发动机控制系统的功能是保证飞机在不同的高度和速度下飞行时，发动机都能保持很好的性能。随着技术水平的提高，控制系统也由最初的活塞发动机改变螺旋桨桨距的转速自动调节器发展到燃气涡轮发动机的转速、温度、油量、启动、加速等控制系统，以及保证发动机安全工作的防喘装置，超温、超转限制器等。先进发动机的控制系统，需要对更多的被控参数进行精确地控制，不仅仅进行燃油流量的调节，而且还要进行推力管理、故障监视，所有这些都使发动机的控制系统成为一个复杂的、多回路的控制和管理系统。

随着发动机设计水平的不断提高，发动机控制系统的功能也越来越多，主要包括以下：

① 燃油流量控制，根据发动机的不同状态，将清洁的、无蒸气的、经过增压的燃油供给燃烧室。

② 空气质量流量控制，对流经发动机的空气质量流量进行控制，以保证压气机工作的稳定性。它包括可调静子叶片和放气活门等。

③ 涡轮主动间隙控制，控制高压涡轮，甚至包括低压涡轮的转子叶片和机匣之间的间隙，以保证各个工作状态的间隙为最佳，减少漏气损失。

④ 冷却控制，包括两个方面。一是对燃油、滑油温度的管理。根据燃油、滑油温度的情况，决定各个热交换器的工作方式。二是以最少的引气量，控制发动机部件的冷却。

⑤ 超声速飞机控制，可以控制发动机进气道和尾喷管面积，保证各个部件的匹配工作。

发动机控制系统分为液压机械式、监控型电子式和全权限数字电子式三种。液压机械式控制器，即计算是由凸轮、杠杆、滚轮、弹簧、活门等机械元件组合实现的，由液压油源作为伺服油(控制油)。监控型电子式是在液压机械式的基础上，增加一个发动机电子控制器(EEC)，两者共同对发动机进行控制，它是液压机械式向数字电子式的过渡。全权限数字电子式(FADEC)是管理发动机控制的所有控制系统的总称。在FADEC中，发动机电子控制器(EEC)或电子控制系统(ECU)是核心，所有控制计算由计算机进行，然后通过电液伺服机构输出控制其执行机构，包括液压机械装置及各个活门、作动器等。FADEC系统是发动机控制发展的最新水平，也是今后发展的方向。

7.1.3 滑油系统

发动机工作过程中，轴承和齿轮等转动零件间的相互摩擦，会产生磨损和过热烧伤。滑油系统的作用就是将足够压力、数量的滑油喷射到这些零件的摩擦表面进行润滑，减少零件接触面的摩擦损失，并防止零件的锈蚀；同时，带走由于高速转动产生的摩擦热及周围高温零件传来的热量，维持轴承、齿轮的正常温度状态。此外，有一定压力滑油系统的滑油也可作为液压机构的工质。

7.1.4 启动系统

启动系统是用来使发动机从静止状态过渡到稳定的慢车状态的各个工作部分的总称，其功能包括驱动转子由静止状态逐渐加速到一定的转速，以及向燃烧室供入燃油并点燃、形成连续的燃烧过程两部分内容。

启动系统主要包括如下几个部分：

① 启动机：用来驱动发动机转子并使其加速到一定转速，使空气流入发动机受到压气机的压缩，达到一定的压力，以便在燃烧室内形成可燃的混合气并能可靠地点燃与燃烧，产生具有一定能量的燃气，推动涡轮转动并发出足够的功率，带动压气机加速。当涡轮发出的功大于压气机所需的功时，启动机即可停止工作，发动机全靠涡轮发出的功驱动加速。在燃气涡轮发动机中，常采用的启动机有电动启动机、带压气机的涡轮启动机(即燃气涡轮启动机)和无压气机的涡轮启动机(即空气涡轮、火药启动机)等。

② 启动燃油系统：供给发动机启动时所需的燃油，以便与空气混合形成可燃的混合气。

③ 启动点火系统：使燃烧室内形成火源以便点燃可燃混合气。

④ 自动装置：使启动系统各个附件按规定顺序与时间自动地投入或退出工作。

7.2 WP7 发动机附件传动与工作系统

7.2.1 WP7 附件传动系统

WP7 发动机附件传动系统结构如图 7.2 所示。

发动机的附件在发动机工作时，由高压转子轴(2)和低压转子轴(1)带动旋转。其中，低压转子传动前支点回油泵(18)和低压转子转速传感器(19)，高压转子传动其余附件。WP7 发动机需传动的附件有启动-发电机(10)、主燃油泵调节器(16)、加力燃油泵调节器(15)、液压泵(12)、离心增压泵(13)、滑油附件(5)和油气分离器(3)等。

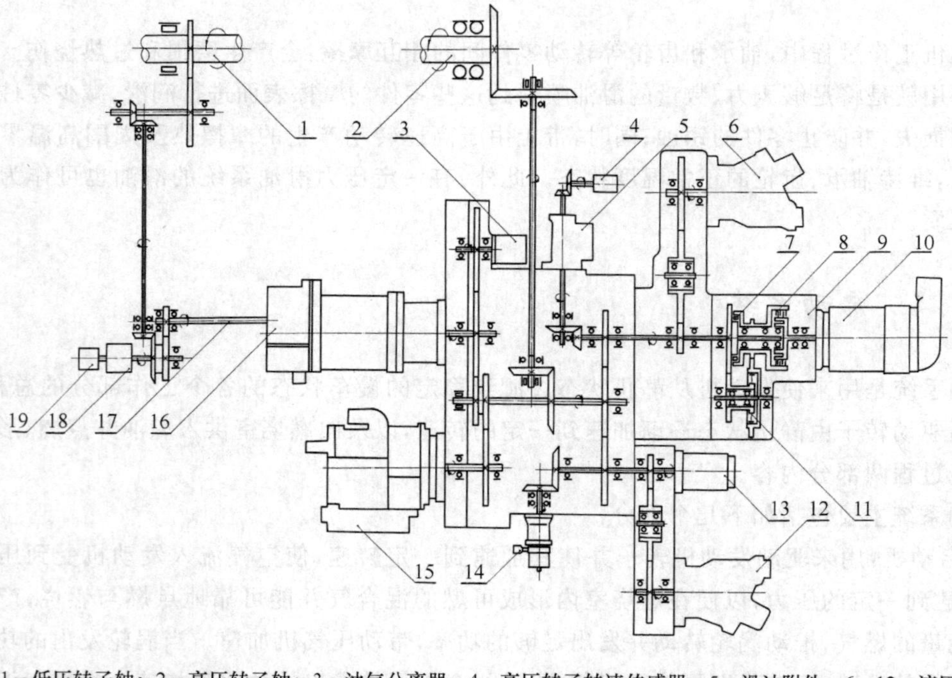

1—低压转子轴；2—高压转子轴；3—油气分离器；4—高压转子转速传感器；5—滑油附件；6、12—液压泵；7—滚棒离合器；8—摩擦离合器；9—双速传动装置；10—启动-发电机；11—棘轮离合器；13—离心增压泵；14—离心通风器；15—加力燃油泵调节器；16—主燃油泵——调节器；17—传动离心式调节器的万向轴；18—前支点回油泵；19—低压转子转速传感器。

图 7.2 WP7 发动机附件传动系统简图[4]

附件传动装置的工作过程如下：

① 低压转子轴(1)的旋转通过一对圆柱齿轮和传动小轴传递给前支点回油泵(18)和低压转子转速传感器(19)，并且从前支点回油泵经过一对圆柱齿轮和万向轴(17)传递给主燃油泵(16)的离心式调节器。

② 高压转子轴(2)的旋转经过一对圆锥齿轮和传动小轴传递给装于附件机匣内的一对圆锥齿轮，进而经其他齿轮和传动小轴传递给附件机匣内的各个附件。

③ 当发动机启动时，启动-发电机(10)经过双速传动装置(9)按传动比 $i=2.249$ 将扭矩传递给高压转子轴(2)。而发动机启动后，即发动机进入正常工作状态，高压转子轴(2)按传动比 $i=1.347$ 将扭矩传递给启动-发电机。

7.2.2　WP7 控制(燃油)系统

WP7 发动机的控制系统主要是指其燃油调节系统。WP7 发动机的燃油调节系统主要由主燃油系统和加力燃油系统等组成。主燃油泵调节器(ZB－21)和加力燃油泵调节器(ZB－22)，分别以主燃油供油量和加力燃油供油量作为控制变量，来实现对被调参数 n_1(低压转子转速)和 π_T(涡轮膨胀比)的调节。

发动机的主调节计划：在给定的发动机工作状态下，当外界条件发生变化时，保持低压转子转速不变和尾喷管排气面积不变，同时，限制高压转子转速 $n_2 \leqslant 104.5\%\ n_{2\max}$。

加力调节计划：发动机接通加力时，保持涡轮膨胀比 π_T 不变和尾喷管排气面积不变。其中，保持涡轮膨胀比 π_T 不变，是为了保证发动机在最大状态接通加力时，压气机、主燃烧室和涡轮的工作状态不受影响。

WP7 发动机燃油系统的流路图如图 7.3 所示。

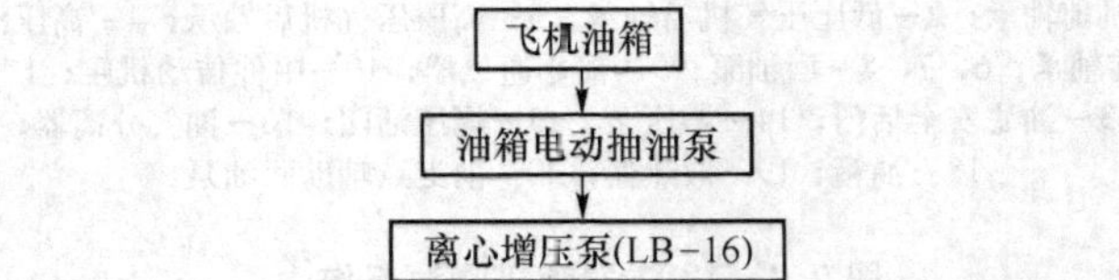

图 7.3　WP7 发动机燃油系统[5]

7.2.3 WP7滑油系统

WP7发动机采用独立封闭式的滑油系统，其全部附件都安装在发动机上。滑油系统由滑油增压泵(14)、滑油滤(12)、主回油泵(6,7,8)、前支点回油泵(20)、油气分离器(16)、离心通风器(9)及燃油-滑油附件(包括滑油箱、燃油滑油热交换器和煤油滤)组成。

如图7.4所示为WP7发动机滑油系统图。

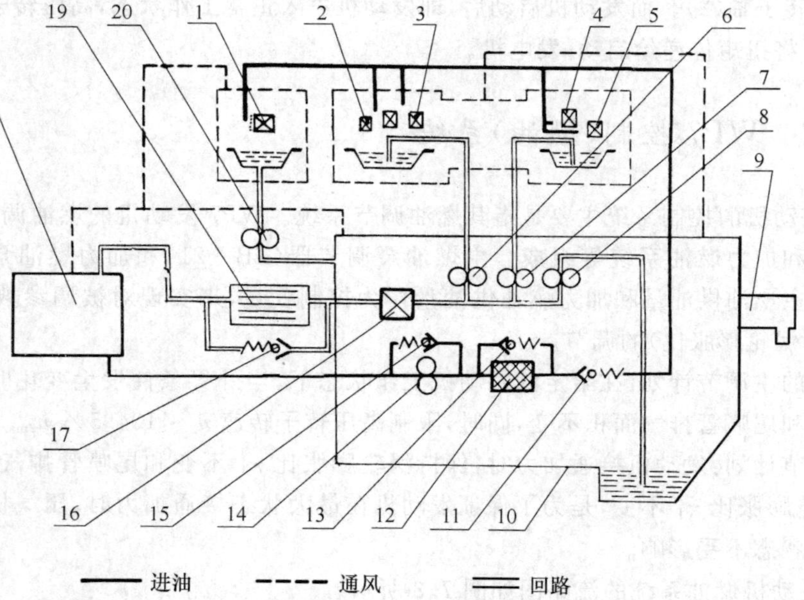

1－低压压气机前轴承；2－低压压气机后轴承；3－高压压气机后轴承；4－高压涡轮前轴承；5－低压涡轮前轴承；6、7、8－回油泵；9－离心通风器；10－附件传动机匣；11－单向活门；12－高压油滤；13－油滤安全活门；14－增压泵；15－调压活门；16－油气分离器；17－安全活门；18－油箱；19－散热器；20－前支点辅助回油泵。

图7.4 WP7发动机滑油系统[4]

发动机工作时，滑油是循环使用的，其流动路线如图7.5所示。滑油箱内的滑油经滑油增压泵增压和滑油滤过滤后，分别输送到附件机匣、主回油泵、发动机各支点轴承进行润滑。增压泵中设有调压活门(见图7.4中的15)，用于在发动机工作状态中保持油系出口具有一定的压力。润滑前支点后的滑油，由前支点回油泵抽回至附件机匣；润滑附件机匣传动零件和发动机中、后支点的滑油由主回油泵抽回，并经油气分离器除去油中气体，最后通过燃油-滑油热交换器降温，流回滑油箱。

如图7.5所示，为了更换滑油，滑油箱、附件机匣各设有放油开关。为了防止发动机在高空工作时滑油压力过低和滑油消耗量大，滑油系统设有离心通风器。各润滑内腔均与附件机匣联通，并经离心通风器与大气相通。

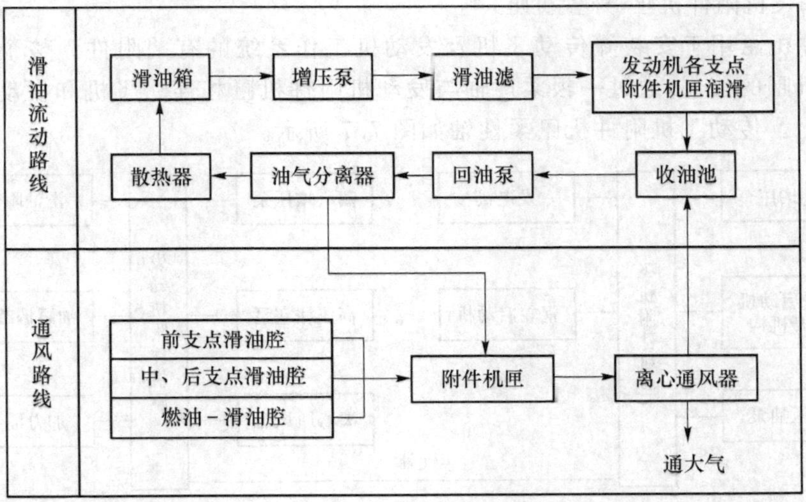

图 7.5　WP7 发动机滑油流动路线

7.2.4　WP7 启动系统

WP7 发动机的启动系统由启动汽油系统、放气系统、空中启动补氧系统、电气系统的启动附件和燃油系统的启动调节器、补油电磁阀、回油电磁阀及压力分配器等组成。启动系统可在地面或空中启动发动机。发动机在空中可靠启动的高度上限为 12 km。在 8～12 km 高度启动时，需进行补氧。

启动-发电机（QF－12）的功率为 12 kW，启动时带动高压转子。为了便于启动，启动时尾喷管的排气面积开到最大，并在压气机后的点火器附近设置两个放气活门，启动时放气活门打开，放掉一部分空气，一方面减小高压转子载荷，利于启动；另一方面可造成点火器附近局部富油，利于点燃。此外，为了易于点燃，采用汽油作为启动的燃油。

7.3　АЛ－31Ф 发动机附件传动与工作系统

7.3.1　АЛ－31Ф 附件传动系统

АЛ－31Ф 的飞机和发动机附件传动系统由中央锥形齿轮传动装置、发动机附件传动机匣、飞机附件传动机匣(外置附件机匣)和低压转子转速传感器组成。在发动机设计时,为了改善发动机舱的配置,减轻维护、更换发动机的工作量,节省时间,设置了两个附件机匣,即发动机附件机匣和飞机附件机匣(外置机匣)。

飞机附件机匣用于安装并传动飞机及发动机工作系统的有关附件。整个机匣安装在发动机附件机匣的前部,通过一根柔性轴与发动机附件机匣相连。飞机和发动机附件机匣如图 7.6 所示。传动飞机附件机匣柔性轴如图 7.7 所示。

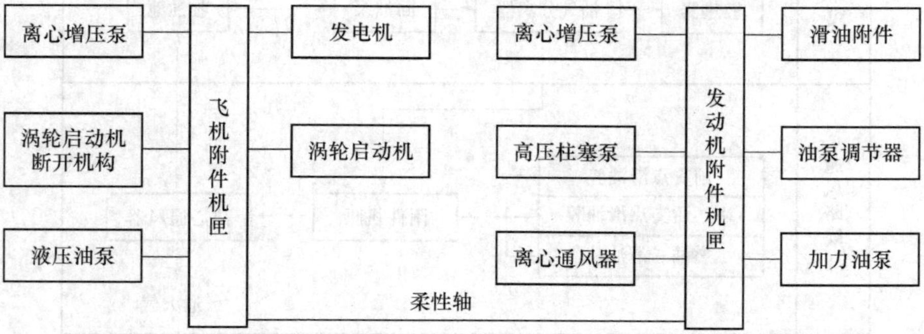

图 7.6 飞机和发动机附件机匣[5]

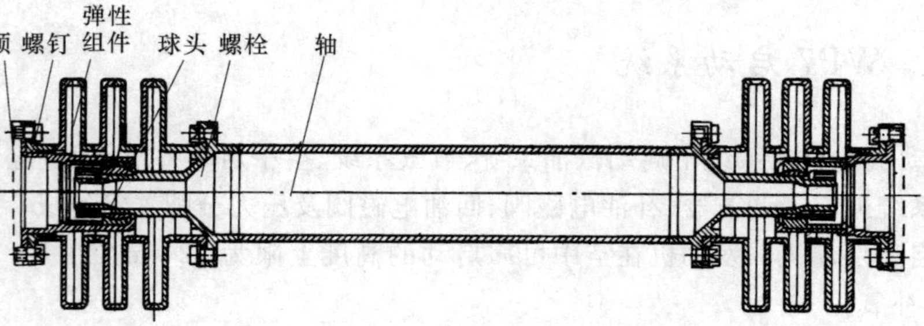

图 7.7 传动飞机附件机匣的柔性轴[5]

发动机附件机匣的功用如下:

① 将中央锥形传动装置的扭矩传给发动机附件和附件机匣;

② 当发动机启动时,将扭矩由飞机附件机匣传给发动机附件和高压转子轴;

③ 固定和配置发动机附件。

发动机附件机匣由壳体、两个锥形齿轮、筒形齿轮、齿轮轴等组成,通过两个水平固定点和一个径向固定点固定在发动机压气机机匣的上方。在发动机附件机匣前部安装的附件有(从右至左)离心式增压燃油泵(13)、高压柱塞泵(12)、离心通风器(11)、柔性轴(10)。在附件机匣后部安装的附件有(从右至左)滑油附件(15)、油泵调节器(16)和加力油泵(17)。图 7.8 给出了附件在发动机附件机匣上的配置及传动关系。

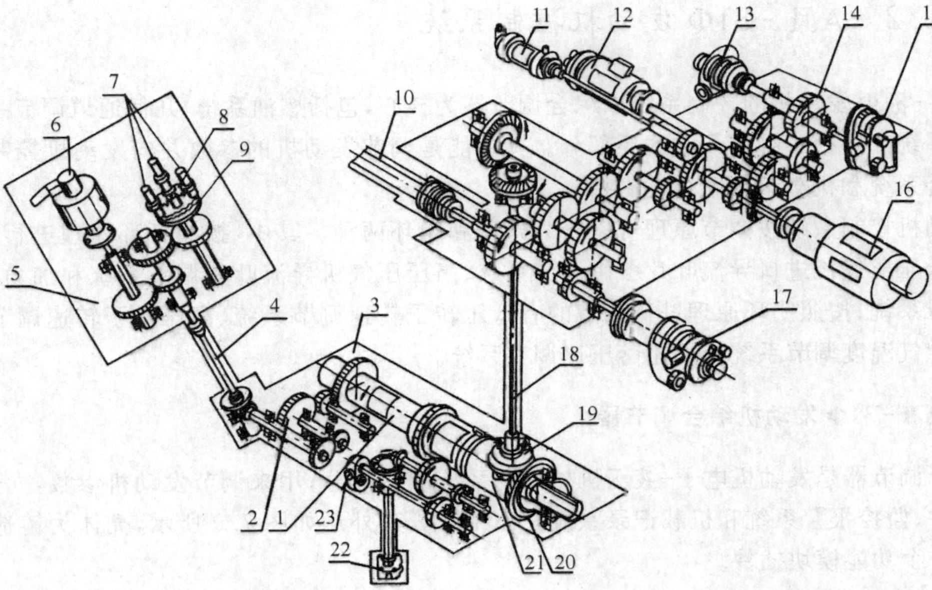

1－高压压气机轴；2－低压转子传感器减速器传动装置；3－中央锥形传动装置；4－弹性轴；5－传感器减速器；6－感应式低压转子转速传感器；7－频率式低压转子转速传感器；8－手摇插孔；9－感应器；10－柔性轴；11－离心通风器；12－高压柱塞泵；13－离心式增压燃油泵；14－发动机附件机匣；15－滑油附件；16－油泵调节器；17－加力油泵；18－垂直传动轴；19、20－锥形齿轮；21－中央锥形传动装置齿轮轴；22、23－滑油回油泵。

图 7.8　中央锥形传动装置传动关系图[5]

中央锥形传动机构用于将高压转子的扭矩传递给发动机和飞机附件机匣。它由壳体、主动锥形齿轮、被动锥形齿轮和传动轴等组成。齿轮和轴间的传动关系见图 7.8。发动机正常工作状态下，扭矩传动关系是：

压气机轴→主动锥形齿轮→被动锥形齿轮→发动机附件机匣→飞机附件机匣

发动机启动初期，扭矩传动关系刚好相反，即扭矩由涡轮启动机传至飞机附件和柔性轴，通过柔性轴传至发动机附件机匣，经被动锥形齿轮、主动锥形齿轮，最后传动高压转子。

低压转子传感器减速器由减速器壳体（固定在中介机匣上）和两对筒形齿轮组成。减速器的润滑为封闭式。低压转子传感器共有四个，一个感应式和三个频率式，其中，感应式供地面检测装置使用，三个频率式分别向发动机综合调节器、进气道自动调节系统以及机载数据记录系统输送信号。此外，为了方便检查传感器，在减速器壳体上还设有一个手摇插孔。

7.3.2 АЛ－31Ф发动机控制系统

АЛ－31Ф发动机的控制系统以综合调节器为核心，包括燃油系统、几何通道调节系统、防喘调节系统和监控系统等几个主要部分。其功能是调节发动机的参数并向发动机控制附件、监控报警系统和机载记录系统发出指令。

发动机控制系统按调节原理可以分为开环和闭环两种。其中，按照开环原理进行调节的系统有低压压气机进口导流叶片备用调节系统、高压压气机导流叶片调节系统和加力燃烧室燃油调节系统；按照闭环原理进行调节的有低压转子转速调节系统、高压转子转速调节系统、涡轮后燃气温度调节系统及涡轮落压比调节系统。

1. АЛ－31Ф发动机综合调节器

综合调节器是发动机电子-液压机械控制系统的一部分，用来调节发动机参数，向发动机控制附件、监控报警系统和机载记录系统发出指令。其外形如图 7.9 所示，壳体为铸造机箱，其上有 8 个功能模块插件。

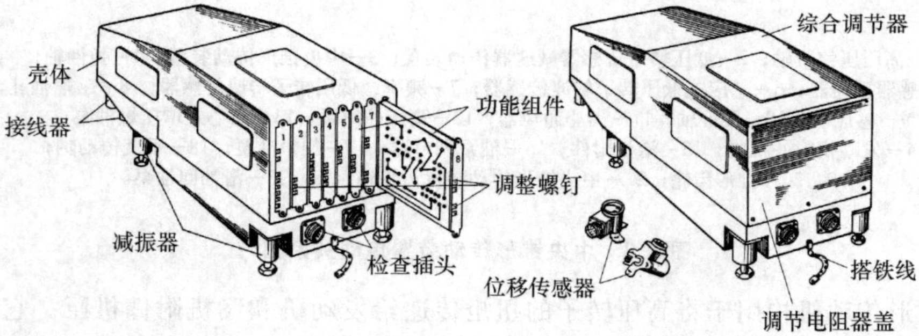

图 7.9 发动机综合调节器外形图[6]

综合调节器与发动机控制附件联合作用，能完成下述任务：

① 根据发动机进口空气总温 T_1^* 调节低压转子最大转速 n_1、高压转子最大转速 n_2 和涡轮后燃气总温 T_4^*。

② 根据低压转子转速 n_1 和发动机进口空气总温 T_1^*，调节低压压气机进口导流叶片转角。

③ 根据发射武器按钮产生的信号，对发动机进行防喘；根据喘振信号器产生的信号，对发动机进行消喘。

④ 空中停车时，对发动机进行自动启动。

⑤ 对发动机的加力接通过程进行控制。

⑥ 根据发动机高压转子转速 n_2、涡轮后燃气总温 T_4^*，对涡轮冷却系统进行控制。

⑦ 启动中，根据涡轮启动机燃气温度和涡轮启动机自由涡轮转速，对涡轮启动机进行控制。

⑧ 启动中，限制发动机涡轮后燃气总温 T_4^*。

⑨ 在发动机工作过程中，向发动机和飞机系统发出发动机工作状态的离散指令。

⑩ 当 $n_2 < 57\% \ n_{2\max}$ 或接通加力时锁闭应急放油系统。

⑪ 对综合调节器各模块和通道进行飞行前检查。

⑫ 向机载参数记录系统、监控报警系统、自动信号系统、语音信息组件和自动记录组件发出发动机状态和故障信号。

2. АЛ-31Ф 发动机燃油系统

发动机燃油系统用于向主燃烧室和加力燃烧室输送燃油，自动保持给定状态；发动机状态改变时，安全快速地进行状态变换。АЛ-31Ф 发动机燃油系统由低压系统、主燃油系统、加力燃油系统、漏放油系统、应急放油系统组成。低压系统由转接管、低压油泵、油滤和导管等组成，用于将飞机输来的燃油进行增压，过滤后输给主燃油系统和加力燃油系统；主燃油系统由主燃油调节器、燃油分配器、燃滑油热交换器、输油圈、喷嘴和导管等组成，用于向主燃烧室供油；加力燃油系统由加力燃油泵、喷口加力调节器、燃滑油热交换器、加力燃油分配器、输油圈及喷嘴等组成，用于向加力燃烧室供油；漏放油系统由漏放油箱、三个放油活门、引射器和导管等组成，用于发动机停车后，从系统附件、主燃烧室和加力燃烧室放油；应急放油系统由加力燃油泵、应急放油附件等组成，用于应急从燃油箱向加力燃烧室放油。

发动机在不同的工作状态下，其调节规律是不同的。根据发动机参数（包括低压转子转速、高压转子转速、涡轮后燃气温度、加力燃烧室温度和涡轮膨胀比）和发动机进气温度的关系，可以划分为四种调节方案：

① 用主燃烧室供油量 G_T 控制发动机状态。当发动机进气温度 $T_B^* \leqslant 288$ K 时，选用。

② 用低压压气机进口导流叶片转角控制低压压气机的稳定裕度、效率和空气流量。

③ 用高压压气机导流叶片转角控制高压压气机的稳定裕度、效率和空气流量。

④ 用喷管临界截面面积控制涡轮落压比。

图 7.10 为最大和加力状态下，以低压转子转速 n_1 为被调参数的调节规律，最大状态的控制变量包括主燃烧室的燃油流量 G_T 和喷管临界截面面积 F_{KP}，而加力状态的控制变量还包括加力燃油流量 $G_{T\Phi}$。

3. АЛ-31Ф 几何通道调节系统

发动机几何通道调节系统是由低压压气机进口导流叶片调节系统、高压压气机导流叶片调节系统和喷管临界截面面积调节系统组成。

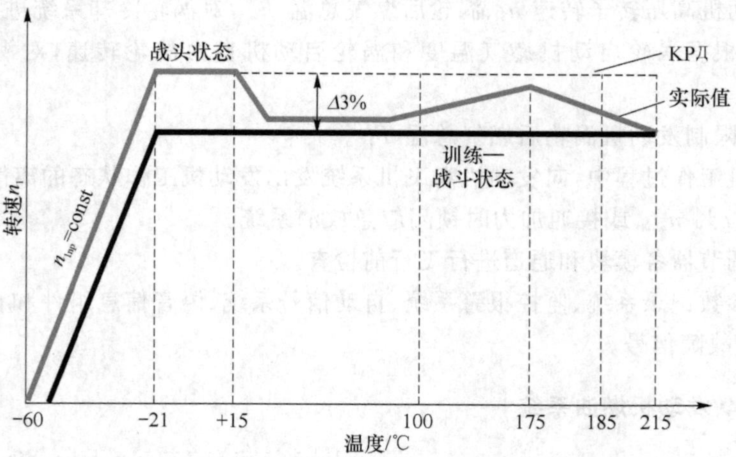

图 7.10 АЛ-31Ф 发动机最大和加力状态 n_1 转速调节规律[5]

低压压气机进口导流叶片调节系统由高压转子换算转速 n_{2np} 指令形成装置、低压压气机进口导流叶片调节器、作动筒及变弯度叶片等组成。其功能是根据低压压气机转子的换算转速，调节低压压气机进口导流叶片的尾部转角，以保证低压压气机在所有状态下都能稳定地工作。

高压压气机导流叶片调节系统由高压压气机导流叶片，两个作动筒，分油活门，反馈凸轮，杠杆等组成。其功能是根据高压转子的换算转速，调节高压压气机进口导流叶片的尾部转角，提高压气机的稳定裕度。

喷管临界截面面积调节系统的功能：根据油门杆的位置、发动机的进气温度以及发动机综合调节器离散指令组合发出的指令，来调节喷管临界截面的面积。其任务有：

① 在节流和最大状态，调节喷管临界截面面积；

② 在加力状态，根据油门杆位置，改变喷管临界截面面积，并保持给定的涡轮落压比不变；

③ 根据油泵调节器的指令，开大喷管临界截面面积；

④ 着陆时，根据飞机电子系统的电信号，关小喷管面积。

4. АЛ-31Ф 防喘调节系统

发动机防喘调节系统又称为预防和消除喘振系统，其功能是：在飞机发射武器时，根据发动机综合调节器的指令，通过发动机几何通道的调节，短时提高发动机燃气动力稳定性裕度，避免发动机出现喘振。发动机防喘调节系统由发动机综合调节器、低压压气机进口导流叶片程序重调机构、高压压气机导流叶片程序重调机构、喷口临界截面面积程序重调机构、进气道调节器和ИМ-2 程序重调电磁活门等组成。

发动机防喘调节系统的工作过程：当飞行员按下发射武器按钮，在发动机高压转子转速大于某个转速条件下，发动机综合调节器内的防喘保护装置将K2指令输往进气道调节器和防喘ИМ-2电磁活门。一方面，进气道调节器根据K2指令放下调节斜板，使发动机的进气通道截面积减小，空气流量减小；另一方面，防喘电磁活门通电，定压活门来油输往低压压气机进口导流叶片重调机构、高压压气机导流叶片重调机构和喷口临界截面积重调机构。驱动压气机进口导流叶片旋转，减小工作叶片进气攻角，增大喷口面积。通过几何通道的调节，增加了发动机燃气动力稳定性裕度，提高了发动机抗喘振能力。

如果在防喘振系统工作期间，发动机还出现喘振，则消除喘振系统立即投入工作。发动机消除喘振调节系统的功用是：当发动机出现喘振和超温时，通过发动机几何通道和燃油通道的联合作用，消除发动机的喘振和超温，并通过接通启动装置，使发动机恢复到原来的稳定工作状态。发动机消除喘振调节系统主要组成部分包括：发动机综合调节器内的防喘振保护装置组合、空气压力传感器、喘振信号器、ИМ-3电磁活门、停车活门、低压压气机进口导流叶片程序重调机构、高压压气机导流叶片程序重调机构、喷口临界截面面积程序重调机构、发动机自动启动装置及最小加力接通电磁活门等。

在发动机使用过程中，当满足一定条件时，发动机消除喘振系统开始工作，这时防喘振保护装置组合发出K1指令，输往进气道调节器和停车活门电磁活门ИМ-3。进气道调节器根据指令，放下调节斜板，减少发动机的进气流量。停车活门电磁活门ИМ-3控制定量开关按最小供油量供油，切断主燃烧室的供油，燃烧室熄火；同时驱动低压压气机进口导流叶片和高压压气机进口导流叶片转动，增大动叶进口气流的预旋量，减小气流攻角，降低叶背气流分离；另外，喷口临界截面面积增大，降低压气机后反压。当喘振消除后，K1指令取消，ИМ-3电磁活门关闭，停车活门退出工作，进气道调节系统恢复原来的状态。同时自动启动装置接通8 s，负责主燃烧室的点火补氧。当发动机主燃烧室点燃后，由加速调节器将转速调节到与油门杆相对应的状态。此外，机载数据记录系统，对消喘系统的工作予以记录。

如果发动机是在加力状态出现喘振的，主状态按上述过程进行调节外，加力状态的最小加力接通电磁活门通电，使发动机加力退回到最小加力状态。如果发动机喘振时，加力自动熄火，在喘振消除之后，加力控制组合工作，加力火舌点火系统接通，使发动机加力恢复到与油门杆在加力区域所对应的状态。

5. АЛ-31Ф发动机监控系统

为了保障飞行安全，及时全面地了解发动机的工作状况，通过机载、地面监控设备，АЛ-31Ф发动机能够在飞行和地面状态下，进行发动机和进气道的状况监控和诊断。

机载监控设备包括综合调节器、监控报警系统（包括指示组件、语音组件、提供资料组件）、机载参数记录系统、启动自动器、发动机和燃气涡轮启动机寿命工作计时计数器、座舱仪表（n_2转速表和排气温度表）、成套的传感器和信号器。机载监控的参数通过在座舱内目视监控、座舱外目视监控、自动记录来提供。

地面监控设备包括地面检验操纵台、综合调节器地面检查操纵台、带测量刻线的孔探仪、热电偶及其电路完好性检查设备、高压涡轮工作叶片的涡流检查仪（见图 7.11）。地面监控分为用地面操纵台检查发动机和地面检查设备检查发动机。

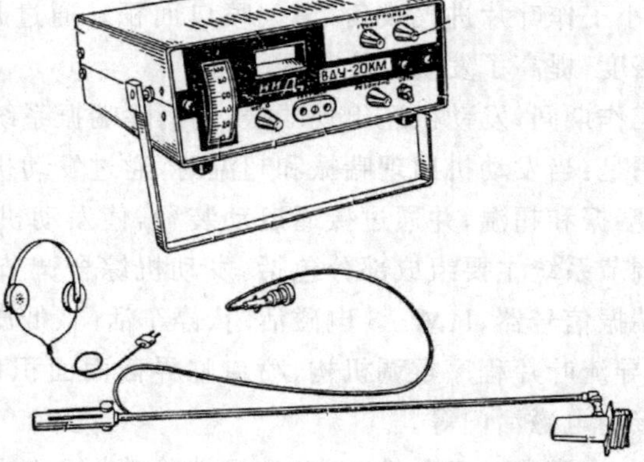

图 7.11 涡流检查仪[5]

监控系统的工作过程：首先由机载参数记录系统记录各种相关参数，然后由监控报警系统报告相关信息和故障。其中，机载参数记录系统包括飞行信息采集处理装置、磁带记录仪、辅助装置、匹配装置、成套的参数传感器和信号器。而监控报警系统由逻辑和控制部件、通用信号盘、操纵装置（观察信号盘、显示按钮、检测按钮、检查灯泡按钮、开关）等组成。监控报警系统中的语音组件与逻辑和控制部件配合工作，完成重大故障的声音告警。

7.3.3 АЛ－31Ф 滑油系统

АЛ－31Ф 发动机滑油系统是独立的、单回路循环、开闭式系统，由供油系统、回油系统、通气系统和空气增压系统四个子系统组成。在 9 km 以下，由于离心通风器上的气压活门打开，滑油系统与大气相通，所以此时为开式系统；而在 9 km 以上，离心通风器气压活门关闭，滑油系统此时为闭式系统[5]。

滑油供油系统的功用是向发动机各个运动摩擦部件输送一定压力的滑油。其结构原理框图如图 7.12 所示，由齿轮式增压泵、调压活门、燃滑油热交换器、油滤、安全活门、转换活门、加力燃滑油热交换器、喷嘴及单向活门组成。

滑油回油系统由齿轮式回油泵、单向活门、金属屑信号器、滑油箱、带活门的磁塞、活门组合及辅助滑油箱组成，如图 7.13 所示。

滑油通气系统的功用是清除滑油腔、机匣和滑油箱内的滑油蒸气。它由保险活门、单向活门及离心通风器组成，原理如图 7.14 所示。

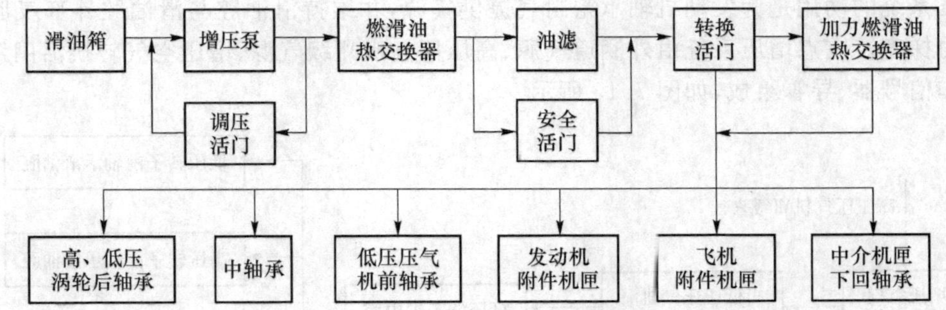

图 7.12　滑油供油系统原理框图

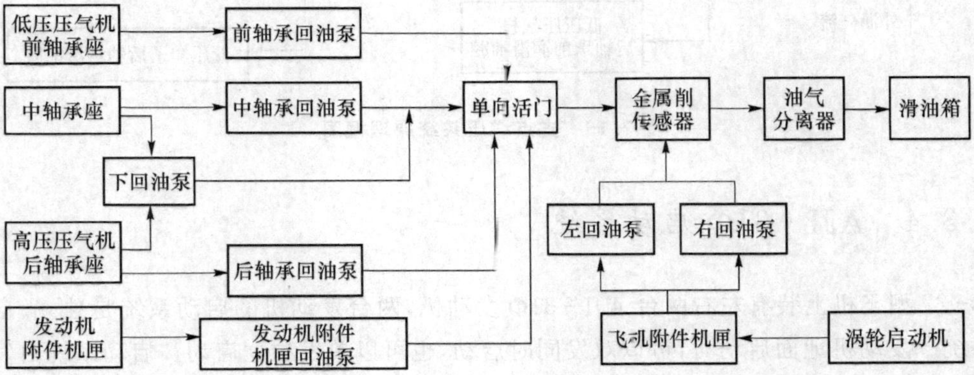

图 7.13　滑油回油系统原理框图

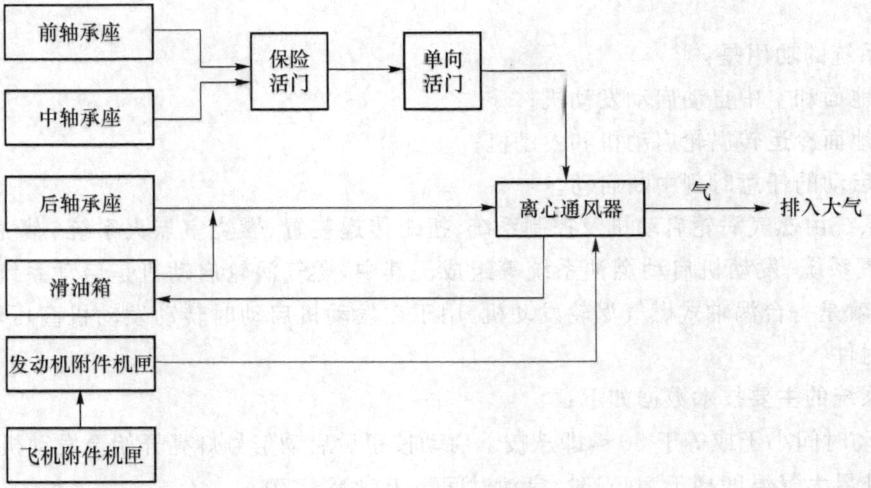

图 7.14　滑油通气系统原理框图

空气增压系统的功用是为发动机轴承密封气提供气源，并维持滑油腔与滑油腔外部气腔有一定的压力梯度。支点增压系统由外涵道气源、高压压气机Ⅶ级气源、增压空气转换活门和转换活门工作信号器、导管组成，如图 7.15 所示。

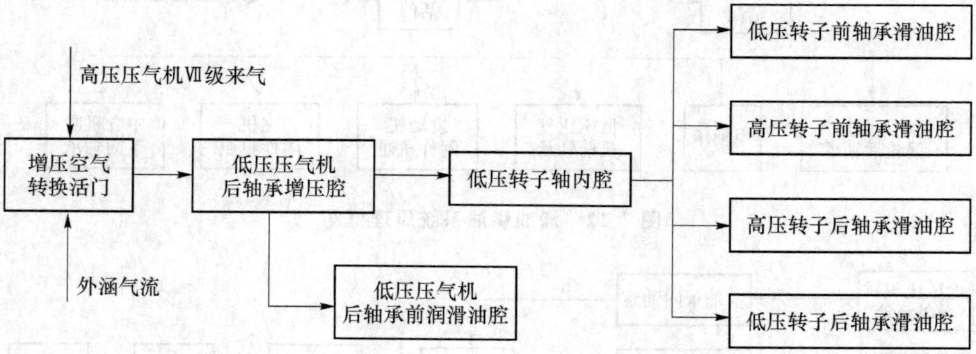

图 7.15 支点增压系统原理框图

7.3.4 АЛ-31Ф 启动系统

苏-27 型飞机上装有左右两台 АЛ-31Ф 发动机，两台发动机的启动系统是独立、自动的启动系统。发动机地面启动时，可以双发同时启动，也可以单发独立启动。启动系统由发动机自动启动装置（АПrТ-99В）和发动机综合调节器（КPn-99В）来控制，前者按时间程序发出指令，后者根据涡轮启动机和发动机的工作参数发出指令，控制燃气涡轮启动机和发动机的启动过程。

启动系统的功用是：

① 在地面和空中自动启动发动机；

② 在地面冷运转涡轮启动机和发动机；

③ 在启动的任意时刻中断启动。

启动系统由燃气涡轮启动机及控制系统、扭矩传递装置、燃烧室点火系统、燃烧室及涡轮启动机补氧系统、发动机启动燃油系统等组成。其中，燃气涡轮启动机是启动系统的主要部件，它本身就是一台涡轴式燃气涡轮发动机，用于在发动机启动时转动发动机高压转子、飞机和发动机附件。

启动系统的主要技术数据如下：

① 启动时间小于或等于 50 s，即从按下启动按钮后启动信号灯亮开始至发动机 $n_2=67\%$ 为止。当外界大气温度高于 20 ℃时，启动时间小于或等于 70 s。

② 涡轮启动机的启动电动机工作时间小于或等于 10 s。

③ 涡轮启动机工作范围。温度范围为－60～＋60 ℃；高度范围为小于或等于 2 500 m。

④ 启动系统使用的电源：地面电源车和机上电瓶 20HKBH－25Y3[5]。

7.4 附件传动装置与工作系统对比分析

WP7 与 АЛ－3Ф 发动机是前苏联第二代、第三代军用飞机的发动机代表之作，两者研制时间相差了近 20 年，分别代表了两个时代发动机的设计理念和前苏联的工业技术水平，从附件传动装置与工作系统上看，这两台发动机具有如下的差异：

① 附件装置总体设计思想。АЛ－3Ф 更加注重发动机的维护性，其特征之一是将飞机附件与发动机附件分置，通过弹性小轴进行连接，减小两者的相互干扰，方便更换与检修。飞、发分置是第三代发动机的特征之一（美国将这两个部分称为 AMAD），而在 WP7 发动机上，飞机附件与发动机附件是一体的。

② 发动机控制系统。WP7 的控制系统为液压机械式，АЛ－3Ф 原型机采用了综合电子调节器 КРД－99А（液压机械-模拟式电子控制器）。该系统使得发动机具备较大的几何通道调节能力，可使用多种途径预防喘振，所以 АЛ－3Ф 发动机适应性更强，工作更为可靠。

③ 燃油控制系统。由于全权式控制系统大大提高了 АЛ－3Ф 的工作稳定性，所以空中停车率远低于 WP7 发动机，对空中再启动能力要求降低。WP7 采用了间接点火方式，而 АЛ－3Ф 则采用了直接点火方式，使得燃油系统内的点火系统大大简化。

④ 滑油系统。首先，АЛ－3Ф 发动机因发动机附件与飞机附件分置，增加了一套供/回油路。其次，АЛ－3Ф 增设了“金属削传感器”检测滑油中金属削的含量，监控发动机健康状态。最后，АЛ－3Ф 对滑油流经部件的顺序进行了调整，将滑油-燃油热交换器调整到了供油油路上，其前端接油滤，后端接各轴承腔滑油喷嘴，以便尽量降低滑油温度，提高对各部件的冷却效果。

7.5 思考题

1. 简述 АЛ－3Ф 发动机附件传动系统的特点。
2. 简述 АЛ－3Ф 和 WP7 发动机控制系统的异同点。
3. 简述 АЛ－3Ф 和 WP7 发动机滑油系统的异同点。

参 考 文 献

[1] 陈光. 航空发动机结构设计分析[M]. 北京:北京航空航天大学出版社,2006.

[2] Rolls - Royce. The Jet Engine[M]. 5 ed. Technical Publication Department, Rolls - Royce, 1996.

[3] 方昌德,马春艳. 航空发动机的发展历程[M]. 北京:航空工业出版社,2008.

[4] 陈光. 航空燃气涡轮发动机结构设计[M]. 北京:北京航空航天大学出版社,1988.

[5] 谢寿生. 某型涡轮喷气发动机. 中国人民解放军空军工程学院,1993.

[6] 刘长福,邓明. 航空发动机结构分析. 西安:西北工业大学出版社,2006.

[7] Maya. 第三代战斗机用大推力涡扇发动机巡礼——АЛ - 31Φ 系列发动机. 航空档案. 2008(206).